Os Adolescentes e seus Direitos Fundamentais

DA INVISIBILIDADE À INDIFERENÇA

C837a   Costa, Ana Paula Motta.
        Os adolescentes e seus direitos fundamentais: da invisibilidade à indiferença / Ana Paula Motta Costa. – Porto Alegre: Livraria do Advogado Editora, 2012.
        243 p. ; 23 cm.
        Inclui bibliografia.
        ISBN 978-85-7348-781-7

        1. Direitos fundamentais – Adolescentes. 2. Direitos humanos – Adolescentes. 3. Sociedade. 4. Dignidade (Direito). 5. Direitos das crianças. I. Título.

                                    CDU 342.7-053.6
                                    CDD 341.27

        Índice para catálogo sistemático:
      1. Direitos fundamentais: Adolescentes   342.7-053.6

(Bibliotecária responsável: Sabrina Leal Araujo – CRB 10/1507)

ANA PAULA MOTTA COSTA

Os Adolescentes e seus Direitos Fundamentais

DA INVISIBILIDADE À INDIFERENÇA

Porto Alegre, 2012

© Ana Paula Motta Costa, 2012

Capa, projeto gráfico e diagramação
Livraria do Advogado Editora

Revisão
Rosane Marques Borba

Direitos desta edição reservados por
Livraria do Advogado Editora Ltda.
Rua Riachuelo, 1338
90010-273 Porto Alegre RS
Fone/fax: 0800-51-7522
editora@livrariadoadvogado.com.br
www.doadvogado.com.br

Impresso no Brasil / Printed in Brazil

Aos meus três amores:
Sofia, minha sabedoria adolescente;
Helena, meu raio de sol de cada manhã;
Marcelo, meu amor e amigo de todos os dias.

Imagine-se o caos, no campo e nas cidades, se de uma hora para a outra fosse instalada no país, por uma mágica, a equanimidade absoluta. Não uma utópica sociedade sem classes e sem conflitos, não uma totalitária justiça sem recursos ou clemência, mas o simples conceito de direitos e oportunidade iguais para todos, revogados todos os sofismas em contrário.

(VERISSIMO, Luís Fernando. Justiça (2). In: ROITMAN, Ari. *O Desafio Ético*, p. 24.)

Nota da Autora

O estudo aqui apresentado é resultado da pesquisa originalmente desenvolvida para a elaboração da tese doutoral defendida junto ao Programa de Pós-Graduação em Direito da Pontifícia Universidade Católica do Rio Grande do Sul, em 21 de março de 2011, a qual obteve a honrosa qualificação de aprovação com louvor, por manifestação unânime da Banca Examinadora, composta pelos seguintes professores: Professor Doutor Carlos Alberto Molinaro, meu orientador, Professor Doutor Ingo Wolfgang Sarlet, Professora Doutora Ruth Maria Chittó Gauer, Professor Doutor Emílio Garcia Méndez e Professora Doutora Caroline Proner.

A identidade da pesquisa realizada esteve relacionada aos objetivos do Programa de Pós-Graduação em Direito da Pontifícia Universidade Católica do Rio Grande do Sul – Doutorado. Notadamente, enquadrou-se na área de concentração do Curso de Doutorado: "Fundamentos Constitucionais do Direito Público e Privado"; com adesão principal à linha de pesquisa "Eficácia e Efetividade da Constituição e dos Direitos Fundamentais no Direito Público e no Direito Privado". Porém, contei, ainda, com os subsídios colhidos durante o estágio doutoral realizado junto ao Programa de Doutoramento "Derechos Humanos, Interculturalidad Y Desarrollo", da Universidade Pablo Olavide, em Sevilha, na Espanha, sob co-orientação do Professor Doutor Joaquín Herrera Flores e, em razão do seu falecimento no período, sob segunda co-orientação da Professora Doutora Maria José Fariñas Dulce. O referido Programa, que mantém convênio com o Programa de Pós-Graduação – Doutorado em Direito da PUC/RS, tem como propósito a construção de uma visão integral e contextualizada do conceito de Direitos Humanos e busca o estabelecimento de conexões entre a norma e as condições materiais e endógenas para o desenvolvimento humano.

Considerando a necessidade de adequação do texto original ao formato de uma publicação em livro, em alguns pontos foram realizadas sínteses e adequações, que não trouxeram maior prejuízo ao conteúdo. Assim, espero que a maior circulação dos resultados da pesquisa desenvolvida possa contribuir com o avanço na sistematização doutrinária no campo dos Direitos da Criança e do Adolescente, a qual é tradicionalmente reduzida em comparação com outras áreas do Direito, ou das ciências sociais em geral.

Um texto escrito é uma síntese individual, um esforço de sistematização de ideias que circulam e que pertencem ao coletivo. Nessa perspectiva, o livro aqui apresentado não teria sido possível sem a colaboração de pessoas e instituições a quem agradeço:

À Pontifícia Universidade Católica do Rio Grande do Sul, por meio do Programa de Pós-Graduação em Direito – Doutorado, pela contribuição essencial em minha formação acadêmica. Em especial, à pessoa do Coordenador do Programa de Pós-Graduação, Professor Doutor Ingo Wolfgang Sarlet, pela referência teórica e exemplo de vida, sempre em busca de coerência e de integridade.

Ao meu querido orientador Professor Doutor Carlos Alberto Molinaro, pelas portas teóricas abertas, que, ao longo dos quatro anos de doutorado, foram viabilizando a pesquisa desenvolvida na construção deste livro. Sobretudo pelo privilégio da convivência cotidiana, pela sensibilidade em reconhecer minhas potencialidades e pelo carinho de sempre.

Aos demais professores componentes da banca examinadora da tese, Professora Doutora Ruth Maria Chittó Gauer, Professor Doutor Emílio Garcia Méndez e Professora Doutora Caroline Proner, pela disposição de leitura atenta do texto, pelas valiosas contribuições e pelo compartilhamento de reflexões.

Aos Professores com quem tive aulas durante o Doutorado, Doutores Carlos Alberto Molinaro, Ingo Wolfgang Sarlet, Eugênio Facchini Neto, Juarez Freitas, Luis Fernando Barzotto, Luis Renato Ferreira da Silva, Paulo Antonio Caliendo Velloso da Silveira, Regina Linden Ruaro, Ricardo Aronne, Thadeu Weber e Ruth Maria Chittó Gauer, pelas reflexões despertadas e pelos ensinamentos enriquecedores.

Aos funcionários do Programa de Pós-Graduação em Direito da Pontifícia Universidade Católica do Rio Grande do Sul, em especial à Caren Andrea Klinger, pelo profissionalismo, dedicação e incansável ajuda cotidiana.

Aos meus colegas de doutorado, pela parceria, pelo compartilhar de dúvidas, conquistas, ansiedades e inquietações, que fizeram parte de nossos dias nesta caminhada de quatro anos, às vezes conjunta e outras solitária.

Aos meus colegas, Professores do Curso de Direito do Centro Universitário Metodista do IPA, pela convivência, amizade e privilégio de primarmos na construção de um ensino jurídico em busca de competência acadêmica, afirmação de Direitos Fundamentais e inserção social.

Aos discentes da graduação em Direito do Centro Universitário Metodista do IPA e da Universidade Federal do Rio Grande do Sul – UFRGS, bem como da Pós-Graduação em Direito da Criança e do Adolescente, da Fundação Escola do Ministério Público do Rio Grande do Sul, meus alunos e orientandos, pela possibilidade do exercício de alteridade, pelas provocações à busca por respostas às perguntas feitas, que, ainda que encontradas, são sempre provisórias.

À Universidade Pablo Olavide, por meio de seu Programa de Doutorado "Derechos Humanos y Desarrollo", pelo acolhimento, possibilidade de intercâmbio e crescimento acadêmicos. Aos seus professores e funcionários, em especial à Professora Doutora Caroline Proner, que em momentos difíceis compartilhados, prestou contribuição essencial para que a experiência em Sevilha tivesse o êxito desejado.

Ao Professor Doutor Joaquín Herrera Flores, *in memoriam*, pelo carinho e acolhimento dispensados quando cheguei em Sevilha. Pela disponibilidade em co-orientar-me, pelo interesse teórico demonstrado na pesquisa que seria desenvolvida e, sobretudo, pelo referencial teórico que representa em minha formação acadêmica crítica.

À Professora Doutora Maria José Fariña Dulce, pela co-orientação recebida (após o falecimento do Professor Herrera Flores), pelo carinho, competência teórica e exemplo pessoal de engajamento social comprometido.

À Fundação Coordenação de Aperfeiçoamento de Pessoal de Nível Superior – CAPES, pela viabilização financeira da experiência de intercambio acadêmico na Espanha.

Aos meus amigos e colegas que compartilharam as reflexões e inquietações ao longo da elaboração deste livro. Em especial, à Vanessa Chiari Gonçalves, minha "companheira de doutorado", ainda que em diferentes espaços; à Simone Tassinari Cardoso e à minha mãe, pelas leituras do texto em suas várias versões; a João Batista da Costa Saraiva, pelas reflexões possibilitadas, especialmente rumo ao princípio da autodeterminação progressiva. A ajuda de vocês na etapa de escrita solitária foi essencial.

Ao meu pai e à minha mãe, pelo olhar que guia os meus caminhos, não de hoje, ou desses quatro anos, mas de toda a vida.

E, finalmente, a todos os meus familiares, de sangue e de identidade, agradeço pelo amor cotidiano e crença na minha (suposta) capacidade. Almir Sater cantou que "Cada um de nós compõe a sua historia; Cada ser em si carrega o dom de ser capaz ... De ser feliz [...] É preciso amor pra poder pulsar... É preciso paz pra poder sorrir... É preciso a chuva para florir..."

Prefácio

Ana Paula Motta Costa: Rigor Jurídico e Sensibilidade Social

No mundo do Direito em geral, mas muito mais especificamente no mundo do Direito da Infância, a articulação virtuosa entre rigor jurídico e sensibilidade social não é nada frequente. É justamente essa combinação que caracteriza este excelente trabalho de Ana Paula Motta Costa, que hoje tenho o orgulho e o privilégio de prefaciar.

Contrariamente ao que frequentemente se sustenta, explícita ou implicitamente, o rigor e a simplicidade não são, nem muito menos deveriam ser, termos contraditórios. Uma hermenêutica simples e, ao mesmo tempo profunda, constitui a base do arrazoado e da argumentação que nos apresenta a autora.

Um pluralismo jurídico baseado em duplo diálogo constitui o eixo central da sua proposta. Por um lado, o diálogo do Direito estatal com outras formas jurídicas e, por outro, o diálogo dos operadores jurídicos com seus destinatários: os adolescentes. Esta articulação está localizada especialmente nos parâmetros constitucionais, o que dá ao texto uma originalidade pouco frequente no campo do Direito da Infância, mais particularmente, no âmbito específico da responsabilidade penal dos adolescentes.

Como lucidamente afirma o brilhante, mas pouco conhecido, filósofo hispano-americano George Santayana, *"quien no conoce su historia esta condenado a repetirla"*. Nunca é demais recordar (somente interpelando a História podemos constatar) que, sob a violação e ignorância sistemática dos primados constitucionais, organizou-se a política "asistencial" para a infância pobre (os menores), na América Latina.

Mais de um século de hegemonia tutelar produziu estragos humanos e conceituais em todos e em cada um dos países latino-americanos: o Brasil não foi uma exceção.

Nesse contexto, "Da invisibilidade à Indiferença" constitui, junto com os trabalhos decisivos e pioneiros de João Batista Costa Saraiva e Afonso Konzen (para citar os mais significativos), uma obra fundamental para enfrentar (com êxito) o que, em outra oportunidade, denominei "crise de interpretação jurídica". Uma crise que se configura por interpretar textos legais (que inclusive com suas *nuances* e seus problemas) foram constituídos sob o paradigma da Convenção Internacional dos Direitos da Criança, com a cultura e os instrumentos da discricionariedade tutelar. O resultado tem sido um ciclo de "crueldade bondosa", medida primeiro pela institucionalização em razão da pobreza, e, finalmente, pelo uso de instrumentos de caráter penal, como veículos privilegiados de uma "política social reforçada", destinada a enfrentar um dos problemas sociais mais graves do nosso tempo: os adolescentes pobres das periferias urbanas.

Constituir uma nova hermenêutica para interpretar e aplicar o ECA (que é a expressão jurídica nacional no Brasil da Convenção Internacional) é a sensível e, ao mesmo tempo, profunda proposta deste trabalho, destinado, seguramente, a exercer uma influência positiva no mundo das decisões judiciais. É assim, e não de outra forma, que podemos e devemos romper com uma hegemonia jurídica que, não em vão, se configure como crise em sentido gramsciano: "o velho que não acabou de morrer e o novo que não acabou de nascer".

Começar a perceber o novo Direito da Infância e da Adolescência como síntese de diversas concepções jurídicas coexistentes socialmente é o fio condutor de um trabalho que se destaca por seu brilhantismo expositivo e sua clareza conceitual.

Propor uma hermenêutica que só considere positivamente as características pessoais dos adolescentes resulta, ao mesmo tempo, condição necessária, ainda que não suficiente, para a construção de uma interpretação emancipatória. Para alcançá-la, é necessário ter claro que em toda a relação entre sujeitos que não possuem o mesmo poder, a ausência de regras constitui, de fato, na afirmação de que neste caso vige a lei do mais forte. Deixando claro que a única discricionariedade legítima é aquela a favor da liberdade, a proposta central da autora adquire sentido profundo, rigoroso e emancipador.

"Da invisibilidade à Indiferença" constitui, em última instância, um texto sobre a qualidade da nossa democracia. Em outras palavras, constitui uma preciosa orientação sobre como nos colocarmos frente às promessas não cumpridas da modernidade. Uma modernidade que nos trouxe a "Declaração dos Direitos do Homem e do Cidadão". Uma proposta que nos alerta que, se bem todos são "homens", somente uns poucos são "cidadãos".

Uma nova hermenêutica pressupõe e depende que se feche esta brecha. O fechamento desta brecha pressupõe e depende de uma nova hermenêutica.

Não é exagerado de minha parte afirmar que a sensibilidade social da autora se caracteriza por entender que o diálogo das leis, instituições e operadores com os adolescentes é o único e difícil caminho de novas formas libertadoras de interpretação jurídica.

Constitucionalizar o Direito da Infância constitui um imperativo da democracia de nossa época. A Convenção Internacional (e o ECA) foi pensada porque algo estava e está acontecendo no mundo social. Um acontecimento complexo e contraditório que só inicialmente pode ser entendido sob a denominação de "democratização das relações familiares". Gostemos ou não, tal como afirma o sábio provérbio árabe, "um é mais filho de seu tempo do que de seus pais". Nesse contexto, as relações das crianças e dos adolescentes com seus pais mudou rapidamente nas últimas décadas. A proteção da infância constitui uma obrigação persistente, mas o que não pode mais se sustentar é a noção de incapacidade, que é inexistente na vida real.

Estou convencido – contrariamente ao que pensa o conservadorismo fora de época e o progressismo irresponsável – de que hoje, mais do que nunca, as crianças e os adolescentes necessitam da autoridade dos pais e das instituições.

Só o diálogo constitui uma hermenêutica ao mesmo tempo razoável, libertadora e democrática. É por isso que este livro não só é importante, sobretudo, é imprescindível.

Buenos Aires, novembro de 2011.

Emilio García Méndez

Sumário

Apresentação – *Carlos Alberto Molinaro* e *Ingo Wolfgang Sarlet*....................................19

Introdução..23

1. **Reflexões sobre a contemporaneidade: a adolescência e os dilemas de reconhecimento**..31
   1.1. A sociedade contemporânea e os limites de pertencimento...............................32
   1.2. Reconhecimento e identidades..44
   1.3. Adolescentes e os dilemas de reconhecimento na sociedade contemporânea........53
2. **O Direito como produto sociocultural: a necessidade de reconhecimento desde a perspectiva sociológica**..67
   2.1. Direito positivo e o pluralismo jurídico..68
   2.2. Pluralismo jurídico, ou pluralismo de fontes...80
   2.3. A adolescência brasileira e seus distintos planos normativos de referência.........89
3. **Estado de direito e o reconhecimento da Dignidade da Pessoa Humana**.................97
   3.1. Dignidade da Pessoa Humana como dimensão intersubjetiva.........................98
      3.1.1. O fundamento dos Direitos Humanos nas necessidades contextualizadas..105
      3.1.2. Dignidade da Pessoa Humana adolescente..110
   3.2. Estado, direitos fundamentais e o reconhecimento das pessoas......................113
      3.2.1. Natureza dos Direitos Fundamentais frente ao Estado.............................113
      3.2.2. O reconhecimento dos sujeitos perante o Estado......................................116
   3.3. O diálogo como possibilidade de legitimidade da intervenção estatal, desde uma perspectiva constitucional...121
4. **O reconhecimento dos direitos dos adolescentes no sistema constitucional brasileiro**..127
   4.1. Proteção integral da criança e do adolescente: alguns pressupostos................128
   4.2. Os direitos da criança e do adolescente no sistema constitucional brasileiro.......133
      4.2.1. Direitos de caráter universal..135
      4.2.2. Direitos de Proteção Especial..136
      4.2.3. Direitos e deveres de responsabilização..139
      4.2.4. Interdependência entre os níveis de direitos e os deveres do Estado........141
   4.3. Princípios fundamentais do sistema de direitos da criança e do adolescente......144
      4.3.1. Princípio da prioridade absoluta..146
      4.3.2. Princípio do melhor interesse da criança e do adolescente.....................151
      4.3.3. Princípios da brevidade e excepcionalidade..154
      4.3.4. Princípio da condição peculiar de desenvolvimento...............................158

4.3.5. Princípio da livre manifestação e direito de ser ouvido.................................164
5. Reconhecimento dos Direitos Fundamentais dos adolescentes, diante da intervenção do Estado...171
   5.1. O necessário reconhecimento do direito dos adolescentes à convivência familiar e comunitária 173
      5.1.1. A família contemporânea: igualdades e diferenças...................................173
      5.1.2. A intervenção do Estado nos contextos familiares e a institucionalização de crianças e adolescentes...175
      5.1.3. Adolescência e a família como espaço de contradições e de proteção........184
   5.2. O direito à defesa como instrumento de escuta e reconhecimento da fala dos adolescentes nos processos judiciais..193
      5.2.1. Direito à defesa..194
      5.2.2. Os limites do direito à defesa no cotidiano processual 196
      5.2.3. Possibilidades de reconhecimento do direito à defesa nos processos penais juvenis...206
   5.3. O reconhecimento do princípio da autodeterminação progressiva (aquisição gradativa de competências)..210
Conclusões...215
Referências bibliográficas..235

Apresentação

Gostaríamos de dar início a este apontamento breve e conciso, com uma apropriada articulação de Nietzsche no aforisma 197 de seu "Humano demasiadamente humano":

> *Wir lesen Schriften von Bekannten (Freunden und Feinden) doppelt, insofern fortwährend unsere Erkenntnis daneben flüstert: „das ist von ihm, ein Merkmal seines inneren Wesens, seiner Erlebnisse seiner Begabung", und wiederum eine andere Art Erkenntnis dabei festzustellen sucht, was der Ertrag jenes Werkes an sich ist, welche Schätzung es überhaupt, abgesehen von seinem Verfasser, verdient, welche Bereicherung des Wissens es mit sich bringt. Diese beiden Arten des Lesens und Erwägens stören sich, wie das sich von selbst versteht, gegenseitig. Auch eine Unterhaltung mit einem Freunde wird dann erst gute Früchte der Erkenntnis zeitigen, wenn beide endlich nur noch an die Sache denken und vergessen, daß sie Freunde sind.*[1]

Com efeito, tal como nos propõe Nietzsche, também nós não estamos preocupados (apenas) em exaltar as experiências ou o talento da autora, de tal sorte que – apenas para o momento – vamos afastar qualquer juízo de valor para o trabalho que temos o prazer de apresentar para a comunidade de juristas, sociólogos e outros interessados no tema objeto da pesquisa que produziu este livro. A autora, Professora Doutra Ana Paula Motta Costa, além de jurista com mestrado em ciências criminais, é socióloga e tem dedicado sua atenção ao reconhecimento da cultura e da presença do *outro*, torná-lo visível, dar-lhe voz. Neste sentido, sua produção bibliográfica vem enfocando temas como direitos humanos, população de rua, proteção tutelar de crianças e adolescentes, indagações sobre a sociedade punitiva, violência e juventude e outros temas sempre vinculados ao desvelamento de uma parcela da população mais fragilizada. Sua

---

[1] "Lemos os escritos de conhecidos (amigos einimigos) de modo duplo, atendendo ao que nosso conhecimento está sem cessar murmurando: 'É dele, é uma amostra de seu interior, de suas experiências de seu talento', enquanto por outra parte, outra espécie de conhecimento busca fixar qual é o proveito da obra em si, que valoração merece em geral, para além de seu autor. Os dois modos de ler e de ponderar perturbam, escusado dizer, um ao outro, do mesmo modo que o diálogo com um amigo só produzirá bons frutos de conhecimento quando ambos acabem por não pensar mais do que na coisa mesma e esqueçam que são amigos." (Tradução livre apropositada). Nietzsche, F. W. *Menschliches, Allzumenschliches*. Viertes Hauptstück Aus der Seele der Künstler und Schriftsteller, no., 197. Werke in drei Bänden. München 1954, Band 1, S. 566. Permalink: http://www.zeno.org/nid/20009231897

tese de doutoramento – cursado com excelência no Programa de Pós-Graduação em Direito, Mestrado e Doutorado da PUCRS – que ora se publica em versão monográfica e que foi orientada pelo primeiro apresentador, Professor Doutor Carlos Alberto Molinaro, não poderia ser uma exceção, pois a partir da tese *Da invisibilidade à indiferença: um estudo sobre o reconhecimento dos adolescentes e seus direitos constitucionais*, Ana Paula centra sua investigação na busca dos fatores que, nos espaços mais diversificados das sociedades, influenciam e tangenciam a invisibilidade e a ausência de reconhecimento dos sujeitos na condição de adolescência como atores sociais; fá-lo, tomando o direito como produto cultural e na perspectiva de um pluralismo jurídico, de matriz sociológica, atento à existência de múltiplos planos de produção das proposições normativas. Sua mais importante formulação está em revelar o que denominou como princípio da autodeterminação progressiva do adolescente, como um dos critérios a orientar a intervenção reguladora estatal em tema tão complexo que mescla reconhecimento, igualdade e capacidade de tomar decisões.

Por isso mesmo, "esquecendo que somos amigos", vamos nos dedicar apenas ao exame da tese postulada em si mesma, sem, é claro, empreender uma análise de seus pressupostos, pois aqui não é o lugar apropriado para fazê-lo. Em primeiro lugar, podemos afirmar que – em qualquer proposição discursiva – perceber a realidade não é tarefa que possa ser medida com instrumentos que lhe afiram estrutura, substância, peso, densidade, forma, autenticidade e demais elementos da revelação de uma pretensiosa "verdade". Perceber a realidade é tarefa de cada sujeito de conhecimento e de ação que constrói a sua identidade na medida em que é capaz de conhecer e de interagir com o seu conhecimento, o que invariavelmente lhe conduz a confrontar o *outro*, em qualquer dimensão, no afeto, no ódio ou na indiferença; neste sentido, perceber a realidade revela uma especial vocação do sujeito em acolher ou não acolher a realidade do *outro* que diz tanto com seu modo de sentir, como com o contexto no qual ele se move, com o tipo de demandas ou situações que vive, com seu modo de afrontá-las, em definitivo seu estar com a vida e com o mundo. Por isso, perceber a realidade, em um primeiro momento, é uma aquisição solitária, para só depois, com esforço, por vezes, lograr "convergência objetiva" de múltiplos sujeitos perceptivos de igual imagem dada à realidade.

Que nem sempre as coisas se passam assim, Ana Paula o demonstra bem na narrativa arquitetada entre as dissimetrias da realidade que pode perceber. Convergimos em igual percepção? Isto é, somos capazes de, como ela, perceber o enorme fosso que separa (não especificamente entre incluídos e excluídos, aí estaríamos tão só observando condições econômicas e socioculturais) projetos de vida de pessoas que intentam construir suas identidades, pessoas que anseiam valoração pelo que e como são? ademais da expectativa de um futuro digno fundado no pertencimento de um presente que lhes reconheçam como atribuídas de cidadania? A resposta somente poderá ser afirmativa de tal sorte que não há, quanto a tais aspectos, reparo a fazer no que diz com o pensamento da autora.

A tese (a raiz grega é expressiva: Θεσις, posição, vem do verbo Τιθημι, por, colocar) que articula Ana Paula revela sua posição em entender a sociedade, a família, o Estado em relação com o adolescente na perspectiva de uma *cupiditas dominandi*, isto é, uma concupiscência de dominar, uma cobiça de poder, que estabelece um mundo racional da regulação pela regulação, onde o traço emancipatório é a obediência como modo de permanecer, ser amado e sobreviver. Assim vai colocar, no sentido de situar (moral ou juridicamente), em foco a realidade psíquica, emocional e cognitiva do adolescente, notadamente os pertencentes às classes sociais de maior vulnerabilidade, passível de manifestarem-se simultaneamente nos âmbitos individual e coletivo, ademais de comprometidos com a apropriação intelectual, e por vezes material, dos objetos externos, o que provoca espanto, quando não medo, a essa mesma sociedade, à família e ao Estado. A superação, assim o entende a autora, somente é possível pelo reconhecimento da identidade adolescente, da necessidade de tornar visível a titularidade de seus direitos, garantindo a sua condição de "sujeito de direito" com voz que reclama ser ouvida. Como pessoa atribuída de dignidade, necessária à postura, pois se deve escutar de modo ativo os clamores de sua voz, entonação, tremor na fala ou grau de firmeza, vivacidade ou velocidade. Necessário vê-lo do modo proativo, sua expressão facial, seus pequenos chistes, gestos que expressam emoções, curiosidade, estado de ânimo, grau de aceitação ou rechaço. Observar seus acenos corporais, as mudanças bruscas na postura e, principalmente, a relação de proximidade ou de distância em que se põem, enfim, suas ações. A partir daí, analisar seu comportamento e conduta ante seus direitos e suas obrigações, e surpreendentemente, muitas vezes, vamos concluir que esta titularidade passiva ou ativa não lhe são próprias, mas que na maioria das vezes são reflexos de nossos preconceitos sobre as pessoas e as coisas, de uma infinidade de fatores socioculturais, de nossas necessidades e, sobretudo, de nosso medo e insegurança.

Ana Paula nos propicia uma jornada de reflexão e, ao mesmo tempo, de descoberta de outra dimensão possível de acercarmos convergentemente a outras percepções da realidade do adolescente, propiciando um diálogo que irrompe com silêncios para permitir-lhe o necessário protagonismo. A autora nos faz lembrar que a juventude é, antes de tudo, surpresa, ritmo e nem sempre harmonia e consenso.

Como última palavra, compreensível que o livro de Ana Paula Motta Costa chega às livrarias em boa hora e servirá para aguçar a pesquisa em direitos humanos e em direitos fundamentais, seja quanto ao campo de aplicação e eficácia, especialmente no âmbito que se insere a questão da infância e da adolescência e, por que não da juventude. Assim nada mais resta-nos que parabenizar a autora e a editora que lhe dá abrigo, almejando venha a obter merecida acolhida da comunidade, especialmente no âmbito das ciências sociais aplicadas.

Desfrutemos da leitura.

Porto Alegre, outubro de 2011.

Carlos Alberto Molinaro
Professor Adjunto da Faculdade de Direito da PUCRS

Ingo Wolfgang Sarlet
Professor Titular da Faculdade de Direito da PUCRS

Introdução

Na contemporaneidade, a condição de vida e dignidade dos adolescentes brasileiros está em pauta permanente na sociedade e no sistema de justiça, especialmente de primeira instância. A complexidade jurídica que envolve o assunto faz parte da temática proposta por este livro, que tem como foco a análise acerca do reconhecimento dos direitos dos adolescentes, previstos no sistema normativo brasileiro.

A Constituição Federal brasileira de 1988 expressa o projeto de sociedade fruto do acordo político possível em seu período histórico. Tem como objetivos a construção de uma sociedade livre, justa e solidária; a erradicação da pobreza, da marginalização e das desigualdades sociais e a promoção do bem de todos, sem preconceitos de origem, raça, sexo, cor e idade.

Também o texto constitucional reconhece direitos aos adolescentes. Tais direitos correspondem aos valores estabelecidos a partir do modelo de Estado Democrático Social que alberga. São Direitos Fundamentais, que podem ser observados em vários momentos do texto constitucional, como, por exemplo, nos capítulos destinados aos direitos sociais, à educação, à saúde, à assistência social, entre outros.

De modo específico, os artigos 227 e 288 da CF tratam da proteção especial das crianças e adolescentes. Portanto, além da explicitação normativa da condição peculiar em que se encontram, como pessoas em desenvolvimento, ao positivar tais direitos, o texto constitucional chama a atenção para o tratamento prioritário que deve receber o público de crianças e adolescentes, como estratégia na efetivação de uma outra realidade social para essa parcela da população.

Há mais de vinte anos, particularmente, após a promulgação do Estatuto da Criança e do Adolescente, a situação normativa nacional vem acompanhando, de forma protagonista, o avanço internacional na matéria. No entanto, a realidade da adolescência brasileira necessita avançar, seja do ponto de vista da igualdade das condições e oportunidades, ou do respeito à sua dignidade, enquanto atribuição reconhecida pelo conjunto da sociedade.

Os Direitos Fundamentais de que são titulares os adolescentes, do ponto de vista normativo, contam com eficácia direta, ou ainda, quando amplos em suas prescrições, encontram regulamentação já prevista no sistema normativo. Assim, estudar os Direitos Humanos, ou os Direitos Fundamentais (como é o caso dos direitos das crianças e adolescentes positivados na Constituição Federal), pressupõe levar-se em conta os vínculos que ocorrem no contexto social e buscar compreender os pressupostos teóricos que concebam tais direitos em termos concretos.

No mundo globalizado contemporâneo, por distintas razões, observa-se a tendência de perda de patamares antes conquistados de direitos. Embora considerando tal conjuntura, no campo específico dos direitos constitucionais dos adolescentes é oportuna a indagação acerca de quais são os limites para a efetivação de direitos, ou indagar onde se encontram as dificuldades para que se reconheçam os sujeitos seus titulares, seja no âmbito social ou por parte do Estado.

Para a elaboração aqui apresentada, partiu-se da hipótese de que é um limite da efetividade dos Direitos Fundamentais dos adolescentes o estágio do reconhecimento social dos seus titulares, assim como da sua própria dignidade, enquanto pessoa humana. De outra parte, um dos caminhos para a efetividade horizontal e vertical desses direitos, para além da eficácia da normativa jurídica estatal, está no reconhecimento da condição de dignidade do público a que se destinam.

Assim, tal efetivação depende da gradual construção das possibilidades de reconhecimento da condição de pessoa em situação (fase) especial de desenvolvimento. Portanto, trata-se do necessário reconhecimento dos adolescentes como sujeitos, cidadãos de direitos, contextualizados socialmente, não objeto do Estado ou do poder dos adultos.

Em meio a tantas contradições insuperáveis e opções políticas que geram contraste e exclusão, o desafio está em vislumbrar como é possível criar as condições para que pessoas em especial vulnerabilidade sejam consideradas com prioridade absoluta, desde sua condição peculiar de desenvolvimento. Em última instância, o reconhecimento dos sujeitos adolescentes e de sua proteção normativa parece depender de uma mudança de atitude social, a qual se reflete na forma de intervenção do Estado.

Considerando-se essas indagações iniciais e hipóteses norteadoras da análise a ser feita, foi iniciada a pesquisa aqui apresentada com o objetivo de analisar se a efetividade dos direitos dos adolescentes depende da gradual construção do comprometimento social de reconhecimento da condição de pessoa em situação especial de desenvolvimento.

Pretendeu-se identificar em que medida a intervenção do Estado na garantia de direitos reproduz relações de preconceitos e pré-compreensões historicamente construídas sobre esses sujeitos. Buscou-se investigar como se expressa a complexidade da efetivação dos direitos dos adolescentes, em especial o Direito Fundamental à convivência familiar e comunitária e os limites da intervenção do Estado na família, em contraposição à efetividade do dever de proteção em contextos de violência familiar. Ainda, analisou-se como vêm sendo efetivados os direitos individuais dos adolescentes autores de atos infracionais nos processos judiciais de apuração de atos infracionais, especialmente no que se refere ao Direito Fundamental à defesa.

Quanto à metodologia empregada, tratou-se de uma pesquisa bibliográfica e qualitativa – análise documental e de conteúdo,[1] na medida em que se analisaram conteúdos de julgados da área da infância e da juventude, bem como documentos institucionais e pesquisas de órgãos oficiais, sempre relacionando tal conteúdo com a construção teórica realizada. A fundamentação teórica, desde a perspectiva intercultural, serviu de base para a interpretação de dados, os quais foram coletados a partir de elementos norteadores, enquanto categorias de análise.

Optou-se, enquanto referencial teórico, pela adoção da perspectiva complexa da sociedade e por uma abordagem interdisciplinar. Assim, várias áreas do conhecimento contribuíram com a fundamentação jurídica do pensamento aqui exposto. Notadamente, utilizaram-se contribuições da Sociologia, Antropologia, Filosofia e, até mesmo, da Psicologia. Se o restrito viés disciplinar, por vezes, permite um maior aprofundamento de aspectos de um tema, por outras, não responde às necessidades da realidade complexa, em suas várias dimensões. Aliás, não é possível apreender a realidade, faz-se apenas uma aproximação, ou da compreensão de suas contradições, desde o ponto de vista enfocado na pesquisa realizada.[2]

De outra parte, a opção pela interdisciplinaridade responde com melhor possibilidade aos problemas vistos desde a perspectiva complexa, na medida em que permite a construção de discursos argumentativos que "costuram" as relações identificadas, a partir do olhar de quem as observa. Porém, cabe alertar para o fato de que, algumas vezes, o diálogo entre autores de diferentes áreas do conhecimento não permite a abordagem em profundidade de seus respectivos pensamentos. É um risco que se corre, mas que é assumido enquanto busca pelo conhecimento, em permanente construção.

---

[1] BARDIN, Laurence. *L'analyse de contenu*. France: Presses Universitaires, 1977, p. 95-105.
[2] MORIN, Edgar. Complexidade e Liberdade. In: ——; PRIGOGINE. Ilya *et ali*. *A Sociedade em Busca de Valores. Para fugir à Alterrnativa entre o Ceptismo e o Dogmatismo*. Lisboa: Instituto Piaget, 1998, p. 239-254.

Conforme afirma Herrera Flores, os Direitos Humanos não podem ser estudados, ou compreendidos, como se existissem em um mundo ideal que espera ser posto em prática por uma ação social abstrata. Os Diretos Humanos vão-se criando e recriando na medida em que as pessoas atuam em processos de construção da realidade. Assim, são categorias impuras e, em consequência, vinculadas a todas as relações presentes na sociedade complexa.[3] Portanto, uma filosofia impura dos Direitos Humanos, como pretende o autor, precisa abandonar ideias de pureza e idealizações, apostando em uma concepção da realidade plena de desigualdades e de diferenças. Plena de contexto.

A partir da opção por esse desafio metodológico, realizou-se a pesquisa aqui apresentada. Sabe-se que o conhecimento, sistematizado em um livro, é valido para o seu tempo, seja em relação ao contexto em que se insere, ou às condições possíveis de quem o produz. Assim, o caminho trilhado nos quatro anos de formação doutoral permitiu chegar-se ao resultado aqui apresentado, para o qual cabe alertar: deve conter incompletudes, falhas e dificuldades de plena coerência. Como positivo tem-se o aprendizado no caminho percorrido e o ponto de partida para novas investigações e para o diálogo a ser feito com os leitores deste livro.

Feita a explicação necessária a respeito do problema, objetivos e metodologia adotada na pesquisa realizada, cabe nesta introdução apresentar, de forma sintética, a sistemática de organização deste livro, que está dividido em cinco capítulos, conforme segue.

No primeiro capítulo, contextualiza-se a problemática dos adolescentes brasileiros, desde a perspectiva da complexidade da sociedade contemporânea. É necessária a leitura contextual para o desenvolvimento dos argumentos apresentados na sequência do texto, e esse é o objetivo do primeiro capítulo, cujo título é "Reflexões sobre a contemporaneidade: a adolescência e os dilemas de reconhecimento". Assim, em um primeiro momento, analisa-se o contexto social contemporâneo, enfocando o processo de segregação social de certos grupos de pessoas que não se enquadram no modelo padronizado de comportamento. Logo em seguida, faz-se a interface entre a formação da identidade dos sujeitos e a "Teoria do Reconhecimento", enquanto um dos pressupostos fundamentais deste livro. Ao final do capítulo, aborda-se a realidade dos adolescentes, em especial dos que vivem em condições de especial vulnerabilidade, relacionando tais aspectos da realidade com elementos da teoria do reconhecimento antes abordados. A questão central que norteou a pesquisa desenvolvida nesse capítulo foi a seguinte: quais são os elementos

---

[3] HERRERA FLORES, Joaquín. Hacia una vision Compleja de los Derechos Humanos. In: ——. *El Vuelo de Anteo* – Derechos Humanos y Crítica de la Razón Liberal. Bilbao: Desclée de Brouwer, 2000 (19-78), p. 37-47.

presentes no contexto social onde estão inseridos os adolescentes que influenciam na sua invisibilidade e ausência de reconhecimento como sujeitos sociais?

No segundo capítulo, intitulado "O Direito como produto sociocultural: a necessidade de reconhecimento desde a perspectiva sociológica", adota-se, como ponto de partida, a compreensão de que o Direito é uma produção cultural e social normativa, portanto, produção humana em transformação, e não parte da natureza. O Direito estatal, por sua vez, é a produção normativa possível em cada momento histórico, síntese das diversas normativas sociais em conflito. Analisa-se a concepção monista de Direito, desde a perspectiva das várias escolas jurídicas e de pensadores da Teoria do Direito de viés sociológico. Em sequência, aborda-se a concepção de pluralismo jurídico, entendido enquanto diversidade de concepções jurídicas, em paralelo e em inter-relação no mesmo espaço geográfico. Ao final, situa-se a realidade sociocultural da adolescência brasileira, buscando fundamentar a existência de múltiplos planos normativos em que se referenciam, em interação com o Direito estatal. Nesta etapa do livro, as perguntas que nortearam a pesquisa realizada e que se buscou responder foram as seguintes: qual a relação existente entre o Direito estatal e os diferentes planos normativos em que se referenciam os adolescentes brasileiros? Em que medida a ausência de reconhecimento das diversas realidades normativas por parte do Estado gera ausência de legitimidade em sua intervenção? Como construir outra estratégia de reconhecimento frente a tal realidade?

No capítulo terceiro, sob o título "Estado de Direito e o reconhecimento da Dignidade da Pessoa Humana", elaborou-se o texto em busca de respostas, sempre provisórias, às perguntas: qual a fundamentação dos direitos a serem garantidos pelo Estado? Qual o modelo de Estado que responde à garantia de Direitos Fundamentais? Como ocorre o processo de ausência de reconhecimento dos sujeitos por parte do Estado? Parte-se, portanto, da fundamentação de pressupostos, tais como a Dignidade da Pessoa Humana – princípio reitor da Constituição Federal brasileira –, com enfoque especial a sua dimensão intersubjetiva, que possui direta relação com o processo de reconhecimento dos sujeitos de direito. Conceituam-se os Direitos Fundamentais, identificando seu conteúdo de forma menos abstrata e mais concreta, ou seja, os direitos nascem das necessidades das pessoas, valoradas desde o contexto onde estão inseridas. Em sequência, trata-se das contradições das experiências moderna e contemporânea de falta de reconhecimento dos sujeitos por parte do Estado. Ou seja, da utilização da justificativa da exceção para a não garantia de direitos individuais e sociais, quando alguns "são considerados" mais cidadãos, ou mais pessoas, que outros. Alguns têm reconhecida sua condição de pessoa, outros não.

Ao final do capítulo, busca-se encontrar uma estratégia de diálogo que legitime a interpretação constitucional de direitos. O reconhecimento das pessoas e suas necessidades concretas pode ser a justificativa para uma hermenêutica constitucional de diálogo, que traga legitimidade à intervenção do Estado nos contextos sociais contemporâneos em análise.

Após a análise das várias dimensões do problema da ausência de reconhecimento dos adolescentes e de seus diretos por parte da sociedade e do Estado, passa-se a desenvolver acerca de alguns pressupostos necessários à proposição de estratégias para tal reconhecimento. Assim, o capítulo quarto, sob o título "O Reconhecimento dos Direitos dos Adolescentes no Sistema Constitucional Brasileiro", aborda o subsistema normativo dos direitos das crianças e adolescentes e seus fundamentos. A "Doutrina da Proteção Integral", embasamento jurídico das convenções internacionais de que o Brasil é signatário, tem seus desdobramentos em um conjunto de direitos constitucionais. Como fonte de interpretação de tais direitos, tanto a doutrina internacional quanto o ordenamento jurídico nacional adotam princípios específicos, os quais estão abordados e problematizados no decorrer do capítulo. Considerando o conjunto normativo explicitado, vê-se que os direitos dos adolescentes não encontram grandes limites para eficácia. Suas dificuldades de efetividade estão no campo do reconhecimento, em especial da condição peculiar de desenvolvimento dos respectivos sujeitos, portanto, de sua especificidade e diferença em relação à coletividade social. Para que o Direito possa colaborar com tal realidade, é necessário o desenvolvimento da dogmática em questão – especialmente em um cenário nacional de restrita doutrina produzida sobre esse campo do Direito. Com tal propósito foi escrito o capítulo quarto aqui apresentado.

O estágio de reconhecimento dos direitos dos adolescentes em âmbito social faz com que prevaleça na intervenção do Estado uma cultura subliminar, presente nos vários mecanismos de controle social, a qual tem sustentado a preferência pela institucionalização, segregação e afirmação da exceção, refletindo-se na falta de respeito aos direitos individuais. A situação observada expressa a dificuldade estatal de reconhecimento da especificidade e peculiaridade dos adolescentes e seus direitos. Os Direitos Fundamentais tornam-se abstratos ao não considerarem as pessoas concretas nas suas dimensões corporal, psíquica e social, bem como em suas necessidades e anseios.

No quinto e último capítulo deste livro, aborda-se a relação direta entre a fundamentação teórica desenvolvida nos capítulos anteriores e os dados da realidade sociojurídica dos adolescentes. A questão central a ser respondida diz respeito a qual a aplicação prática dos argumentos que sustentam o livro, que foram desenvolvidos nos capítulos anteriores, frente aos dados da realidade sociojurídica exposta? Na primeira parte do capítulo trata-se da intervenção do Estado na família, com especial enfoque sobre o Direito Fundamental à convivência familiar e comunitária. Em seguida, passa-se a analisar os limites e possibilidades da efetividade do Direito Fundamental à defesa nos processos judiciais de apuração de atos infracionais, enquanto instrumentalidade limitadora da intervenção institucional no campo socioeducativo, mas também como garantia do direito de os adolescentes serem ouvidos nos processos judiciais dos quais são parte. Ao final de cada um desses pontos, são apresentadas propostas a serem adotadas pelo Estado, em suas várias dimensões, com o intuito de contribuir com o processo de mudança no contexto em análise.

Ao final do último capítulo, desenvolve-se a fundamentação do "princípio da autodeterminação progressiva", enquanto proposição de um critério regulador da intervenção Estatal ao tratar os adolescentes. Reconhecer os sujeitos pressupõe considerá-los em condição de igualdade, embora em estágios diferentes quanto à condição de responsabilidade para tomar decisões que digam respeito às suas vidas. Assim, é preciso identificar as potencialidades e garantir as condições para que desenvolvam suas capacidades. Nesse sentido é que se apresenta a proposta final do quinto capítulo.

No temário geral do reconhecimento dos direitos dos adolescentes, os problemas sociais, políticos e culturais são muitos. A contribuição jurídica possível é o aprofundamento de argumentos teóricos que sejam instrumentais para a sustentação e desenvolvimento de melhores condições de vida e de dignidade. Na conclusão deste livro, apresenta-se o encadeamento das ideias desenvolvidas em seu corpo e que permitem a fundamentação das proposições apresentadas.

Se reconhecer é considerar, intersubjetivamente, o outro em sua especificidade, o sentido deste livro é o de tornar visíveis as diferenças que caracterizam as peculiaridades dos adolescentes, seja do ponto de vista geracional, sociocultural ou normativo. A diferença é necessária enquanto "etapa do caminho" rumo à indiferença ou a um tratamento em condição de igualdade. Esse caminho é o que se busca percorrer, por meio da argumentação jurídica aqui apresentada.

1. Reflexões sobre a contemporaneidade: a adolescência e os dilemas de reconhecimento

> *Quando se chega a um estado de coisas como este, quando a desgraça humana é encarada apenas como um aspecto repulsivo do espetáculo do mundo, quando os valores perdem consistência e credibilidade, quando os miseráveis tornam-se transparentes aos nossos olhos, formando uma verdadeira casta de milhões de intocáveis dos quais há que se evitar – como asco e indiferença – o cheiro, o olhar e a palavra, é hora de convocar a ética para o centro dos debates.*[4]

Os Direitos Fundamentais dos adolescentes brasileiros não encontram limites objetivos no sistema normativo vigente, que justifiquem a sua não efetivação.[5] Tais direitos contam com eficácia direta, ou ainda, quando amplos em suas prescrições, possuem regulamentação já positivada.

Entretanto, não obstante a situação normativa, a realidade da adolescência brasileira tem muito a avançar. Nesse sentido, Herrera Flores afirma que as normas são instrumentais, na medida em que prescrevem comportamentos e impõem deveres e compromissos individuais e grupais, sempre interpretados a partir dos valores vigentes.[6] Segundo entende o autor, valores são preferências sociais que se generalizam em determinado entorno de relações, influindo no modo de acesso aos bens necessários para viver dignamente.[7] A realidade empírica, portanto, não pode ser confundida com a normativa, pois o fato de se afirmar que os direitos estão positivados não os faz existir na materialidade do contexto social.

---

[4] ROITMAN, Ari. Introdução. In: —— (org). *O Desafio Ético*, p. 9.

[5] No capítulo terceiro deste livro será abordado sobre o sistema normativo vigente, desde a perspectiva constitucional, com enfoque específico nos direitos da criança e do adolescente.

[6] HERRERA FLORES, Joaquín. Hacia una vision Compleja de los Derechos In: ——. *El Vuelo de Anteo – Derechos Humanos y Crítica de la Razón Liberal*. Bilbao: Desclée de Brouwer, 2000 (19-78), p. 4.

[7] HERRERA FLORES, Joaquín. Hacia una vision Compleja de los Derechos ..., p. 48

As produções culturais, inclusive as jurídicas e políticas, de acordo com o pensamento de Herrera Flores, são ficções que se aplicam ao processo de construção da realidade. Isso não interfere no reconhecimento de seu valor instrumental. No entanto, não é indicado desconsiderar a natureza dessas produções e sua historicidade. Entender os Direitos Humanos, sob uma visão complexa, requer uma compreensão contextualizada, a partir da qual, será mais difícil ou mais fácil sua implementação.[8]

Na perspectiva desse livro, estudar, pois, os direitos de certo segmento social pressupõe considerar os vínculos e inter-relações desses em um espaço social concreto. Deve-se abandonar a premissa, que faz parte do senso comum, de que tais direitos são adquiridos pelas pessoas pelo fato de terem nascido, ou de que a interpretação ou aplicação da norma, no caso concreto, conta com uma única possibilidade.

Assim, na sequência desse primeiro capítulo, estar-se-á a abordar a sociedade contemporânea e suas relações com a Teoria do Reconhecimento.[9] Mais precisamente, estar-se-á enfocando a ausência de reconhecimento de certos sujeitos sociais, entre os quais, os adolescentes. No último ponto do capítulo, portanto, será enfocada a adolescência como construção sociocultural e enquanto uma das dimensões da dificuldade de reconhecimento apontada neste livro.

1.1. A SOCIEDADE CONTEMPORÂNEA E OS LIMITES DE PERTENCIMENTO

O início desse século XXI tem-se caracterizado por distribuição desigual de bens econômicos, sociais e culturais, discriminação, desrespeito às diferenças, incerteza e violação de direitos. Essas manifestações não são anomalias ou "inevitáveis", mas integram o processo econômico em curso, embora justificados pelos seus defensores, muitas vezes, como se fossem "desvios", ou consequências necessárias, tendo em vista o modelo de desenvolvimento regulado pelo mercado.[10]

A sociedade brasileira, embora tenha características próprias, está integrada à tendência de fragmentação mundial. O modelo econômico e social, implantado no País, produziu seres humanos avassalados, tanto pessoal como socialmente, com difícil perspectiva de transposição social.

---

[8] HERRERA FLORES, Joaquín. Hacia una vision Compleja de los Derechos ..., p. 9-10.

[9] No segundo subitem desse capítulo será apresentada a referida teoria, em especial desde a perspectiva dos autores que abordam o tema: Axel Honneth, Nancy Fraser e Charles Taylor.

[10] RUBIO, David Sánchez. Sobre la Racionalidad Económica Eficiente y Sacrificial, la Barbarie Mercantil y la Exclusión de los Seres Humanos Concretos. *Sistema Penal e Violência – Revista Eletrônica da faculdade de Direito*, v. 1, N. 1, p. 101-113, jul./dez. 2009, p. 101-113.

Vê-se, desse modo, que as políticas sociais, adotadas pelos diferentes governos, ao longo do século XX, têm em comum o fracionamento, que reflete a tendência de enfrentar os problemas sociais como fatos isolados.[11] Tais políticas, em consequência, trouxeram poucos resultados na melhoria da condição de vida da população.

Assim, a vulnerabilidade social contemporânea, relacionada à violação dos Direitos Humanos e Fundamentais de significativa parcela da população, tem origens econômicas, mas se caracteriza, também, por falta de pertencimento social, falta de perspectivas, dificuldade de acesso à informação e perda de autoestima. Essa situação de fragilidade repercute na saúde das pessoas, em especial na saúde mental, relaciona-se com o mundo do tráfico e uso abusivo de drogas, estabelece padrões e perspectivas de emancipação social muito restritas.

A hierarquia, assim estabelecida, tem, portanto, relação direta com o modelo de sociedade em curso e com a crença coletiva no projeto que justifica tal contexto. Os sujeitos sociais, em decorrência, são valorados conforme a capacidade individual de aderir e de se adaptar ao padrão de homogeneidade instituído histórica e culturalmente.[12]

Sendo assim, a produção e reprodução de classes marginalizadas estão relacionadas às precondições morais, culturais e políticas. A miséria não é apenas econômica, mas emocional, existencial e política, produzindo sentimentos individuais e coletivo de falta de pertencimento social, de inferioridade e de responsabilidade individual pela própria condição.[13]

Tem-se como ponto de partida um consenso básico e transclassista, que por meio de redes invisíveis e objetivas, desqualifica, como "subprodutores" e "subcidadãos", indivíduos e grupos precarizados".[14] A marginalização permanente de grupos sociais tem relação com a propagação de condições que permitem a formação de uma hierarquia valorativa invisível, construída a partir da imposição de toda uma concepção de mundo, ou de crenças compartilhadas "pré-reflexivas", sob a máscara da neutralidade.[15]

---

[11] Embora esse tema não seja objeto específico da pesquisa aqui desenvolvida, cabe lembrar que no Brasil existem vários exemplos históricos de políticas "focalistas", ou seja, planejadas a partir das mais manifestações visíveis dos problemas sociais, sem uma maior preocupação com a complexidade que a problemática social em questão está envolvida. No que se refere ao histórico mais recente de políticas voltadas para a infância e juventude com tais características, pode-se citar o "Programa de erradicação do trabalho Infantil" e o "Programa Sentinela" (voltado ao combate da exploração sexual), atualmente revisados e incorporados ao Sistema Único de Assistência Social – SUAS.

[12] GAUER, Ruth M. Chittó. Da Diferença Perigosa ao Perigo da Igualdade. Reflexões em torno do Paradoxo Moderno. *Civitas – Revista de Ciências Sociais*, v. 5, n. 2, jul./dez. 2005, p. 399-413.

[13] SOUZA, Jessé (Org.). *A Invisibilidade da Desigualdade Brasileira*. Belo Horizonte: UFMG, 2006, p. 30.

[14] Idem, p. 48

[15] Idem, p. 64.

O fato é que compreender a sociedade atual pressupõe o reconhecimento de sua complexidade. Conforme Morin, "a complexidade é um fenômeno que nos é imposto pelo real e não pode ser rechaçado". Sendo assim, afirma o autor, precisa ser combatida é a "simplicidade arrogante".[16] O conteúdo humano é, ao mesmo tempo, psíquico, sociológico, econômico, histórico demográfico. O desafio está, portanto, em ocultar, o menos possível, a "complexidade do real".[17]

A sociedade atual é compreendida, conforme a visão de alguns autores, como "crise da modernidade",[18] "modernidade reflexiva",[19] "pós-modernidade",[20] "modernidade líquida"[21] ou "sociedade de risco".[22] Todos esses conceitos remetem a uma leitura da realidade que rompe com determinados preceitos de controle, de projeto e de perspectiva, a partir dos quais foram instituídas as várias áreas das ciências, especialmente, com a participação de instituições destinadas a tal tarefa na modernidade, como a escola, o sistema prisional, os hospitais, os manicômios.

Instituições que, conforme refere Foucault, tiveram a função de controle social.[23]

O projeto hegemônico Moderno tinha como tarefa o estabelecimento da ordem e, para isso, coletivizaram-se as incumbências estatais por meio da técnica da disciplina social. A ordem era estabelecida por meio das tarefas de generalizar, definir e separar categorias, classificando-as. Desse modo, o desejo da sociedade perfeita do século XVIII teve como instrumento as técnicas de disciplina, visando à docilidade coletiva, obtida como decorrência do funcionamento harmônico de uma engrenagem cuidadosamente subordinada. A norma e o poder regulamentados obrigavam à homogeneidade, mas também permitiam medir o desvio.

---

[16] MORIN, Edgar. *Entrevistas do Le Monde*. Paris: Editions La Durverte e jornal Le Monde, 1985. Publicação em Português: Editora Ática, 1989, p. 37.

[17] Idem, p. 35.

[18] SANTOS, Boaventura. *A Criticada Razão Indolente*. Contra o desperdício da Experiência. 3. ed. São Paulo: Cortez Editora, 2000.

[19] GIDDENS, Anthony. A Vida em uma Sociedade Pós-tradicional. In: GIDDENS, Anthony; BECK, Ulrich e LASH, Scott. *Modernização Reflexiva*. Trad. Magda Lopes. São Paulo: Universidade Estadual Paulista, 1997.

[20] MAFFESOLI, Michel. *O Mistério da Conjunção*. Ensaios sobre comunicação, corpo e sociedade. Trad. Juremir Machado da Silva. Porto Alegre: Sulina, 2009.

[21] BAUMAN, Zigmunt. *Modernidade Líquida*. Rio de Janeiro: Jorge Zahar Editor, 2001.

[22] BECK, Ulrich. *La sociedad Del Riesgo*. Hasta una nueva modernidad. Buenos Aires: Paidós, 1998.

[23] A conceituação de controle social referida pelo autor será abordada em maior profundidade na sequencia deste livro. No entanto, cabe referir que para o autor tal controle não ocorre de forma dirigida por parte de uma pessoa, ou seguimento social, que exerce funções de poder estatal. Trata-se de uma concepção de poder diluído socialmente, que, especialmente na Modernidade, caracterizou-se pelas relações microfísicas, ou seja, entre as várias instituições e relações sociais. FOUCAULT, Michael. *Vigiar e Punir* – História de Violência nas Prisões. 12. ed. Petrópolis: Vozes, 1995, p. 125-227.

Nesse contexto, a ideia de indivíduo ganhou importância, enquanto conceituação sociocultural e jurídica. Para Dumont, o indivíduo, como valor social, teve sua gênese nos primórdios judaico-cristãos. O autor interpreta a evolução histórica do conceito, comparando as diferentes sociedades que constituíram a humanidade ocidental. Quanto à sociedade moderna, o autor destaca, como característica central, o indivíduo, como um "ser moral", independente, autônomo e, por consequência "não social", portador de qualidades extraordinárias. Trata-se do individualismo, servindo de pano de fundo aos valores de liberdade e igualdade, pressupostos do pacto social moderno.[24]

Acompanhando o pensamento de Dumont, pode-se afirmar que a partir de um processo longo de laicização da sociedade, em que há a separação entre o poder do Estado e o da Igreja, surgiu um novo indivíduo, suscitado pela concepção de humanismo que despontava.

O humanismo, característico daquele momento sociocultural, tem seu nascimento entrelaçado à concepção de direito natural, enquanto ideia de indivíduos, vinculados livremente, através do contrato social. O direito natural não trata de seres sociais ou contextualizados, mas de "indivíduos", homens que se bastam a si mesmos, enquanto feitos à imagem de Deus e depositários de razão.[25]

De acordo com Gauer, o modelo de igualdade, criado nos tempos modernos, teve como objetivo eliminar as diferenças contaminadoras. O mundo utópico, idealizado desde os iluministas, pretendia, através da homogeneidade, abolir diferenças e imunizar a sociedade contra a violência, a corrupção e demais impurezas.[26] Em decorrência, as instituições modernas estruturaram-se para dar visibilidade à diferença, considerada nociva ao projeto, e, consequentemente, eliminá-la, purificando a sociedade. Conforme a autora, "os modernos esqueceram, que não haveria imunidade para o egoísmo, o niilismo e para a exploração de um número enorme de seres humanos".[27]

Para além das estratégias disciplinares, fez parte do período histórico moderno a estruturação e especialização das ciências, as quais se fundaram sob o paradigma do determinismo. Havia a ideia de que a utilização do experimento e do método científico possibilitaria alcançar resultados sempre melhores, como decorrência natural do progresso e do desenvolvimento.

---

[24] DUMONT, Louis. *O individualismo*. Uma perspectiva antropológica da ideologia moderna. Trad. Álvaro Cabral. Rio de Janeiro: Rocco, 1993, p. 35-71.

[25] Idem, p. 86-96.

[26] GAUER, Ruth M. Chittó. Da Diferença Perigosa ao Perigo..., p. 400-401.

[27] Idem, p. 401.

A partir do modelo de racionalidade do séc. XVI e seguintes, pode-se falar em um padrão racional, considerado científico. Formaram-se as noções de neutralidade científica e de neutralidade na aplicação das normas jurídicas. As ciências pareciam estar, nesse tempo, sob o viés de suas especialidades, a serviço das disciplinas, constituidoras do pensamento dogmático que sustentou a sociedade moderna.[28]

A crítica ao paradigma da racionalidade, não deixa de reconhecer o valor da ciência. No entanto, aponta, a partir da experiência vivida pela humanidade até esse início de século XXI, que ao pensar-se sobre a evolução da ciência, vê-se a necessidade considerar valores éticos e, frente a esses, relativizar os propósitos de desenvolvimento.

A constatação a ser feita é de que o projeto original – do avanço científico e do Estado moderno –, que levaria a uma condição de progresso e de civilização para todos, fez com que a humanidade caminhasse para o tipo de sociedade desse início de século, com as consequências que podem ser observadas no cotidiano. Afirma Gauer: "a estupidez parece ter se mantido imune a descobertas científicas e ao avanço da técnica".[29]

Entre os diferentes aspectos que caracterizam os tempos atuais, merece destaque o diagnóstico feito por Bauman. Diz o autor que a sociedade atual está centrada no consumo, e não na produção, e, ao contrário do processo produtivo, a atividade de consumir é meramente individual. No entanto, assim como as forças produtivas, também o consumo dispõe os indivíduos em campos opostos, como resultado da atuação dos poderes de sedução do mercado consumidor.[30] Nessa nova ordem, são utilizados outros métodos, mantenedores de seu próprio funcionamento e de sua perpetuação uniforme.

Para atingir os padrões que a sociedade consumidora estabelece, deve-se buscar diretamente os fins desejados. Assim, o consumo é o objetivo a ser alcançado, como uma tarefa individual e, quanto mais intensa a busca do consumidor, mais eficaz tornar-se-á a sedução do mercado e mais segura e próspera será a sociedade de consumidores. Todavia, maior será o hiato entre as pessoas que desejam e aquelas que podem satisfazer seus desejos. "A sedução do mercado é, simultaneamente, a grande igualadora e a grande divisora".[31]

---

[28] SANTOS, Boaventura de Sousa. *A Crítica da Razão Indolente*. Contra o desperdício da Experiência. 3. ed. São Paulo: Cortez Editora, 2000, p. 60-68.

[29] GAUER, Ruth M. Chittó. *O Reino da Estupidez e o Reino da Razão*. Rio de Janeiro: Lumen Juris, 2008, p. 137.

[30] BAUMAN, Zigmunt. *O mal-estar da pós-modernidade*. Rio de Janeiro: Jorge Zahar Editor, 1998, p. 53-56.

[31] Idem, p. 55.

Analogamente a uma competição, composta por jogadores e submetida a normas, as regras de convivência também são ditadas pelo consumo. Não existe modelo, exceto o de se apoderar cada vez de mais bens materiais; não existe norma, a não ser a de aproveitar as oportunidades disponíveis. Há então, "os jogadores", "os jogadores aspirantes" e "os jogadores incapacitados", que não têm acesso à moeda legal. Esses devem lançar mão dos recursos que lhes estão disponíveis, sejam legalmente reconhecidos ou não. Outra possibilidade é escolher abandonar em definitivo o jogo, uma "opção pessoal", que se torna praticamente impossível, frente à força sedutora do mercado.[32]

O pleno desenvolvimento do livre mercado consumidor tem contribuído para a ampliação do fosso que separa as pessoas, não apenas pelas condições materiais que possuem, mas no que se refere à subjetividade que as envolve. A inclusão, nos principais movimentos do consumo emergente e globalizado, restringe-se a uma pequena parcela de habitantes do planeta, os quais, independente do endereço ou nacionalidade, se sentem parte dirigente da humanidade. Ao contrário, os demais, somente podem sentir-se à margem, a reboque, à revelia ou como estrangeiros no seu próprio país.[33]

Na mesma direção, o individualismo, como fundamento da valoração social dos "vencedores" ou consumidores, também deixa clara a responsabilidade individual pelo fracasso, humilhação constante que concorre para a sensação de desvalia. É o sentimento que resta àqueles, denominados por Castel, como "sobrantes": pessoas normais, mas invalidadas pela conjuntura, que se caracteriza pelas novas exigências da competitividade e da concorrência, na sociedade em que não há mais lugar para todos.[34] Para o autor, a exclusão é sempre relacional e heterogênea, uma vez que a pessoa se encontra excluída em relação a algum grupo ao qual poderia pertencer.

Existem, de outra parte, diferentes vulnerabilidades sociais, geradas pela degradação das relações de trabalho e das proteções correlatas. Trata-se de um processo em que vários grupos populacionais vivenciam "déficit de integração" com relação ao trabalho, à moradia, à educação etc. Esses processos de marginalização podem resultar em "tratamento explicitamente discriminatório", ou de "exclusão propriamente dita".[35]

---

[32] BAUMAN, Zigmunt. *O mal-estar da pós-modernidade*, p. 56.

[33] ATHAYDE, Celso; BILL, MV; SOARES, Luis Eduardo. *Cabeça de Porco*. Rio de Janeiro: Objetiva, 2005, p. 161-168.

[34] CASTEL, Robert. As armadilhas da exclusão. In: WANDERLEY, Mariângela; BÒGUS, Lúcia; YAZBEK, Maria Carmelita. *Desigualdade e a Questão Social*. São Paulo: EDUC, 1997, p. 29.

[35] CASTEL, Robert. As armadilhas da exclusão, p. 41.

O refugo do jogo é considerado pelo modelo de Estado social como de responsabilidade coletiva, corporificada por políticas públicas no campo da Seguridade Social. Porém, no contexto da contemporaneidade cada vez mais é um problema individual, pois cada um responde pelo próprio "fracasso".

Vive-se, assim, uma nova configuração do modelo capitalista de desenvolvimento que é caracterizada pela individualização e consumismo exacerbados. Determinados modelos de vida ou formas de consumir são "vendidos" pelos meios de comunicação, os quais, quando praticados, permitem que a pessoa se sinta incluída a partir de sua própria condição de consumir. Aquele que foi deixado de fora da conjuntura de consumo não faz parte do momento, que, por sua vez, é cada vez mais acelerado.

O tempo adquire, no contexto, suas próprias características: é relativo, cultural e subjetivo, dependendo da perspectiva e das condições do sujeito.[36] Assim, é percebido com grande velocidade por aqueles que pertencem à sociedade acelerada, do instantâneo, do imediato. De outra parte, como mais um dentre os demais fatores de exclusão, os "sobrantes" "esperam o tempo passar", pois não estão incluídos no modelo. Trata-se do cotidiano de quem está na prisão, nos hospitais psiquiátricos, nos abrigos para crianças que aguardam por famílias substitutas, nas filas dos serviços de saúde, de vagas de emprego ou de acesso à Justiça. Nesses espaços o tempo não passa.

É como se, em uma mesma época, as pessoas vivessem em rítimos distintos: para alguns a sociedade da informação, da comunicação, da velocidade, da multidimensionalidade do dia e das horas sempre insuficientes. Para outros, o compasso da espera.

De outra parte, múltiplas etapas históricas convivem em paralelo, como uma mescla de circunstâncias e fatores. Muitas vezes, em uma mesma cidade, ou território, passa-se pela Pós-Modernidade, presente na velocidade da comunicação e das novíssimas tecnologias, e visualiza-se a Idade Média, caracterizada pelo dia a dia da convivência sem a presença do Estado, provedor ou regulador dos conflitos. O passado, lembrado pela História por momentos de barbárie está, muitas vezes, sintetizado, na atualidade, por meio da violência e da brutalidade com que muitos são tratados diariamente, não apenas nos vários recantos do Brasil contemporâneo, mas também em outros países. Tais situações fazem com que o ideal civilizatório da Modernidade pareça uma utopia que está por ser alcançada.

Desse modo, a contemporaneidade caracteriza-se pela justaposição de tempos históricos diferenciados, em que cada espaço "é atravessado

---

[36] OST, François. *Le temps du droit*. Paris: Odile Jacob, 1999, p. 23-29.

por tempos justapostos". No mesmo território exitem pessoas com memórias curtas, ou longas. Às vezes, alguém codifica e dá sentido coletivo, parece contar a História do grupo, outras vezes, não. As sociedades são mosaicos, em que a racionalidades diferentes correspondem temporalidades diferentes.[37]

Conforme Bhabha, de forma diferente da pretensão da narrativa da "mão morta da história", que se referencia em um tempo sequencial, como das "contas de um rosário", vivem-se novos tempos em que há fragmentação das grandes narrativas. Assim, no tempo contemporâneo, os jargões "pós-modernidade, ou "pós-colonialidade" não podem significar sequencialidade posterior, mas devem expressar a energia, ou a consciência dos limites epistemiológicos das idéias etnocêntricas, bem como anunciar as fronteiras de histórias dissonantes, paralelas, não contadas.[38] O novo e contemporâneo, não como resultado evolutivo, ou do progresso, surge a partir da "cisão da modernidade".[39]

Diante de tal complexidade, a sociedade individualista e atomizada do século XXI segue seu caminho indeterminado e sem um único destino, em meio aos temores que, embora em intensidades diferentes, são igualmente distribuídos. Vive-se um período em que não existem certezas, em que a imprevisibilidade dos riscos é, justamente, o fator mais democrático de todos os tempos.[40] A exacerbação das desigualdades sociais se entrelaça com a individualização, de modo que os graves problemas do sistema e as crises sociais são transformados e compreendidos como elementos representativos de um fracasso pessoal, isto é, são vistos enquanto demonstração de uma crise individual.[41]

Para Giddens, é um período de transição, no qual há uma crise[42] de identidade. A atualidade, denominada pelo autor como "modernidade reflexiva", é resultante de uma mudança de significado das tradições, sempre presentes nas sociedades. Tradição, na conceituação do autor, está ligada à "memória coletiva", envolve rituais e está relacionada à noção formulada socialmente como "verdade". Possui guardiões, papel

---

[37] SFEZ, Lucien. *Entrevistas do Le Monde*. Editions La Durverte e jornal Le Monde, Paris, 1985. Publicação em Português: Editora Ática, 1989, p. 149.

[38] BHABHA, Homi K. Op. cit., p. 23-24.

[39] Idem, p. 335.

[40] BECK, Ulrich. *La sociedad Del Riesgo*. Hasta una nueva modernidad. Buenos Aires: Paidós, 1998, p. 41-42.

[41] Idem, p. 117.

[42] Entende-se que o autor se refere ao termo crise, não como algo acidental no percurso, mas inerente ao processo social em curso.

exercido na modernidade pelos especialistas, tem força de união e combina conteúdos emocionais e morais.[43]

A reflexão do autor parte da análise da tradição em diferentes momentos históricos, desde as sociedades pré-modernas, passando pelo início da modernidade até a contemporaneidade – "modernidade reflexiva". A partir do processo de globalização, alterou-se o equilíbrio entre o que se considera tradicional, ou tradições persistentes, e as novas tradições criadas. A diferença, em relação a épocas anteriores, é que, na atualidade, tais tradições não mais assumem a forma de centros distintos de poder fixo. Com as mudanças trazidas pelo processo de comunicação, as distâncias espaciais alteram-se constantemente, e "o outro" distante não pode mais ser mantido como tal, não é mais possível evitar contatos.[44]

As diferentes culturas não conseguem mais assumir a forma de centros distintos ou isolados de poder, o que conduz a choques de valores, ou interpenetrabilidade de significados culturais. Na visão de Giddens, a necessária relação entre culturas e tradições costuma resultar em enraizamento da tradição, alienação hostil do outro, fundamentalismos, violência e coerção, ou em a abertura para o diálogo. Tais possibilidades são encontradas na maior parte das sociedades, como "possibilidades imanentes".[45] As antigas tradições são chamadas para se justificarem discursivamente e, quando não o fazem, perdem relevância, ou se impõem pelo poder coercitivo, ou pela violência. Como alternativa, sempre está presente a possibilidade de abertura para o diálogo e o reconhecimento da alteridade do outro.[46]

A alternativa de identificação com "o outro" é sempre mais difícil, no contexto do individualismo cada dia mais próspero. A "crise individual" de identidade, essencialmente coletiva, compõe o cenário amplo e complexo de a impossibilidade das pessoas se identificarem umas com as outras, apesar de suas diferenças de classe, de gênero, raça ou de idade. "O outro", o refugo do jogo, se torna desprovido de humanidade, na medida em que os preconceitos atuam como o véu que encobre a sua pessoalidade.

De outra parte, o encobrimento da individualidade, ou a invisibilidade, possibilitam a reafirmação da homogeneidade. Ou seja, consolidam

---

[43] GIDDENS, Anthony. A Vida em uma Sociedade Pós-tradicional. In: GIDDENS, Anthony; BECK, Ulrich e LASH, Scott. *Modernização Reflexiva*. Trad. Magda Lopes. São Paulo: Universidade Estadual Paulista, 1997, p. 81.

[44] Idem, p. 119.

[45] Idem, p. 129.

[46] Idem, p. 130.

o padrão moderno de sujeitos, necessário à manutenção e reprodução da realidade em curso.

Douglas contribui com a reflexão aqui desenvolvida, a partir da conceituação acerca da impureza,[47] como subliminar no imaginário social ocidental. A impureza é desordem que só existe de forma absoluta aos olhos do observador. Trata-se de uma ofensa contra a ordem. Assim, pretender eliminar essa desarmonia, não é uma atitude negativa, mas um esforço para organizar o meio em que se vive e que tem sido valorizado nas diferentes culturas, especialmente modernas.[48] Prossegue a autora afirmando que a impureza, a sujeira ou a poluição podem ser definidas como aquilo que "não está no seu lugar", o que implica se ter como referência um conjunto de relações ordenadas, sendo que a subversão dessa ordem é um risco.[49] Trata-se do subproduto de uma organização e de uma classificação, na medida em que ordenar pressupõe retirar, ou repelir, o que está fora de lugar: "A impureza é uma ideia relativa. Esses sapatos não são impuros em si mesmos, mas é impuro pô-los sobre a mesa de jantar; esses alimentos não são impuros em si, mas é impuro deixar os utensílios de cozinha num quarto de dormir ou salpicos de comida num fato".[50]

Quando se pretende a imposição de uma ordem ao pensamento ou ao mundo exterior, a atitude perante os fragmentos e as pessoas que não se enquadram na ordem passa por duas fases. Na primeira são considerados fora do seu lugar, ameaçando ordem das coisas, sendo que nesse estado ainda possuem um resto de identidade, pois são fragmentos indesejáveis da coisa a que pertenciam. Cabe ilustrar a afirmação com as palavras da autora: "É nesse estado que são perigosos; a sua semi-identidade agarra-se a eles e a sua presença compromete a pureza dos lugares onde são intrusos".[51] No final do processo de imposição da ordem, toda a identidade de quem não se enquadra sumiu. As origens daqueles resíduos

---

[47] Os conceitos de "puro" e "impuro", aqui utilizados, têm o sentido de ilustrar a representação social acerca dos sujeitos. Nesse sentido, utilizou-se o referencial de Mary Douglas. Em outros momentos deste livro será utilizada a conceituação de impureza, enquanto metodologia de análise, ou seja a apreensão da realidade não pode ser pura, ou abstrata, mas impura, inserida no contexto que a produz. Nesse sentido, cabe referir HERRERA FLORES, quando afirma que ao puro só se pode chegar por uma via negativa, ou seja, despojando o pretendido objeto de conhecimento de todas as impurezas e negando-lhes os atributos de sua existência em si. O impuro, ao contrário, exige uma via positiva para seu conhecimento. Só pode-se conhecer aquilo que está situado, o que tem uma posição no espaço concreto, a partir do reconhecimento de seus vínculos. HERRERA FLORES, Joaquín. Hacia una vision Compleja de los Derechos ..., p. 31.

[48] DOUGLAS, Mary. *Pureza e perigo. Ensaio sobre a noção de poluição e Tabu*. São Paulo: Perspectiva, 1976, p. 6.

[49] Idem, p. 30.

[50] Idem, p. 31.

[51] Idem, p. 116.

foram esquecidas e reunir-se-ão, em busca de outra identidade, a uma massa, em algum lugar.[52]

A pureza, portanto, é um ideal que se manifesta, contemporaneamente, através da identificação de coisas e pessoas fora de lugar.[53] Existem pessoas que são consideradas obstáculos para a apropriada organização do ambiente, que se tornam sujeira e são tratadas como tal: são os estranhos. Para esses, o lugar não foi reservado, e se encontram deslocados em todo o lugar em que estiverem. É preciso, pois, livrar-se de suas presenças de forma permanente, porque não podem ser incorporados em qualquer esquema de pureza: "Varrer o assoalho, estigmatizar os traidores ou expulsar os estranhos, parecem provir do mesmo motivo de preservação da ordem".[54]

Em relação aos estranhos, pode-se dizer que a sua chegada tem um enorme impacto, pois não compartilham das mesmas suposições locais, colocando em questão quase tudo que parece ser inquestionável. O estranho é alguém que não tem nenhum *status* no grupo e seu modo de proceder não é predeterminado. Assim, com frequência a atitude dos grupos é de expulsar, separar, exilar, confinar ou destruir os estranhos.[55]

Aquelas pessoas que diferem da homogeneidade esperada, tornando-se visíveis aos olhos da maioria, a partir de suas características consideradas negativas, afirmando-se, assim, seu não pertencimento ao lugar em que se encontram. Quando movidos para fora da sociedade, não mais serão passíveis de identificação, uma vez que não possuem mais identidade social. A ameaça de sua presença indesejada está resolvida, desde que seja possível a eliminação ou a restrição de sua figura em algum lugar em que a massa, não identificável como humana, se misture. Nesse sentido, no contexto contemporâneo, pode-se encontrar muitos desses lugares invisíveis ou lugares de lixo humano sem identidade: prisões, instituições depósitos de crianças e adolescentes, favelas, guetos isolados, sem presença do Estado. Nesses lugares existem seres humanos sem valor social, aos olhos da maioria da sociedade, do mercado e do individualismo. A tentativa que fazem de "sair do lugar", buscar outro espaço de reconhecimento, geralmente provoca incômodo, agride e leva à rejeição.

A problemática que se apresenta é que, nos dias atuais, está relacionada à delimitação das fronteiras que, em outros tempos, se fazia com maior rigor. Desse modo, a viscosidade dos estranhos faz com que sua

---

[52] DOUGLAS, Mary. *Pureza e perigo*, p. 116-117.

[53] BAUMAN, Zigmunt. *O mal-estar da pós-modernidade*, p. 14-15.

[54] Idem, p. 16.

[55] Idem, p. 19-20.

presença não possa ser evitada;[56] a sujeira, contaminando a pureza, se impõe em definitivo. Não é possível retomar o ideal de pureza, sem encarar a sujeira, com toda a sua livre adesão ao espaço de liberdade. Assim, os "fora de lugar" estão em todos os lugares ou nos "não lugares".[57] A visibilidade da presença impositiva agride e produz rejeição, bem como a invisibilidade das pessoas e de suas realidades impede a identificação.

De acordo com Honneth, a sociedade primitiva oferecia menos condições para a individualidade. Na atualidade, ao contrário, busca-se cada vez mais espaço individual, em detrimento do coletivo. Isso se reflete também na ampliação da liberdade juridicamente concedida.[58] De outra parte, afirma o autor que "o eu" não pode exteriorizar-se espontaneamente, enquanto não encontrar "o outro" generalizado. Os sujeitos, portanto, encontram-se frente à necessidade psíquica de verem-se reconhecidos pela coletividade, o que conceitua como "luta por reconhecimento".[59]

Um dilema dos dias atuais é ser aceito pela coletividade, a qual cada indivíduo quer pertencer. Assim, lutar pelo espaço e pelo reconhecimento da individualidade ou da diferença são questões que fazem parte da rotina da maioria das pessoas. Do mesmo modo como "ser diferente" exige esforço, também é muito difícil "ser igual", ser aceito como pessoa que merece respeito. Ser reconhecido parece ser uma necessidade que se evidencia e que, contraditoriamente, impõe-se frente à impossibilidade gerada pelas relações humanas construídas no espaço cultural contemporâneo, homogenizante, individualista e competitivo. Com essa questão, confrontam-se os sujeitos ou grupos, como em uma efetiva luta, ambientada pelos vários contextos políticos e socioculturais.

De acordo com Bhabha, o desejo do reconhecimento é um pedido para ser levado em consideração. O desejo é motor experiências históricas do porvir, que se tornam possíveis nos interstícios culturais, nas fronteiras entre mundos distintos que indicam outras possibilidades de interação. Reconhecer implica considerar a identidade como algo não fixo, mas em recriação.[60]

---

[56] BAUMAN, Zigmunt.*O mal-estar da pós-modernidade*, p. 44-48.

[57] Trata-se da conceituação defendida por Marc Auge, em que o autor afirma que a supermodernidade é produtora de não lugares, espaços que não são em si espaços antropológicos, são espaços por onde as pessoas passam como hospitais, aeroportos, hotéis, trens, aviões ou ônibus. A semelhança de seus frequentadores temporários com os demais usuários, diz respeito às regras e fins de seu uso. In: AUGÉ, Marc. *Não-Lugares*. Introdução a uma antropologia da supermodernidade. 7. ed. Campinas: Papirus, 2008, p. 71-90.

[58] HONNETH, Axel. *Luta pelo Reconhecimento*. A gramática moral dos conflitos sociais. Trad. Luiz Repa. São Paulo: Ed. 34, 2003, p. 144.

[59] Idem, p. 145.

[60] BHABHA, Homi K. *O Local da Cultura*. Belo Horizonte. UFMG, 2005, p. 29.

Portanto, reconhecer é, ao mesmo tempo, necessidade, imposição e possibilidade. Trata-se da visibilidade da condição de pessoa do outro diferente, enquanto possibilidade da identidade de cada um. Concretiza-se na convivência com a diferença, em interação e condição de igualdade. Corresponde à busca pelo deslocamento constante, pelo diálogo, pela identificação e por respeitar a individualidade, indiferente aos preconceitos.

1.2. RECONHECIMENTO E IDENTIDADES

As crianças e, especialmente, os adolescentes formam sua identidade por meio de um processo intersubjetivo, em interação com a comunidade onde estão inseridos. Constituem seus valores ou preferências pessoais a partir daquilo que é importante em seu contexto, aprendendo a conviver coletivamente, ao se sentirem parte do todo, aceitos e pertencentes. É como se a sociedade e suas instituições fossem "espelhos",[61] onde a imagem dos jovens é refletida, tornando-se elemento essencial na formação de sua identidade pessoal, em suas várias possibilidades de expressão. Ao mesmo tempo, o resultado desse reflexo é a própria expressão da identidade sociocultural, ou seja, aquilo que é esperado dos membros da coletividade.

Conforme afirma Assis:

> [...] a metáfora dos espelhos incrustados nas paredes do labirinto. A cada passo dado nesse ambiente, o indivíduo vê a si próprio, inserido no contexto mais geral do local onde está. Ao mesmo tempo, vê os outros a seu redor e é visto por eles em diferentes pedaços do caminho. A continuidade e a intensidade dos olhares e sentimentos criam e transformam seres humanos e relacionamentos.[62]

Nessa direção, afirma Honneth, que a criança reconhece seus parceiros de interação, interiorizando suas expectativas e, em contrapartida, deve ser reconhecida como parte da comunidade, em uma relação de reconhecimento mútuo.[63]

Honneth, Fraser e Taylor são autores que desenvolvem, sob enfoques diferenciados, a "Teoria do Reconhecimento".[64] São desdobramentos da

---

[61] ASSIS, Simone Gonçalves; AVANCI, Joviana Quintes. *Labirinto de Espelhos. Formação da Auto-estima na Infância e na Adolescência*. Rio de Janeiro: Fiocruz, 2004, p. 13-23.

[62] Idem, p. 15.

[63] HONNETH, Axel. *Luta pelo Reconhecimento*, p. 137.

[64] Ibidem. FRASER, Nancy; HONNETH, Axel. *Redistribution or Recognition? A Political-Philosophical Exchange*. New York: Verso, 2003. TAYLOR, Charles. *As Fontes do Self*: A construção da Identidade Moderna. São Paulo: Loyola, 1997.

concepção de Hegel acerca da existência de uma eticidade intersubjetiva, presente em todas as relações sociais. Ou, ainda, uma hierarquia pré-reflexiva que serve como pano de fundo para a ação dos sujeitos, ou para os julgamentos que fazem dos outros e de si mesmos. É uma normatividade social, que, ainda que não articulada, ou explícita, constitui as expectativas de comportamentos de uns em relação aos outros.[65]

Sob diferente perspectiva, Taylor contribui com Honneth ao afirmar que os conflitos sociais são lutas pelo reconhecimento e motores dos movimentos que a sociedade desenvolve. Os acordos pré-reflexivos e intersubjetivos constituem a identidade moderna, servindo como critério classificador e discriminador das pessoas. Taylor sustenta que o controle sobre o corpo é a base de tal hierarquia. A dicotomia entre o corpo e a alma constitui os consensos intersubjetivos, sendo critério valorativo, portanto, diferenciador do valor social atribuído às diferentes pessoas e grupos, a condição de autocontrole, ou controle de todas as expressões ligadas ao corpo.[66]

De acordo com Testa, a centralidade da proposta filosófica de Honneth é o reconhecimento, essencialmente, ligado ao conflito. Desse modo, a identidade dos indivíduos se constitui em um processo intersubjetivo, em meio ao mecanismo do reconhecimento conflitante.[67] As diferentes maneiras de reconhecimento propostas pelo autor são as condições intersubjetivas de o sujeito constituir-se socialmente.[68]

Fraser, de sua parte, sublinha que o reconhecimento é um problema de justiça, e não de autorrealização, como na concepção de Honneth.[69] Segundo a visão da autora, é injusto que seja negada a condição de parceiros plenos da interação social a algumas pessoas e grupos, como consequência de padrões de valores culturais institucionalizados, que não consideram suas características distintivas ou específicas. Injusto, em

---

[65] MATTOS, Patrícia. A Mulher Moderna numa Sociedade Desigual. SOUZA, Jessé (Org.). Op. cit., p. 164. Cabe esclarecer que, embora conhecendo a origem hegeliana do pensamento dos autores aqui utilizados como referência, não se buscou diretamente Hegel, para a fundamentação deste livro, porque tanto FRASER, TAYLOR e, em especial, HONNETH abordam a temática do reconhecimento de forma mais próxima ao contexto contemporâneo e à realidade da adolescência brasileira. O diálogo com a teoria de Hegel pode fazer parte de aprofundamentos de pesquisa futuros desta e de outros pesquisadores.

[66] MATTOS, Patrícia. A Mulher Moderna numa Sociedade ..., p. 165-167.

[67] TESTA, Ítalo. Intersubjetividade, natureza e sentimentos morais A teoria crítica de A. Honneth e *a regra de ouro*. *Civitas*, Porto Alegre, v. 8, n. 1, p. 94-124, jan./abr. 2008, p. 98.

[68] Idem, p. 109.

[69] FRASER, Nancy and HONNETH, Axel. Op. cit., p. 199. FRASE, Nancy. Redistribuição, Reconhecimento e Participação: por uma concepção integrada de justiça. In: PIOVESAN, Flávia, SARMENTO, Daniel; IKAWA, Daniela (Org.). *Igualdade, Diferença e Direitos Humanos*. 2. ed. Rio de Janeiro: Lumen Juris, 2010, p. 179.

especial, porque não participaram, em condições de igualdade, da elaboração de tais padrões de valores.[70] Ainda, de acordo com a autora, na sociedade contemporânea cada vez mais se observam demandas por justiça social, críticas ao essencialismo da identidade tradicional e em busca revalorização das identidades, injustamente depreciadas.[71]

Portanto, pode-se afirmar que, sob diferentes perspectivas, os autores referidos identificam um padrão comum de reconhecimento social intersubjetivo, que valoriza os sujeitos mais adaptados e seguidores de tais padrões. A valoração e a autoestima dos sujeitos serão maiores, na medida em que a identidade construída e reconstruída, em interação social, corresponder ao esperado pela comunidade. Observa-se que a desvalorização constitui-se também em interação, a partir da desqualificação dos diferentes.

Para Honneth, existem níveis diferentes de reconhecimento, que correspondem às etapas pelas quais cada indivíduo percorre em seu processo de internalização dos valores sociais. Tais níveis são as relações primárias, as relações jurídicas e a comunidade de valores culturais e socialmente constituídos.[72]

As relações primárias dizem respeito às ligações emotivas com fortes laços entre as pessoas (eróticas, de amizade e entre pais e filhos). De modo especial, enfoca a relação entre a mãe e o bebê, com base na psicanálise. Tal relação é um processo complexo, no qual ambos exercitam mutuamente a capacidade de vivenciar sentimentos comuns. Honneth toma como referência a categoria de dependência absoluta de Winnicott para desenvolver a definição da simbiose mãe-e-bebê.[73]

Assim, os primeiros meses de vida são de intersubjetividade primária. A partir dessa condição, as pessoas vivenciam um processo de separação. Esse momento, dependendo de como transcorre, estabelece as condições para que se diferenciem como pessoas independentes e amorosas. A separação tem início quando a mãe volta a ampliar seu campo de interesse social e começa a fluidificar sua identificação primária simbiótica. Por parte do bebê, há um processo cognitivo, em que se mostra capaz de fazer a diferença entre o seu ego e o ambiente. Estão, mãe e bebê, em "dependência relativa". O bebê consegue superar a frustração que sente,

---

[70] FRASER, Nancy. Redistribuição, Reconhecimento e Participação: por uma concepção integrada de justiça. In: PIOVESAN, Flávia, SARMENTO, Daniel; IKAWA, Daniela (Org.). *Igualdade, Diferença e Direitos Humanos*. 2. ed. Rio de Janeiro: Lumen Juris, 2010, p. 179.

[71] Idem, p. 167-169.

[72] HONNETH, Axel. *Luta pelo Reconhecimento*, p. 221

[73] Idem, p. 162-165.

na medida em que o ambiente lhe oferece as condições adequadas para isso.[74]

A capacidade de estar só, assim como a imaginação e a fantasia estão relacionadas com a confiança da criança na dedicação materna. "Se o amor da mãe é duradouro e confiável, a criança é capaz de desenvolver ao mesmo tempo, à sombra de sua confiabilidade intersubjetiva, uma confiança na satisfação social de suas próprias demandas ditadas pela carência".[75] A segurança que o amor da mãe transmite, portanto, permite à criança representar as suas carências e a satisfação das mesmas. Sendo assim, na medida em que se percebe como sujeito, dotado de condições que lhe possibilitam preencher satisfatoriamente necessidades ou privações, sente-se com a autoestima elevada e digna de respeito. Compreende, portanto, que tem o direito a tal satisfação. Como adulta, sente-se respeitada por todos, mediante a experiência do reconhecimento jurídico.[76]

Saavedra, analisando o pensamento de Honneth, afirma que o autor considera que a criança – desde a experiência bem-sucedida de amor materno – adquire autoconfiança e, a partir de então, está em condições de desenvolver sua personalidade de forma sadia. Esse desenvolvimento primário seria a base das relações sociais entre adultos, responsável pelo desenvolvimento do autorrespeito e da autonomia, necessários para a participação na vida pública.[77]

A contribuição da Psicanálise, na identificação dos processos subjetivos do ser humano, certamente foi, desde Freud, e continua sendo, nos dias de hoje, muito importante para o conhecimento da Humanidade. Não obstante, há muito tempo, questiona-se criticamente o universalismo apresentado por essa área do conhecimento: Será que todos os humanos, em diferentes contextos e momentos históricos, passam pelas mesmas experiências subjetivas? Será que tais experiências primárias são determinantes na vida dos sujeitos, para que apresentem comportamentos futuros específicos, independente das experiências de vida social que venham a ter?

Fromm foi um dos pensadores que estabeleceu um diálogo crítico com a Psicanálise. Afirmava que as ideias de Freud foram influenciadas pelo espírito do século XIX e, assim, respondiam às necessidades de determinado contexto histórico. Entendia, ainda, que a existência huma-

---

[74] WINNICOTT, D. W. *O Ambiente e os processos de maturação*: estudos sobre a teoria do desenvolvimento emocional. Trad. Irineo Constantino Schuch Ortiz. Porto Alegre: Artes Médicas, 1983, p. 133-137.

[75] HONNETH, Axel. *Luta pelo Reconhecimento*, p. 173.

[76] Idem, p. 194.

[77] SAAVEDRA, Giovani Agostini; SABOTTKA, Emil Albert. Introdução à teoria do reconhecimento de Axel Honneth. *Civitas*, Porto Alegre, v. 8, n. 1, p. 9-18, jan./abr. 2008, p. 11.

na é composta por situações comuns a todos os homens, mas também pela prática da vida, determinada pela estrutura específica da sociedade.[78] Elias também contribuiu com tal crítica, ao analisar o pensamento de Freud. Sua posição não foi contrária à psicanálise, mas procurou avançar na reflexão acerca da necessária contextualização social do ser humano. Entende o autor que a formação do superego está relacionada às condições sociais. Assim, o superego de alguém que pertence à nobreza será diferente de outro que é um homem de negócios. As estruturas da personalidade são variáveis, portanto, estão vinculadas às mudanças nas condições sociais.[79]

Considerando-se a definição de níveis de reconhecimento propostos, observa-se que Honneth pressupõe uma possibilidade universalista de os seres humanos verem-se reconhecidos. Entretanto, nessa direção, Testa afirma que as proposições de reconhecimento em Honneth não tem pretenção universal. São estruturas objetivas, contextos de interação, "em que todos devem poder participar paritariamente para exprimir a sua liberdade".[80]

A experiência de reconhecimento é complementada, segundo Honneth, no processo de identificação e pertencimento ao Estado de Direito. Por meio do Estado, as pessoas são reconhecidas como iguais, racionais, livres e detentoras de direitos, comportando-se, em relação aos outros, de uma maneira universalmente válida. Isso diz respeito às relações jurídicas modernas: igualdade e liberdade.[81]

Ver-se reconhecido pelo Estado de Direito ou pela legalidade tem por pressuposto considerar-se a igualdade de condições entre os sujeitos sociais. No Estado de Direito, desde a Modernidade, todos são reconhecidos como pessoas iguais. Esse tema é problematizado pelo autor, na medida em que considera que a condição de pessoa pressupõe propriedades que sejam comuns a todos. Assim, questiona: "O que pode significar que um sujeito esteja capacitado para agir com autonomia, liberdade e discernimento racional?". Em resposta, pode-se dizer, acompanhando o pensamento de Honneth, que, dependendo de como foi realizado o acordo básico racional social, alteram-se as propriedades que a pessoa deve ter para fazer parte com as mesmas condições do Estado de Direito.[82]

---

[78] FROM, Erich. *A Arte de Amar*. Trad. Milton Amado. Belo Horizonte: Itatiaia Limitada, 1986, p. 122-123.

[79] ELIAS, Norbert. *Entrevistas do Le Monde*. Volume "O Indivíduo". Editions La Durverte e Jornal Le Monde, Paris, 1985; São Paulo: Ática, 1989, p. 104.

[80] TESTA, Ítalo. Op. cit., p. 120.

[81] HONNETH, Axel. *Luta pelo Reconhecimento*, p. 179.

[82] Idem, p. 188.

Saavedra dá a sua contribuição ao esclarecer que a pretensão de Honneth é demonstrar que o tipo de reconhecimento, característico das sociedades tradicionais, é aquele ancorado na concepção de *status*, devido à posição que o indivíduo ocupava na coletividade de então. Na transição para a Modernidade, ocorreu uma espécie de mudança estrutural na base da social e também uma mudança nas relações de reconhecimento: "ao sistema jurídico não é mais permitido atribuir exceções e privilégios às pessoas da sociedade em função do seu *status*". O Direito, então, deve ser geral o suficiente para levar em consideração, em condição de igualdade, os interesses de todos.[83]

Honneth lembra que o conflito inerente às relações de reconhecimento ocorre em torno da condição de igualdade. Portanto, na medida em que todos são iguais, todos devem ter acesso aos mesmos bens socialmente considerados. E assim, como resultado de tal aspiração, dilata-se gradativamente o âmbito de direitos e pretensões jurídicas individuais que são geradoras da ampliação das propriedades universais de uma pessoa. Com o advento da Modernidade, a cada novo direito definido racionalmente, cresce a luta pelo reconhecimento de propriedades recém-adquiridas pelo indivíduo para que possa ser considerado universalmente como pessoa, em condição de igualdade com os demais e com autonomia e vontade.[84]

Molinaro refere, nesse sentido, que algumas pessoas não "fizeram parte" do contrato social abstrato. Assim, não é possível imputar-lhes a mesma concepção de dignidade, nem exigir-lhes reciprocidade, pois não estão afetos aos benefícios de tal pacto. O problema surge, conforme o autor, quando a materialidade está em discussão, ou seja, quando não basta a igualdade ante a norma ou quando a igualdade de direitos não é equitativa.[85] Dialogando entre os autores, dir-se-ia que a questão, referida por Molinaro, equivale ao conflito que enseja a luta pelo reconhecimento, identificada por Honneth.

Assim, pessoa de direito, na compreensão de Honneth, é a incorporação de regras da coletividade, gerando expectativa, nos outros, de que essas regras serão disciplinadoras de conduta e de que o sujeito agirá conforme tais regras. Inversamente, os outros lhe conferem a condição de pessoa responsável, e o Estado o reconhece como sujeito.[86]

---

[83] SAAVEDRA, Giovani Agostini; SABOTTKA, Emil Albert Sobottka. Op. cit., p. 11.

[84] HONNETH, Axel. *Luta pelo Reconhecimento*, p. 189.

[85] MOLINARO, Carlos Alberto. Se Educação é a resposta, qual é a pergunta? Direitos Fundamentais e Justiça. *Revista do Programa de Pós-Graduação Doutorado e Mestrado da PUC-RS*, Porto Alegre, Ano 1, v. 1, p. 120-140, out./dez 2007, p. 137.

[86] HONNETH, Axel. *Luta pelo Reconhecimento*, p. 139

Nesse ponto, encontra-se o limite do Estado moderno. A igualdade nunca se constituiu como real e substancial. Apenas como uma formalidade abstrata universalista, ou seja, pressupõe-se que todos são iguais perante a lei, independente das condições concretas de cada um em relação ao demais. Portanto, como podem efetivamente as pessoas "reais e concretas" identificarem-se com o modelo de pessoa padronizado, que possui direitos e responsabilidades perante a sociedade?

Ou, de outra forma, como a identidade individual se constrói à imagem de um padrão esperado, se as pessoas são diferentes e as condições de igualdade material e substancial são distintas?

Dando sequência à exposição acerca dos níveis de reconhecimento propostos por Honneth, o autor apresenta o terceiro nível de reconhecimento necessário para que se possa chegar a "autorrealização":[87] além da experiência de dedicação afetiva e de reconhecimento jurídico, é necessário que a prática de estima social seja vivenciada, permitindo-se que as capacidades individuais concretas sejam valorizadas positivamente pela coletividade. Tal atividade só é possível quando o horizonte de valores é intersubjetivamente compartilhado. "O sujeito encontra reconhecimento conforme o valor socialmente definido de suas propriedades concretas".[88]

Diferente do âmbito jurídico, que, desde o Direito moderno, trata de um tipo de reconhecimento universal que diz respeito às propriedades de todas as pessoas, a estima social diz respeito às diferenças de propriedades entre sujeitos humanos, vinculados intersubjetivamente.[89] Portanto, versa sobre a valoração social das propriedades individuais: valores de cada um, reconhecidos pela coletividade. Ou, dito de outra forma, valor de cada um, conforme o que a coletividade considera como importante, e, por isso, enaltece. Cada sujeito somente complementará sua experiência de reconhecimento caso seus atributos pessoais correspondam ao que for digno de apreço e esperado pelo seu contexto social.

Honneth analisa o processo de reconhecimento apresentando os conceitos de "pessoa" e de "pessoa por inteiro", desenvolvidos por Hegel. Faz referência, também, ao "reconhecimento das diferenças individuais dos cidadãos de uma coletividade", desenvolvido por George Mead.[90] Para o autor, a ideia de "pessoa" diz respeito ao indivíduo que "recebe

---

[87] Trata-se de uma das críticas feitas por FRAISER a HONNETH, quando afirma que a proposição do autor de autorrealização individual não seria o objetivo do processo de reconhecimento e, sim, a busca por justiça.

[88] HONNETH, Axel. *Luta pelo Reconhecimento*, p. 198-199.

[89] Idem, p. 199.

[90] Idem, p. 147-149.

sua identidade primariamente do reconhecimento subjetivo de sua capacidade jurídica"; "pessoa por inteiro", de outra parte, é a obtenção de identidade, ou seja, ser reconhecido pela comunidade de valores da coletividade por aquilo que lhe caracteriza individualmente.[91]

> Hegel e Mead distinguem do amor e da relação jurídica uma outra forma de reconhecimento recíproco, a qual eles certamente descrevem de maneira diversa, mas coincidindo em grande medida em sua função: para poderem chegar a uma auto-realização infrangível, os sujeitos humanos precisam, ainda, além da experiência de dedicação afetiva e do reconhecimento jurídico, de uma estima social que lhes permita referir-se positivamente a suas propriedades e capacidades concretas. [...] da comparação de ambos os enfoques descritivos, tirou-se a conclusão de que um padrão de reconhecimento dessa espécie só é concebível de maneira adequada quando a existência de um horizonte de valores intersubjetivamente partilhado é introduzida como seu pressuposto; [...] os sujeitos encontram reconhecimento conforme o valor socialmente definido de suas propriedades concretas.[92]

Portanto, os conceitos de "pessoa" e de "pessoa por inteiro" enunciam estágios de desenvolvimento das capacidades individuais, individualidades ou identidades, valoradas, ou não, no contexto social. Na medida em que tais identidades se constituem intersubjetivamente, o autoconceito de cada um está diretamente relacionado com tudo aquilo que o sujeito reconhece como parte de si,[93] mas também com o que não reconhece.

Conforme Gauer, a identificação nunca é uma afirmação de identidade pré-dada. É sempre o resultado de um processo de interação: uma imagem é produzida e, de outra parte, o sujeito transforma-se ao assumir tal imagem.[94] Na mesma direção, Bhabha assinala que o encontro da identidade ocorre no ponto em que o sujeito "extrapola o enquadramento da imagem", deixando um rastro de resistência, um signo de resistência.[95]

Nesse sentido, a identificação de algumas pessoas com a imagem "do outro social", do diferente, "do estranho" pode ser a possibilidade de o sujeito sentir-se parte da coletividade, visível em seu contexto de interação, em última instância, "reconhecido" pela sua imagem negativa. A diferença, em relação à homogeneidade é, ao mesmo tempo, submissão e resistência, ausência de reconhecimento e busca por reconhecimento. Assim, de um lado, o sujeito assume tal identidade a partir de um processo de estigmatização social, de outro, o faz também como forma de resistência, não se submetendo ao padrão socialmente imposto,

---

[91] HONNETH, Axel. *Luta pelo Reconhecimento*, p. 221.

[92] Idem, p. 198-199.

[93] ASSIS, Simone Gonçalves; AVANCI, Joviana Quintes. Op. cit., p. 17.

[94] GAUER, Ruth M. Chittó. Da Diferença Perigosa ao Perigo..., p. 410.

[95] BHABHA, Homi K. Op. cit., p. 82.

que não considera suas peculiaridades. Nos espaços de resistência, possibilidades indefinidas são abertas, como também caminhos para a sobrevivência são explorados, pois a resistência a uma identidade imposta pode ser "a perspectiva possível", diante, muitas vezes, da ausência de perspectiva.

A análise desenvolvida pela Teoria do Reconhecimento a partir de Honneth não se restringe ao processo de reconhecimento e formação da identidade individual. Avança o autor ao afirmar que em sociedades estratificadas pode haver padrões específicos de "estamentos" (grupos ou classes) a que cada pessoa pertence, formas específicas de vida que permitem, ou não, ao sujeito alcançar a honra perante o grupo. As propriedades da personalidade dizem respeito a sua valoração perante o grupo. De outra parte, os grupos sociais costumam afirmar suas próprias características, diferenciando-se perante os não membros, como uma forma de estima social coletiva. Tudo isso faz parte do quadro geral de luta por reconhecimento das pessoas nos seus grupos e dos grupos perante a coletividade mais ampla.[96]

A luta por reconhecimento de valores entre comunidades associa-se, muitas vezes, à determinação de uma identidade coletiva. Um grupo social com identidade possibilita o estabelecimento de uma espécie de solidariedade, como forma de interação entre os sujeitos, intersubjetivamente. Assim, de acordo com tal proposição, cada um poderia aprender a reconhecer, em igual medida, o significado das capacidades e propriedades do outro, membro de seu coletivo.[97] Se o coletivo sente-se valorado, as pessoas têm mais possibilidade de, sentindo-se parte daquele, também sentirem-se valoradas.[98]

Saavedra, ao analisar a proposta de Honneth, constata que o mesmo estabelece a solidariedade como um segundo nível da terceira esfera do reconhecimento. "No nível de integração social encontram-se valores e objetivos que funcionam como um sistema de referência para a avaliação

---

[96] HONNETH, Axel. *Luta pelo Reconhecimento*, p. 210-213.

[97] Idem, p. 209.

[98] Pode-se aqui lembrar Piaget: "[...] Na medida em que os indivíduos decidem com igualdade – objetivamente ou subjetivamente, pouco importa – as pressões que exercem uns sobre os outros se tornam colaterais. A autonomia adquirida pela moral depende, precisamente, dessa cooperação progressiva. De fato, nossos estudos têm mostrado que as normas racionais e, em particular essa norma tão importante que é a reciprocidade, não podem se desenvolver senão na e pela cooperação. A razão tem necessidade da cooperação na medida em que ser racional consiste em 'se' situar para submeter o individual ao universal. O respeito mútuo aparece, portanto, como condição necessária da autonomia, sobre o seu duplo aspecto intelectual e moral. Do ponto de vista intelectual, liberta a criança das opiniões impostas, em proveito da coerência interna e do controle recíproco. Do ponto de vista moral, substitui as normas da autoridade pela norma imanente à própria ação e à própria consciência, que é a reciprocidade na simpatia" (PIAGET, Jean. *O julgamento moral na criança*. São Paulo: Mestre Jou, 1977, p. 94).

moral das propriedades pessoais dos seres humanos e cuja validade constitui a autocompreensão cultural de uma sociedade".[99]

Dessa forma, a solidariedade está ligada ao pressuposto de relações sociais de estima entre sujeitos, à luz dos valores comuns ou moralidade intersubjetiva. Solidariedade, portanto, para Honneth, é tolerância com as capacidades individuais, mas também estima por tais potencialidades. Assim, cada um deve ter a possibilidade de realizar suas próprias aptidões, as quais podem ter valor social.[100]

Sabe-se que frente à realidade social contemporânea, em especial no Brasil desse início de século, nenhum dos níveis de reconhecimento encontra condições para ser alcançado plenamente. Observa-se uma tendência à individualização das expectativas, na medida em que a realização das mesmas, perante a coletividade, encontra resistência dos outros.

Nesse contexto, no esquema proposto por Honneth, a falta de reconhecimento das particularidades ou individualidades do sujeito reflete-se em "desrespeito", "degradação da honra e da dignidade". Trata-se do que denomina "reificação", conceito apresentado para indicar as "experiências em que o outro não é apenas imaginado como objeto, mas perde-se efetivamente a percepção de que ele seja um ser com características humanas".[101]

Portanto, muitas pessoas enfrentam dificuldade de construírem seus processos de reconhecimento nas relações primárias, em específico quando afetadas pela violência; também torna-se difícil o reconhecimento jurídico, visto que não são respeitados seus Direitos Fundamentais, condição para que sejam consideradas parte do pacto socialmente estabelecido; e, por fim, não são reconhecidas em sua individualidade, pois não conseguem corresponder ao padrão esperado. Tais circunstâncias são impedimentos para a valoração de cada um e geram baixa auto-estima, humilhação[102] e afirmação da identidade a partir da negatividade.

1.3. ADOLESCENTES E OS DILEMAS DE RECONHECIMENTO NA SOCIEDADE CONTEMPORÂNEA

Muitas vezes os adolescentes aparecem nos meios de comunicação com tarjas nos olhos ou com borrões nos rostos que impedem a sua iden-

---

[99] SAAVEDRA, Giovani Agostini; SABOTTKA, Emil Albert Sobottka. Op. cit., p. 13.

[100] HONNETH, Axel. *Luta pelo Reconhecimento*, p. 210.

[101] HONNETH, Axel. Observações sobre a Reificação. *Civitas*, Porto Alegre, v. 8, n. 1, p. 68-79, jan.-abr. 2008, p. 78.

[102] MOLINARO, Carlos Alberto. *Dignidade da Pessoa Humana*: Interlocuções. Breve comunicação preparada para o Seminário FADIR, PPGD, PUCRS, 2008, p. 6.

tificação ou "reconhecimento". Tal medida atende ao dispositivo legal em que a não exposição nítida da imagem é uma estratégia de proteção.[103] Sob outro ponto de vista, o obstáculo para o reconhecimento, metaforicamente, constitui-se em produção, no imaginário social, de um estereótipo que favorece o preconceito: se não se vê os olhos, não se vê a pessoa, assim se vê "coisas", "objetos" iguais e impessoais, o que torna impossível a identificação da figura humana. Ou seja, a estratégia protetiva acaba contribuindo com a dificuldade de reconhecimento social.

O Estatuto da Criança e do Adolescente (Lei 8.069/90) define que crianças são as pessoas na faixa etária compreendida entre zero e doze anos de idade, e adolescentes, entre os doze e os dezoito anos de idade incompletos.[104] A normativa internacional, mais precisamente, a Convenção Internacional dos Direitos da Criança, classifica como crianças o conjunto do público na faixa etária entre zero e dezoito anos incompletos. Uma recente emenda à Constituição Federal brasileira[105] incluiu o público jovem entre aqueles que merecem proteção especial, considerando sua condição de desenvolvimento, conforme art. 227 da Constituição Federal, sem, no entanto, definir quem faz parte de tal público. Tais disposições normativas servem como parâmetro para a definição do tratamento jurídico destinado aos respectivos públicos.

As etapas de desenvolvimento humano e suas respectivas faixas etárias não são, em todos os casos, tão precisas, considerando-se os diferentes contextos socioculturais e as peculiaridades individuais. A ultrapassagem da etapa de vida, compreendida como infância, para a adolescência e, desta para a fase adulta, ocorre para cada pessoa de uma forma, em um processo gradativo e em momentos específicos da vida.

Sabe-se que a qualificação de crianças e adolescentes como diferentes dos adultos e não pertencentes ao mundo racional não é de hoje, encontrando raízes ao longo da História. De acordo com Perrot, somente a partir da segunda metade do século XIX que as crianças ganharam a condição de pessoas,[106] o que demonstra que a sociedade ocidental tem apresentado uma característica "adultocêntrica". Ou seja, a perspectiva evolucionista de progresso direciona as pessoas, a fim de que ocupem seu espaço social na fase adulta, de onde olham e analisam o comportamento humano.

Assim como a ordem social contemporânea tem como centralidade cultural a perspectiva de ver o mundo com um olhar, predominante-

---

[103] Art. 18, combinado com art. 247, § 1º, da Lei 8.069/90.

[104] Art. 2º e parágrafo único do Estatuto da Criança e do Adolescente – Lei 8069/90.

[105] Redação data pela Emenda Constitucional nº 65 de 2010.

[106] PERROT, Michelle. Figuras e papeis. In: ——. *História da Vida Privada*. Da Revolução Francesa à Primeira Guerra. V. 4. São Paulo: Companhia das Letras, 2003, p. 162.

mente, masculino, branco e pertencente aos países do norte,[107] também tal ótica se constitui desde o ponto de vista adulto. A visão da infância, enquanto um projeto de adulto, ainda é uma realidade nas sociedades contemporâneas, com maior ou menor ênfase, dependendo dos contextos socioculturais.

É desse lugar – de adulto – que as pessoas, em geral, analisam a adolescência. E compreender a forma de pensar e de agir dos adolescentes, mesmo que se tenha há pouco tempo feito parte do universo juvenil, é tarefa árdua, pois o comportamento adolescente não é o esperado pelo universo adulto. As características da juventude, especialmente a busca por experiências e sensações, a ousadia, a coragem, a condição de fazer as coisas de sua geração, continuam causando estranheza, ou mesmo medo, a quem não compartilha essas vivências.

A categoria "criança", como ser humano em desenvolvimento e com necessidades específicas, em uma abordagem não ontológica, desenvolveu trajetória histórica semelhante à construção do indivíduo, como se compreende na sociedade moderna. Conforme Ariès, antes e durante a Idade Média, a infância não existia tal como é concebida na atualidade, ou seja, as crianças não eram percebidas, pela consciência social, como seres diferenciados do mundo dos adultos.[108] Observando a forma como as crianças eram representadas em obras de arte, o autor afirma que somente a partir do século XVII as crianças foram descobertas, sendo, então, retratadas não em caráter simbólico e religioso, mas como crianças reais, em atitudes infantis, brincando ou no colo, e não em atividades típicas do mundo dos adultos. Essa compreensão não se refere à inexistência de dependência biológica das crianças em relação aos adultos, porém diz respeito à abordagem social dada à infância, na época, não a considerando como uma etapa de desenvolvimento que necessitasse de compreensão específica ou "ausência de consciência da particularidade infantil".[109]

A concepção histórica de infância, portanto, tem relação direta com a construção social da categoria indivíduo.[110] As crianças, a partir dos séculos XVII e XVIII, no início da Modernidade, passaram a ocupar um papel mais central. Essa centralidade esteve relacionada com a necessidade de resguardar a constituição do indivíduo adulto.[111] Proteger as crianças sig-

---

[107] SANTOS, Boaventura de Souza. *A Gramática do Tempo*. Para uma nova cultura política. Porto: Afrontamento, 2006, p. 31-43.

[108] ARIÈS, Philippe. *História Social da Criança e da Família*. 2. ed. Rio de Janeiro: Guanabara Koogan,1981, p. 50-69.

[109] ARIÈS, Philippe. Op. cit., p. 156.

[110] DUMONT, Louis. Op. cit., p. 86-96.

[111] PERROT, Michelle. Figuras e papeis..., p. 160-161.

nificou declarar sua incapacidade frente à sociedade de indivíduos que se formava.

O aparecimento da infância, enquanto categoria, gerou a pretensão de seu controle, de seu adestramento ou de sua socialização. O indivíduo foi adquirindo mais transparência, quanto maior sua diferença em relação à homogeneidade, com o objetivo de torná-lo igual. Assim, passaram a ter mais visibilidade as crianças, os loucos, os doentes, os delinquentes, os "menores".[112]

A construção sociocultural da categoria de "adolescentes", embora não totalmente desvinculada da infância, caracteriza-se por uma trajetória confusa no imaginário social. Adolescente é aquele que não é mais criança e também não é ainda um adulto. Por vezes, espera-se dele comportamento infantil, dócil e maleável; outras vezes, espera-se a maturidade adulta, ponderação e racionalidade.

A referência histórica da construção da adolescência, como categoria específica, é ainda mais recente que a infância. De acordo com Ariès, surgiu de modo singular no século XX, considerado o "século da adolescência". Assim, afirma o autor que a falta de diferenciação entre crianças e adolescentes, gradativamente, foi substituída pelo conceito também impreciso de juventude ou de "homem jovem".[113]

> A juventude apareceu como depositária de valores novos, [...] tornou-se um fenômeno geral e banal após a guerra de 1914, em que os combatentes da frente de batalhas opuseram-se em massa às velhas gerações da retaguarda.[114]

De acordo com o pensamento de Perrot, pode-se afirmar que a compreensão dos sujeitos, como integrantes da faixa etária jovem, identificados pela sociedade com comportamentos característicos e comuns, especialmente relacionados à sexualidade, desde o seu início, esteve associada à ideia de "problema" a ser controlado e superado.[115] As características comuns da juventude e, a seguir, da adolescência, não foram nunca vistas como positivas ou questionadoras e impulsionadoras de mudanças, mas como impeditivas do "bom funcionamento social". A tal ponto tem sido assim, que, muitas vezes, o desejo "adultocêntrico" é de que, "de fato", não tenham comportamento adolescente, mas que se comportem com a maturidade adulta, considerada adequada e racional.

Todas essas circunstâncias da adolescência são dificultadas pela ausência, na sociedade ocidental, de objetivos rituais de passagem para a

---

[112] FOUCAULT, Michael. *Vigiar e Punir* ..., p. 163-170.
[113] ARIÈS, Philippe. Op. cit., p. 49.
[114] Idem, p. 46.
[115] PERROT, Michelle. Figuras e papeis..., p. 1162-164.

fase adulta. No contexto social, a compreensão de que se é adulto, ou mesmo adolescente, depende de muitos fatores relacionados à condição social do sujeito, e, especialmente ao exercício de experiências afirmativas da identidade adulta, como trabalhar, engravidar, ter filhos, ter uma vida sexualmente ativa, sustentar a família.

Em interação com o esperado por parte da sociedade, o adolescente vive em meio ao mundo infantil e ao adulto, mas não chega a se identificar com nenhum deles. Segundo as palavras de Bhabha, ao se referir a limites entre culturas (não diretamente ao tema da adolescência), poder-se-ia dizer que "é o sujeito que habita a borda de uma realidade intervalar".[116] Trata-se de um tempo de passagem, de limites e possibilidades. Lembra o autor a figura de "uma ponte", que sempre acompanha os caminhos dos homens, de modo que possam alcançar a outra margem. Assim, a fronteira não é limite, mas algo que começa a fazer parte do presente em um movimento ambivalente, entre a fixação do que se vê e o que está além, que ainda não se vê completamente.[117]

Nesse estágio, o corpo vive transformações intensas, deixa de ser familiar e exige novo reconhecimento: é a puberdade. Época de transformações hormonais ou biológicas que exteriorizam a capacidade de procriação e que influenciam o comportamento.[118] Tais transformações podem, ou não, coincidir com o início da adolescência, que, diferente da puberdade, é uma condição psicossocial, e não física. Em alguns momentos histórico-culturais as duas fases coincidem, em outros não. Ilustra tal afirmação a reflexão proposta por Outeiral:

> Nos anos 70 a criança tornava-se púbere e depois adolescia; nos anos 80, a puberdade e a adolescência ocorriam concomitantemente; e na última década observo uma conduta adolescente (namoro, contestação etc) em indivíduos ainda não púberes.[119]

Nesse contexto, sugere Outeiral que o conceito de infância, tal como estabelecido na Modernidade, tende à extinção. Dito de outra forma, a adolescência, como é compreendida nos dias de hoje, inclina-se a começar mais cedo. As transformações da sociedade contemporânea têm provocado uma "abreviação do período de latência", ou uma "des-invenção da infância". Os comportamentos típicos da cultura ocidental da atualidade como a exposição cada vez mais precoce à sexualidade genital, evidenciada, por exemplo, pelos meios de comunicação, à violência, à velocidade e à fragmentação dos acontecimentos e das relações entre as pessoas têm

---

[116] BHABHA, Homi K. Op. cit., p. 35.

[117] Idem, p. 25.

[118] OSÓRIO, Luiz Carlos. *Adolescente Hoje*. Porto Alegre: Artes Médicas, 1989, p. 11.

[119] OUTEIRAL, José. Adolescência: Modernidade e Pós-modernidade. In: WEINBERG, Cybelle. *Geração Delivery*: adolescer no mundo atual. São Paulo: Sá, 2001, p. 23.

feito com que a delimitação dos espaços sociais de adultos, de adolescentes e de crianças esteja cada vez menos precisa.[120]

A separação dos períodos cronológicos da vida também é diferenciada, dependendo do contexto socioeconômico e cultural em que estão inseridos os sujeitos. Assim, nas classes sociais menos favorecidas, o processo de adolescer tem começado e terminado mais cedo, pois está condicionado à iniciação em experiências do mundo adulto, que tendem a ser antecipadas, como a iniciação sexual e o ingresso no mundo do trabalho. De outra parte, também tem sido uma tendência contemporânea o fato de a adolescência nas classes sociais mais favorecidas ser mais prolongada, sendo adiadas etapas de iniciação profissional, de saída da casa dos pais etc.[121]

Portanto, adolescência está "no meio do caminho", na passagem entre o mundo da infância e o desconhecido e temido mundo adulto. As pessoas nesta fase vivem o luto da perda da identidade em construção na infância e, por outro lado, buscam a afirmação de uma identidade adulta.[122] Trata-se de uma importante, ou peculiar, etapa da vida com características próprias, contextualizada no tempo e nas diferentes realidades socioculturais, na qual, as pessoas redefinem a imagem corporal, estabelecem escala de valores éticos próprios, assumem funções e papéis sexuais e definem as escolhas profissionais.

A afirmação da própria identidade ou a consciência de si mesmo, como entidade biopsicossocial no mundo, ocorre por um processo de identificação com modelos de conduta de pessoas significativas ou do grupo de iguais. Ainda, se define, a partir da possibilidade de assumir papeis circunstanciais, de acordo com as situações novas que se apresentam, seja no campo existencial, ideológico ou ocupacional. Conforme Ferreira, a identidade em construção resulta de dois pontos principais: "da afirmação ou rejeição seletiva de identificações infantis; e da maneira como o processo social da época identifica os jovens".[123]

Nesse percurso intervalar, os adolescentes pretendem identificar-se com seus pares, e, por isso, andam em bandos, com roupas e outros atributos iguais. O adulto, ao olhar para o adolescente, tem dificuldade de visualizar a sua individualidade, pois: "Diferencia-se e iguala-se, mira-se nos outros e aparta-se deles, são duas faces da mesma moeda, dois momentos complementares do jogo de espelhos em que nos formamos".[124]

---

[120] OUTEIRAL, José. Op. cit., p. 21

[121] Idem, p. 24.

[122] OSÓRIO, Luiz Carlos. Op. cit., p. 12.

[123] FERREIRA, Berta Weil. Adolescência na Teoria Psicanalítica. *Revista Educação*, Porto Alegre, Ano XX, n. 32, p. 159-168, 1997, p. 161.

[124] ATHAYDE, Celso; BILL, MV; SOARES, Luis Eduardo. Op. cit., p. 205.

Em razão das dificuldades que os adolescentes encontram para compreenderem-se a si mesmos, buscam alguém que os entenda. Procuram, então, outras pessoas em igual situação, identificando-se quanto às suas angústias, seus medos, seus universos. Nesse contexto, os amigos se tornam o grupo de maior importância e influência, na medida em que precisam ser reconhecidos como parte de suas redes sociais.[125]

Na sequência do "jogo de espelhos por onde passam", a visão que os adolescentes têm de si mesmos é composta por "infinitos feixes de luz, sombras e tonalidades", que só ganham significado dependendo do olhar de quem as vê. Não há somente uma única possibilidade para a identificação, as possibilidades são múltiplas, assim como é múltipla a oferta do mercado de consumo contemporâneo. De outra parte, as experiências vividas também podem ser variadas, o que torna o desafio da adolescência uma permanente angústia, em razão das escolhas que devem ser feitas.[126]

Nesse contexto, vê-se que a relação da adolescência com o mundo é imediatista, estimulada pela velocidade e instantaneidade do momento que estão vivendo. Por isso, contestam o tempo de espera e o projeto de futuro, ainda que aprendam com maior facilidade o código de sobrevivência do porvir, uma vez que sabem manejar as com as novas tecnologias e com os novos meios de comunicação.

Por outro lado, embora tudo pareça mais fácil para os jovens de hoje, visto que os pais são mais compreensivos, há mais liberdade sexual e maiores opções entre as múltiplas escolhas "supostamente possíveis", sentem-se ansiosos frente às crescentes exigências para ingressar no mundo do trabalho, serem aceitos pelo padrão estético e pertencerem ao espaço social:[127] "Todas as possibilidades, mesmo o impossível, são imagináveis. A questão da escolha é essencial".[128] Nessa direção, decidir por uma alternativa, dentre as várias opções, é um desafio angustiante, devido à necessidade de pertencimento.

De acordo com Mafesolli, a complexidade do processo de construção da identidade contemporânea ocorre porque houve um deslocamento da concepção de indivíduo, com identidade estável, desempenhando papéis contratuais, para uma ideia atual de "pessoa com identificações

---

[125] SUDBRAK, Maria de Fátima Oliver. *Adolescentes e Transgressão*: grupos de socialização, margem e desvios. Texto inédito produzido para fins didáticos do Curso Extensão Universitária no Contexto da Educação Continuada do Sistema Socioeducativo do Distrito Federal, Universidade de Brasília, Brasília, 2009, p. 1-2.

[126] ASSIS, Simone Gonçalves; AVANCI, Joviana Quintes Op. cit., p. 22.

[127] WEINBERG, Cybelle. Op. cit., p. 8-11

[128] FRANÇOIS RAUX, Jean. Prefácio. Elogio da filosofia para construir um mundo melhor. In: MORIN, Edgar; PRIGOGINE, Ilya *et alli*. *A Sociedade em Busca de Valores*. Para fugir à Alternativa entre o Ceptismo e o Dogmatísmo. Lisboa: Instituto Piaget, 1998, p. 16.

múltiplas, desempenhando papéis nas tribos de afeição".[129] Portanto, todas as multiplicidades, no contexto de incerteza e liquidez, fazem com que a adolescência, além de suas dificuldades já conhecidas, tenha que lidar com características da atualidade, de que tudo é possível e, ao mesmo tempo, as condições são restritas, os projetos são inexistentes e as perspectivas são limitadas.

As experiências dessa etapa da vida, por sua vez, quando vivenciadas de forma precoce, são fontes de diferenciação entre as várias adolescências contemporâneas. Se a adolescência é uma fase difícil para aqueles que a vivenciam com estabilidade social e emocional, torna-se mais penosa ainda nos contextos de pobreza, violência e vulnerabilidade em que vivem muitas famílias brasileiras, na medida em que certas condições facilitam ou dificultam o processo de autoaceitação (autoconhecimento ou autoestima). Entre as dificuldades, refere-se Assis às situações de desvalorização, de rejeição, de humilhação e de punição. Tais circunstâncias podem ser observadas nos contextos familiares de violência, os quais, por sua vez, são potencializadores de violência social.[130]

A violência no âmbito familiar é uma experiência especialmente vinculada às dificuldades, identificadas por Honneth, no processo de reconhecimento primário. Afirma o autor que o nível de desrespeito que agride a integridade física do indivíduo, limitando a forma de dispor do próprio corpo, provoca humilhação e afeta sua capacidade de autorrealização como ser humano. Sujeitar-se à vontade de outro interfere na busca de confiança em si mesmo e nos outros. Anula-se o reconhecimento e o respeito propiciado pela autonomia de dispor sobre o próprio corpo, o que, supostamente, teriam sido adquiridos na experiência primária de dedicação emotiva.[131]

Portanto, a adolescência é ainda mais difícil para os meninos e meninas das famílias pobres do Brasil, que contam com problemas associados como rejeição em casa e fora de casa, desemprego, drogadição ou alcoolismo. No entanto, a associação entre as aflições da juventude e a pobreza não pode ser feita de forma direta, pois corre-se o risco de reproduzir preconceitos sociais, atribuindo, exclusivamente, às famílias mais pobres a responsabilidade da problemática existencial de seus filhos. As condições adversas em que vivem as famílias pobres fazem com que contem com menores possibilidades de prover as oportunidades profissionais para os seus filhos, como também tenham proble-

---

[129] MAFFESOLI, Michel. Tribalismo pós-moderno: da identidade às identificações. *Ciências Sociais UNISINOS*, São Leopoldo, 43(1), p. 97-102, jan./abr., 2007, p. 100.

[130] ASSIS, Simone Gonçalves; AVANCI, Joviana Quintes. Op. cit., p 32.

[131] HONNETH, Axel. *Luta pelo Reconhecimento*, p. 215

mas ao acessar apoio quando em dificuldades. Para os jovens pobres, de modo geral, "salta-se direto da infância para o mundo do trabalho (ou do desemprego)".[132] Ou seja, a adolescência não tem sido a mesma para todos.

Se, de um lado, os adolescentes dos diferentes contextos sociais pertencem ao mundo globalizado, consumista e individualista; de outro, os jovens que não acessam facilmente ao consumo estão à margem, embora seu desejo de ser aceito e reconhecido percorra os mesmos caminhos dos demais consumidores. Nessa direção, Castel analisa a realidade dos jovens das periferias francesas, e afirma que vivem em bairros periféricos, mas são atravessados por dinâmicas globais: não estão fora, na medida em que têm acesso a serviços púbicos e compartilham alguns valores daquela sociedade, nem estão dentro, visto que não ocupam nenhum lugar reconhecido na mesma sociedade.[133] Vivem a dualidade, ou o limbo do interstício cultural,[134] em realidades que estão em permanente relacionamento e em contato direto. Não há muros nítidos e definidos quanto ao desejo de ter e pertencer. Existem muros claros que separam a possibilidade de ter de quem vive nas periferias das grandes cidades, sendo a pobreza o limite objetivo. Se a realidade de não pertencer torna-se insuportável, estratégias de sobrevivência são acessadas, como a compra de produtos falsificados, ou sua aquisição por meios ilícitos.

Conforme os dados do Relatório das Nações Unidas de 2006,[135] sobre a violência contra a criança no Brasil, no ano 2000, dezesseis crianças e adolescentes foram assassinados, em média, por dia. Entre tais mortos, quatorze estavam entre quinze e dezoito anos, sendo que, nesta faixa etária, 70% eram negros. Vê-se, portanto, que a maior vítima da violência é a juventude, alvo diário de mortes por causas externas, caracterizadas, em geral, por crimes praticados por armas de fogo ou outras formas agressivas de convivência como, por exemplo, os acidentes de trânsito.

Os registros de mortalidade na juventude, em especial na faixa entre 15 e 19 anos, têm se mostrado importantes indicadores sociais – da mesma forma que os indicadores de mortalidade infantil, ou seja, número de mortos até um ano de idade a cada 1000 nascidos vivos. Assim, a taxa de mortes na faixa etária adolescente, no ano de 2004, foi de 63,3/por 100.000

---

[132] ATHAYDE, Celso; BILL, MV; SOARES, Luis Eduardo. Op. cit., p. 208-211.

[133] CASTEL, Robert. *La discrimination négative* – Citoyens ou indigènes? Paris: Seuil/La République des Idées, 2007, p. 29-40.

[134] BHABHA, Homi K. Op. cit., p. 20.

[135] Relatório das Nações Unidas sobre a Violência na Infância Brasileira 2006, com dados cuja fonte primária é o Ministério da Saúde. Publicado na Folha de São Paulo, em 15 de outubro de 2006.

habitantes, sendo que 34,2% destas mortes foi por homicídio.[136] O Núcleo de Estudos da Violência (NEV) da Universidade de São Paulo, que analisou um intervalo de 22 anos, comparando estados e capitais brasileiras, verificou que jovens entre 15 e 19 anos são as maiores vítimas de homicídios no País, correspondendo a 87,6% dos casos. Essas mortes ocorrem, essencialmente, onde há uma superposição de carências de todos os direitos socioeconômicos.[137]

Na mesma direção são os dados do Ministério da Saúde, os quais apontam que, na faixa etária de 10 a 19 anos, as violências (52,9%) são as principais causas de óbito. Esse perfil se repete nos adolescentes de 15 a 19 anos, visto que, entre 2006 e 2007, 58,7% dos óbitos nesta faixa etária foram por violências.[138]

Sustenta Soares que se está assistindo a um "genocídio social", em que as maiores vítimas são jovens pobres, mais especificamente, do sexo masculino, na faixa etária entre dezesseis e dezoito anos. Conforme o autor, morrem hoje no Brasil mais jovens entre quinze a vinte e um anos, do que se o País estivesse em guerra, e sua população juvenil tivesse sido enviada para campos de batalha.[139] Tais contextos de violência não são privilégio exclusivo dos bairros pobres, mas atingem com maior intensidade essas parcelas da população. Nesses contextos, além do baixo nível de renda, também está presente a mais baixa escolaridade e a menor empregabilidade. Portanto, há maior dificuldade de construir projetos e expectativas de vida.

De acordo com a pesquisa realizada pelo IPEA (IBASE),[140] com jovens das principais regiões metropolitanas do Brasil, uma de suas maiores preocupações se refere ao mundo do trabalho, mais especificamente à restrição do mercado, às dificuldades de conseguir um primeiro emprego e ao medo de enfrentar preconceitos por serem inexperientes. Diz o relatório:

> Os baixos níveis de renda e capacidade de consumo redundam na necessidade do trabalho como condição de sobrevivência para a maioria dos(as) jovens. Isso demarca um

---

[136] NASCIMENTO, Andréia de F.; SOUZA, Maria de Fátima Marinho de. Mortalidade por causas Externas e Homicídios entre Adolescentes. In: WESTPHAL, Márcia Faria; BYDLOWSKI, Chinthia Rachid. (Org.) *Violência e Juventude*. São Paulo: HUCITEC, 2010, p. 86.

[137] Núcleo de Estudos da Violência (NEV) da Universidade de São Paulo. Homicídios de Crianças e Jovens no Brasil – 1980-2002. São Paulo: USP, 2006.

[138] DATA SUS – a partir de informações coletas em 2006 e 2007.

[139] SOARES, Luiz Eduardo; MILITO, Cláudia; SILVA, Hélio R. S. Homicídios dolosos praticados contra crianças e adolescentes do Rio de Janeiro. In: —— e colaboradores. *Violência e Política no Rio de Janeiro*, Rio de Janeiro: Relume Dumará, ISER, 1996, (189-215), p. 190-192.

[140] IBASE/POLÍS. *Juventude Brasileira e Democracia*: participação, esferas e políticas públicas. Relatório Final de pesquisa. Rio de Janeiro: IBASE/POLIS, 2005, p. 72-81.

modo particular de vivência do tempo de juventude, que não se identifica com aquilo que o senso comum institui como modelo de jovem universal: aquele que se libera da necessidade do trabalho para poder se dedicar aos estudos, à participação mais organizada e aos lazeres.[141]

Identifica, ainda, o relatório, que o percurso de busca e inserção no mundo do trabalho dos jovens de famílias mais pobres se caracteriza por ocuparem as ofertas de trabalho que aparecem, em sua maioria, com pouca ou nenhuma perspectiva de iniciar, ou construir, uma carreira profissional.[142]

Nessa direção, reflete Castel que "a ausência de qualquer perspectiva de futuro é o testemunho de uma desesperança profunda. O presente cristaliza assim todas as recusas [...]".[143] Essa parcela da população, segundo o autor, sabe que o trabalho é raro e que o sucesso escolar não garante vitória profissional. Isso ocorre porque são os jovens do grupo social mais exposto a racismos, xenofobias e outras formas de preconceitos.[144]

Ilustra essa realidade o depoimento a seguir: "Meu filho ainda vai sair. Tem uns que não conseguem sair. Isso é um labirinto. Para mim isso é um labirinto; ele ainda não encontrou a saída, mas vai encontrar".[145] Vê-se, portanto, que as oportunidades sociais para os projetos individuais são restritas. Aqueles que conseguem ultrapassar as condições adversas da adolescência nos contextos aqui referidos o fazem com muito esforço individual e na medida em que contam com potencialidades diferenciadas e suporte familiar ou institucional para tanto.

Quanto ao coletivo geral do público em questão, trata-se de uma parcela da população vulnerável frente à profunda desigualdade de oportunidades, as quais refletem as objeções ao seu reconhecimento social por parte da esfera de Direito.

De acordo com Honneth, a segunda forma de reconhecimento recusado ou de desrespeito afeta o autorrespeito moral do sujeito, pelo fato de a sociedade onde está inserido, subtrair seus direitos. Afirma o autor que o sujeito perde a condição de membro de igual valor na sociedade, e a responsabilidade moral não lhe é concedida na mesma medida em que

---

[141] IBASE/POLÍS. Op. cit., p. 75.

[142] Idem, p 76.

[143] CASTEL, Robert. *A Discriminação Negativa* – Cidadãos ou autóctones? Trad. Francisco Morás. Petrópolis: Vozes, 2008, p. 18. No caso da presente citação optou-se pela utilização da versão em português, embora tenha-se realizado a pesquisa no texto original do autor. CASTEL, Robert. *La discrimination négative* ..., p. 18

[144] Idem, p. 9.

[145] ATHAYDE, Celso; BILL, MV; SOARES, Luis Eduardo. Op. cit., p. 214.

o é para os outros membros.[146] Em outras palavras, poder-se-ia dizer que "espera-se menos de determinados sujeitos sociais".

Fraser, de outra parte, entende que, embora para efeitos de análise sejam consideradas duas dimensões distintas, a injustiça, decorrente do não-reconhecimento, é acompanhada pela má-distribuição de oportunidades necessárias para a participação, junto com os outros, da vida social. A autora separa as dimensões, enquanto estratégia de análise, para logo afirmar que as duas formas de injustiça estão relacionadas à atribuição de *status* (reconhecimento) e esse, por sua vez, à estrutura moderna do capitalismo.[147] As questões econômicas, geralmente, afetam a condição de *status*, bem como as identidades dos sujeitos; as questões de *status*, por sua vez, têm consequências nas condições econômicas da vida das pessoas. Portanto, nem as demandas por redistribuição econômica (justiça distributiva), nem as demandas por reconhecimento de identidades específicas, podem ser contidas em esferas separadas.[148]

Para Mattos, seja na perspectiva dualista de análise do processo de reconhecimento social, desenvolvida por Fraser, ou monista, como propõe Honneth, para quem tal separação, ainda que analítica, não se justifica porque o não reconhecimento está relacionado com os sentimentos de sofrimento, humilhação e privação, nenhum dos dois autores deixa de vincular reconhecimento com contexto culturalmente constituído.[149]

Assim, para além dos dados objetivos, as dificuldades de reconhecimento social estão associadas também ao estereótipo socialmente construído. Adolescentes costumam andar em bandos, com roupas "estranhas", cabelos diferentes do que costuma ser socialmente esperado, assim como seus comportamentos não são "considerados adequados". As pessoas que os observam sentem-se agredidas pela simples presença dos adolescentes. É como se os "olhos de quem vê", que estão inseridos no contexto cultural contemporâneo, tivessem, eles próprios, "tarjas", "borrões" que impedissem de ver as pessoas que estão, desde suas individualidades, na adolescência.

Desse modo, as pessoas em geral têm dificuldade em identificar a própria adolescência, enquanto etapa de vida, que se manifesta de forma diferente nos diversos contextos socioculturais, e, diante do preconcei-

---

[146] HONNETH, Axel. *Luta pelo Reconhecimento*, p. 216-217.

[147] FRASER, Nancy; HONNETH, Axel. *Redistribution or Recognition?* A Political-Philosophical Exchange. New York: Verso, 2003, p. 50-55.

[148] FRASER, Nancy. Op. cit., p. 186-187.

[149] MATTOS, Patrícia. *A Sociologia política do reconhecimento*. As contribuições de Charles Taylor, Axel Honneth e Nancy Fraser. São Paulo: Annablume, 2006, p. 147-153.

to, não identificam os adolescentes, enquanto pessoas humanas.[150] Para melhor compreender tal processo, cabe referir que além de marcas com significado social, os estigmas geram profundo descrédito, defeito, fraqueza, desvantagem.[151] O estigma possui duas dimensões: uma objetiva, relacionada à etnia, à renda, ou à idade; e outra subjetiva, que diz respeito à atribuição negativa, ou de inferioridade, que se faz dos estados objetivos.

Assim, vê-se que a adolescência, no contexto social contemporâneo, e, de modo específico, os adolescentes pobres, que vivem à margem, nas grandes cidades, não conseguem ser considerados pela sociedade. Quando seu estereótipo é identificado, são vistos como problema a ser superado, como se todos fizessem parte do "mesmo balaio", como se não fossem pessoas em sua individualidade e humanidade. Além da invisibilidade, a inferioridade está presente na avaliação ou juízo social. Trata-se do consenso pré-reflexivo, que determina o valor de cada um dos seres humanos, como também identifica quem merece respeito e quem não o merece.[152]

Em meio à condição de direitos violados, baixa escolaridade, de trabalho infantil, exploração sexual comercial, drogas ou atos de violência, o estigma social sobre os adolescentes impede que possam ser vistos como pessoas e, especialmente, que sejam compreendidos a partir de suas peculiaridades. Assim, o reconhecimento dos adolescentes, enquanto pessoa por inteiro, como afirma Honneth, torna-se difícil aos olhos da sociedade contemporânea.[153] Para o autor, o terceiro nível de rebaixamento, em contraponto ao reconhecimento, refere-se ao valor negativo que a pessoa tenha perante o grupo, caracterizando-se pela ofensa ou degradação. Portanto, perda de autoestima.[154]

Conforme ainda Honneth, determinados modos de vida são desvalorizados pela sociedade em geral, retirando das pessoas, que são suas seguidoras, a possibilidade de ter atribuído valor social às suas capacidades. A falta de reconhecimento das peculiaridades ou diferenças reflete-se na forma como o Estado os reconhece como sujeito de direitos.

Salles afirma que ocorre uma "visibilidade perversa", com dupla dimensão. De um lado observa-se a invisibilidade, na medida em que o

---

[150] ATHAYDE, Celso; BILL, MV; SOARES, Luis Eduardo. Op. cit., p. 171-178.

[151] GOFFMAN, Erving. *Estigma*: notas sobre a manipulação da identidade deteriorada. 4. ed. Trad. de Márcia Bandeira de Mello Leite Nunes. Rio de Janeiro: Guanabara Koogan, 1988, p. 12-15.

[152] SOUZA, Jessé (Org.). SOUZA, Jessé (Org.). *A Invisibilidade da Desigualdade Brasileira*. Belo Horizonte: UFMG, 2006, p. 145.

[153] HONNETH, Axel. *Luta pelo Reconhecimento*, p. 57.

[154] Idem, p. 216.

sofrimento dos adolescentes, pela violação de direitos, não é percebido pela sociedade. De outro, trata-se de uma "visibilidade perversa", visto que é seletiva e aparece a partir do estereótipo social criado, reproduzindo, assim, as discriminações históricas e impulsionando mecanismos de controle social repressores por parte do Estado.[155]

Com significado semelhante à enfermidade e ao sofrimento, a experiência de rebaixamento e humilhação social atinge os sujeitos, da mesma maneira que a saúde física é ameaçada pelas doenças. Tal sentimento, se não canalizado para a luta social, em determinado momento abre espaço para sentimentos como vergonha e ira.[156]

Vergonha, medo, ira e humilhação, mais do que ingredientes de baixa autoestima, são caminhos sem volta no labirinto de espelhos em que estão inseridos os jovens. O lugar de inferioridade e desvalia se torna componente da identidade. E o lugar de reconhecimento dos direitos torna-se retórica e abstração.

O paradoxo de tudo isso é que, também no labirinto de espelhos, a sociedade se reconhece sem saída, quando trata dessa forma os seus jovens. Sem reconhecimento do outro, com suas diferenças e peculiaridades, não há igualdade. Sem igualdade não há legitimidade no Direito, tal como foi concebido desde a Modernidade. Também não há projeto e não há perspectiva. No dilema entre causa e efeito, entre o que vem antes e o que vem depois, as paredes do labirinto cruzam-se e vão levando a caminhos sem perspectiva.

---

[155] SALES, Mione Apolinário. *(in)Visibilidade Perversa*. Adolescentes infratores como metáfora da violência. São Paulo: Cortez, 2007, p. 27.

[156] HONNETH, Axel. *Luta pelo Reconhecimento*, p. 217-218.

2. O Direito como produto sociocultural: a necessidade de reconhecimento desde a perspectiva sociológica

> *O direito é, em verdade, um producto social de assimilação e desassimilação psychica...*[157]

A compreensão da realidade jurídica, em estudo neste livro, de forma contextualiza, pressupõe a adoção de determinada concepção do que seja o Direito. Entende-se, portanto, o Direito como resultado de produção política, cultural e social cujo conteúdo normativo reflete o momento característico de cada agrupamento humano. O Direito estatal, por sua parte, consiste em um esforço normativo de viés integrador, síntese de conflitos sociais e políticos e, ao mesmo tempo, gerador de conflitos, na medida em que se relaciona com as demais concepções normativas coexistentes socialmente.[158]

Wolkmer colabora com a perspectiva cultural do Direito, definindo-o como "produto da vida humana organizada e como expressão das relações sociais provenientes de necessidades". Em cada sociedade, tempo histórico e cultura, irão existir relações sociais reguladas pelo Direito. Tal regulação, de acordo com o autor, será a expressão de necessidades reais e concretas das pessoas.[159] Em consequência, pode-se dizer que o autor, entre outros que serão referidos ao longo desse texto, entende o Direto como produção humana, em transformação, e não como parte da natureza.

O Direito estatal, nesse contexto, constitui-se em um produto cultural historicamente situado e que se relaciona, de forma harmônica, ou não, com as demais produções jurídicas de cada lugar e tempo. Na con-

---
[157] MIRANDA, Pontes de. *A Margem do Direito (Ensaio de Psychologia Jurídica)*. Rio de Janeiro: Francisco Alves & Cia., 1912, p. 219.

[158] Esta concepção de Direito será melhor fundamentada ao longo desse capítulo.

[159] WOLKMER, Antônio Carlos. *Pluralismo Jurídico*. Fundamentos de uma nova cultura do Direito. São Paulo: Alfa Omega, 1994, p. 22.

temporaneidade, a complexidade da sociedade exige respostas do Estado, todavia essas nem sempre são legítimas,[160] ou respondem às reais necessidades das pessoas. Talvez esse problema tenha como pano de fundo a ausência de reconhecimento por parte do Estado das demais concepções jurídicas inter-relacionadas, dos pleitos e necessidades dos diversos contextos sociais.

Tendo como pressuposto tal concepção de Direito, busca-se, neste capítulo, contextualizar a concepção de pluralismo jurídico, entendido enquanto diversidade de concepções jurídicas, em paralelo e em inter-relação no mesmo espaço geográfico. Partindo-se da compreensão monista de Direito, desenvolve-se a sua crítica, desde a perspectiva das várias escolas jurídicas e pensadores da Teoria do Direito. Logo a seguir, busca-se identificar, entre as diferentes concepções de pluralismo jurídico, aquela que mais identidade possui com a problemática em análise neste livro. Em sequência, situa-se a realidade sociocultural da adolescência brasileira, em busca de resposta à questão: tratando-se desse público, contextualizado no espaço e tempo da sociedade brasileira contemporânea, está-se, ou não, diante de uma realidade sociojurídica própria? Qual a relação desta realidade com o Direito estatal? Afinal: "se tudo é Direito, nada é Direito...". De outra parte, o Direito estatal parece insuficiente frente às necessidades sociais em questão...

Nestes dias de perplexidades, entre aqueles preocupados com os acontecimentos a sua volta, ecoam perguntas tais como: onde estão os limites da sociedade em que crescem os adolescentes? O que fazer diante da incerteza e da falta de perspectiva? O que cabe ao Estado, diante de tais circunstâncias? Certamente há de existir um papel a ser desempenhado pela instrumentalidade jurídica constitucional. Esse espaço estar-se-á a buscar...

2.1. DIREITO POSITIVO E O PLURALISMO JURÍDICO

Tradicionalmente, as relações postas em prática entre o ordenamento jurídico estatal e as demais organizações sociais e jurídicas estiveram

---

[160] O conceito de legitimidade aqui utilizado identifica-se com a ideia de que o Direito é legítimo na medida em que corresponde às necessidades dos diferentes contextos sociais. WOLKMER, Antônio Carlos. *Introdução ao Pensamento Jurídico Crítico*. 6. ed. São Paulo: Saraiva, 2008, p. 210-213.

O distanciamento dos órgãos de atuação do Estado das realidades sociais e culturais específicas faz com que, quando ocorre intervenção ou aproximação, em alguma situação concreta, tal intervenção, ou decisão judicial acaba por se constituir de forma estranha às necessidades das pessoas nos respectivos contextos. Disso decorre a falta de legitimidade, ou ainda, a necessidade de justificação prática do Direito aos possíveis destinatários, como requisito de legitimidade. BRONZE, José Fernando. *Lições de Introdução ao Direito*. 2. ed. Coimbra: Coimbra Editora, 2006, p. 97.

fundamentadas na concepção monista de Direito[161] e no pensamento positivista, ou seja, nas ideias de completude do ordenamento jurídico estatal e da certeza do Direito. O Direito, produto da modernidade, esteve acompanhado do pensamento positivista clássico e da concepção de ciência como método de validação de verdades. Ao que parece, o Direito esteve a serviço da regulação e da disciplina, constituidor do pensamento dogmático que deu sustentabilidade à sociedade moderna.[162]

Do ponto de vista epistemológico, o Positivismo postula a dualidade entre sujeito e objeto, estabelecendo a premissa de que existe um único conhecimento verdadeiro. Assim, o objetivo da ciência, segundo tal perspectiva, consiste em descobrir a verdade do objeto. Parte de premissas, consideradas científicas, as quais são confirmadas nas novas investigações. Para o Positivismo Jurídico, o conjunto de fontes do Direito é limitado ao ordenamento jurídico estatal, as quais estão hierarquizadas previamente, portanto não podem contradizer-se. Assim, diante de cada fato social, a solução jurídica está na aplicação da norma já previamente destinada. Não há contradição, ou diferente interpretação. Portanto, o real é suscetível de conhecimento, e o Direito é autossuficiente.[163]

O Positivismo Jurídico teve seu ponto culminante no normativismo de Hans Kelsen, a partir da publicação de sua principal obra, "Teoria Pura do Direito", em 1934.[164] Tal teoria tem como objeto a própria norma e busca revelar os caminhos de uma "autêntica ciência do Direito", separada da política e de qualquer valoração ideológica que sustentasse ideias de justiça.[165] Para Kelsen, o Direito não se distanciava da norma escrita; a ordem jurídica era considerada exclusivamente estatal; o ordenamento jurídico seria completo; e a vigência de uma norma depende de sua validade formal, ou seja, dos procedimentos para sua criação. Trata-se da compreensão do Direito como método científico, a partir de um processo lógico-dedutivo de submissão dos fatos à Lei, através da declaração feita pelo intérprete.[166]

---

[161] Conforme ARNAUD, "monocentralidade significa que todo Derecho emana del Estado y que éste es el último productor legítimo de normas jurídicas". ARNAUD, André-Jean; FARIÑAS DULCE, Maria José. *Sistemas Jurídicos:* Elementos para un Análisis Sociológico. Madrid: Universidad Carlos III de Madrid. Boletín Oficial del Estado, 1996, p. 292.

[162] SANTOS, Boaventura de Sousa. *A Criticada Razão Indolente.* Contra o desperdício da Experiência. 3. ed. São Paulo: Cortez Editora, 2000, p. 60-68.

[163] Idem, p. 60-68.

[164] Cabe referir, sobre Hans Kelsen, que na edição publicada no ano de 1963 da Teoria Pura do Direito fez uma revisão a respeito do caráter rígido de sua posição original positivista.

[165] WARAT, Luiz Alberto. *Introdução Geral ao Direito.* A Epistemologia Jurídica da Modernidade. V. II. Porto Alegre: Sergio Antonio Fabris, 2002, p. 163-164.

[166] BARROSO, Luis Roberto. Fundamentos Teóricos e Filosóficos do Novo Constitucionalismo Brasileiro (pós-modernidade, teoria crítica e pós-positivismo). In: ——. *A Nova Interpretação*

De acordo com a posição sustentada pelas escolas de interpretação jurídica, fundadas na dogmática jurídica, como a Escola de Interpretação Gramatical, ou a Escola da Exegese, não existe outra fonte além do ordenamento jurídico estatal. Tais pensadores identificavam-se com a ideia de que há uma significação unívoca do que seja o fenômeno jurídico. O intérprete tem a responsabilidade de identificar tal significado, seja na compreensão do que está escrito, ou indagando-se a respeito de qual seria a vontade do legislador.[167]

Não há mais Direito, portanto, para além do conjunto de normas estabelecidas pela autoridade legítima. Deve-se obedecer às disposições normativas estatais, porque foram elaboradas por quem tem competência para fazê-lo, correspondendo à delegação de poderes da sociedade em geral, tendo como referência a noção hipotética de contrato social.[168] Assim, para além da noção de segurança e certeza jurídica, também a herança positivista fundamenta a direta relação entre Direito e Estado.

Santos, no entanto, pondera que o "Estado nunca teve monopólio do Direito". Em paralelo à ilusão de um Direito estatal, sempre existiram ordens jurídicas supraestatais e ordens jurídicas infraestatais.[169] Sabe-se que a sociedade moderna nasceu "multicêntrica" e "policontextual",[170] de modo que "cada diferença tornou-se o centro do mundo", o que implica uma "pluralidade de autodistinções de sociedade", ou "diversas racionalidades parciais".[171] De outra parte, também a sociedade moderna já surgiu como sociedade mundial, embora organizada em Estados nacionais, sua formação social desvinculou-se das formações territoriais, implicando relações de comunicação mundiais.

Assim, em paralelo à ideia de Direito monista, ao longo da História moderna, vários foram os questionamentos que surgiram acerca de seus pressupostos e de sua concepção unitária. Pode-se dizer que os primeiros

---

Constitucional. Ponderação, Direitos Fundamentais e relações privadas. 2. ed. Rio de Janeiro: Renovar, 2006, p. 23-25.

[167] WARAT. Luiz Alberto. *Introdução ao Direito I.* Interpretação da Lei, temas para uma Reformulação. Porto Alegre: Sergio Antonio Fabris Editor, 1994, p. 68.

[168] MOREIRA, Nelson Camata. O Dogma da Onipotência do Legislador e o Mito da Vontade da Lei: A "vontade geral" como pressuposto fundante do Paradigma da Interpretação da Lei. *Revista de Estudos Criminais,* Porto Alegre, n. 15, ano IV, p. 127-142, 2004, p. 127-142.

[169] SANTOS, Boaventura de Sousa. *A Crítica da Razão Indolente...,* p. 171.

[170] De acordo com a concepção desenvolvida pelo autor, a ideia multicêntrica corresponde à noção de que na sociedade moderna não há um único centro que irradia poder e conhecimento racional, próximo ao que seja verdadeiro e em contraposição às periferias, mas vários centros e contextos de produção normativa.

[171] NEVES, Marcelo da Costa Pinto. *Transconstitucionalismo.* 313 fls. Tese (Doutorado) – Faculdade de Direito da Universidade de São Paulo, USP, Tese apresentada no concurso para o provimento do cargo de professor titular na área de Direito Constitucional ao Departamento de Direito do Estado, São Paulo, 2009, p. 21-23.

questionamentos ao positivismo foram em relação ao fundamento da razão ocidental universal, oriundos, em especial, de pensadores como Karl Marx, no século XIX, e Sigmund Freud, no século XX.[172] Esses autores desvelaram a presença da ideologia, como componente da racionalidade e do inconsciente como seu pressuposto, respectivamente. Do ponto de vista do Direito, as noções de neutralidade e de objetividade também foram refutadas. O Direito, fruto da razão científica, cujo fundamento estava em ser um método para alcançar a justiça desde a aplicação objetiva de regras positivadas, por meio da neutralidade, passou a perder sustentabilidade.

Nesse contexto de crítica, o cientificismo entrou em crise, sendo que, em meio a tal momento histórico, identificaram-se problemas práticos, com origem na realidade e distintos da justificação de validade teórica. Alterou-se, assim, o quadro epistemológico, na medida em que, ao lado das ciências empírico-analíticas, passou-se a falar nas ciências históricas, da cultura, ou da hermenêutica. O mundo revelou-se mais complexo, com muitas outras dimensões da realidade. O indivíduo isolado deixou de ser objeto de análise, passando-se a buscar compreender a pessoa concreta, que vive em interação com os outros.[173]

Em síntese, seria a razão, tida como universal, que forneceria as respostas corretas, mas não foi isso que aconteceu. Situações como as duas guerras mundiais tiveram grande impacto no pensamento mundial, diferenciando gerações e mudando pensamento das pessoas. O impacto desses acontecimentos no pensamento dos intelectuais e teólogos foi de grande significado. A Guerra espantou as ilusões possíveis sobre "o homem racional". Dessa forma, o que estava em decadência eram as pressuposições da antiga modernidade, ou seja, "fé na ciência, na racionalidade humana e no desenvolvimento gradual da raça humana".[174]

Os pensamentos questionadores, que desde suas muitas vertentes se unificavam em oposição ao positivismo científico e jurídico, constituíram embriões de uma visão sociológica do Direito e de uma concepção mais ampliada acerca da coexistência de planos jurídicos, para além do Estado.[175]

Nessa direção destaca-se, entre outros, o movimento surgido na Alemanha no final do século XIX, denominado Jurisprudência de Interesses, cujo principal expoente foi Rudolf Von Ihering. Para alguns autores,

---

[172] GAUER, Ruth Maria Chittó. *O Reino da Estupidez e o Reino da Razão*. Rio de Janeiro: Lumen Juris, 2006, p. 140-141. BARROSO, Luis Roberto. Fundamentos Teóricos e Filosóficos ..., p. 6-7.

[173] BRONZE, José Fernando. Op. cit., p. 380-381.

[174] BAUMER, Franklin L. *O Pensamento Europeu Moderno*. V. II, Séculos XIX e XX. Lisboa: Edições 70, 1990, p. 170.

[175] SANTOS, Boaventura de Sousa. *A Criticada Razão Indolente* ..., p. 197-207.

como Wolkmer, Ihering constitui-se em um teórico de sustentação da concepção de que só existe Direito a partir do Estado, na medida em que o Direito seria um conjunto normativo sustentado pela coação exercida pelo Estado.[176] Interpretação um tanto diferente o faz Fariñas Dulce, que compreende a contribuição de Ihering como de um movimento de reação ao formalismo conceitual na ciência jurídica.[177]

Cabe referir que a obra de Rudolf Ihering esteve dividida em duas fases, sendo a primeira vinculada a uma concepção positivista científica, ou lógico-formal, a partir da ideia do ordenamento jurídico como um sistema fechado.[178] A segunda fase, conhecida como Jurisprudência de Interesses, caracterizou-se por uma maior contribuição histórica para a reflexão sociológica do Direito, na medida em que o autor identificava, para além do legislador, o sujeito social, cujos fins guiavam a proposição da norma.[179]

Afirmou, portanto, Ihering que "o objetivo do Direito é a paz. A luta é o meio de consegui-la".[180] Trata-se de ideias de luta, ponderação de interesses e de fim social das normas jurídicas. Também é possível encontrar em sua obra uma incipiente análise da função social do Direito, na medida em que a norma jurídica, na visão do autor, está vinculada a um fim social, é a resposta a uma exigência da sociedade.[181] Assim, a contribuição do autor esteve em superar a noção metafísica, visto que, para ele, os fins e objetivos do Direito são sempre sociais.

Contribuição significativa também trouxe Ihering ao descrever o processo pelo qual o homem luta pelo Direito, enquanto defesa da própria condição moral. Para o autor, o sentido de justiça tem graus diversos, conforme a condição peculiar de vida e das instituições de cada povo, ou dos envolvidos. Ou seja, a defesa dos direitos é a defesa de princípios morais que fazem sentido à vida e à honra dos sujeitos.[182] "Direito é condição de vida e moral da pessoa, representando sua defesa um imperativo de autoconservação moral".[183]

---

[176] WOLKMER, Antônio Carlos. *Pluralismo Jurídico* ..., p. 49.

[177] ARNAUD, André-Jean; FARIÑAS DULCE, Maria José. Op. cit., p. 40-41.

[178] LARENZ, Karl. *Metodologia da Ciência do Direito*. 3. ed. Lisboa: Fundação Calouste Gulbenkian, 1997, p. 29-34.

[179] Idem, p. 55-63.

[180] IHERING, Rudolf Von. *A Luta pelo Direito*. 4. ed. Trad. J. Cretella Jr. e Agnes Critella. São Paulo: Revista dos Tribunais, 2004, p. 27.

[181] Idem, p. 27-36.

[182] Idem, p. 42-52.

[183] Idem, p. 59.

Outra corrente de pensamento que teve influência nas origens da sociologia do Direito, portanto crítica ao monismo jurídico, foi o "Movimento do Direito Livre", que se desenvolveu na Alemanha, no início do século XX, tendo entre suas principais referências Eugen Ehrling e Hermann Kantorowicz. Esta vertente de pensamento entendia que cabia ao juiz uma "livre descoberta do Direito, em face das obscuridades e omissões da Lei".[184]

Conforme Larenz, a primeira manifestação, que posteriormente fundamentou o pensamento do Direito Livre, foi desenvolvida por Oskar Bülow, em 1885. De acordo com o autor, a ideia básica de tal texto é que a decisão judicial não é apenas aplicação de uma norma já pronta, mas uma "atividade criadora do Direito". A Lei para Bülow, portanto, não é o Direito, mas uma "preparação, uma tentativa de realização de uma ordem jurídica". Compreendia que sob a ilusão de neutralidade, ou do único significado da palavra da Lei, "oculta-se uma pluralidade de significações", as quais cabe ao juiz escolher, seguindo determinados critérios não exatamente explicitados, podendo ser caracterizados, como de "Direito Livre".[185]

Mais tarde, em 1903, Eugen Ehrlich desenvolveu mais profundamente tal pensamento, salientando a importância da "livre investigação do Direito", na busca de uma jurisprudência que aspirasse ao "Direito justo". Esforçou-se em identificar critérios objetivos, extralegais para orientar a aplicação do Direito, na medida em que entendia que a "decisão judicial é uma atividade criadora, dirigida pelo conhecimento".[186]

O Movimento do Direito Livre contribuiu, portanto, para a consolidação da concepção sociológica das fontes do Direito, defendida por vários dos seus protagonistas. Para os pensadores identificados com o Movimento do Direito Livre, existia tanto um pluralismo social como um pluralismo jurídico, na medida em que o Direito sempre se manifesta na vida dos distintos grupos sociais e, cada um dos quais, dispunha de um sistema jurídico próprio.[187] De acordo com Eugen Ehrlich, as regras de conduta seriam as verdadeiras normas jurídicas, pois são absorvidas de forma voluntária pelas pessoas, não resultam de decisões de tribunais, mas dos "fatos originários do Direito". Os Tribunais, ao contrário, limitar-se-iam a estabelecer com que regras seriam decididos os litígios.[188]

---

[184] KAUFMANN, Arthur. *Filosofia do Direito*. 2. ed. Lisboa: Fundação Calouste Gulbenkian, 2007, p. 44.
[185] LARENZ, Karl. Op. cit., p. 78.
[186] Idem, p. 79.
[187] ARNAUD, André-Jean; FARIÑAS DULCE, Maria José. Op. cit., p. 89-90.
[188] LARENZ, Karl. Op. cit., p. 85.

Nesse sentido, o Estado era considerado pelo Movimento do Direito Livre não mais do que um grupo social que cria o Direito, ainda que na sociedade moderna tenha conseguido impô-lo aos demais grupos sociais e monopolizar a produção formal do Direito, garantido pela força coercitiva e baseado no paradigma individualista da modernidade. Essa concepção implica um conceito de juridicidade mais amplo, visto que o âmbito do jurídico não se reduz ao estatal. De outra parte, a visão do Movimento de Direito Livre também representava uma concepção dualista de Direito, na medida em que, em contraposição ao Direito estatal, existe um outro Direito "livre", ou "social".[189]

Nos países escandinavos, em paralelo, desenvolveu-se outra corrente de pensamento, que também influenciou o surgimento de uma concepção social do Direito. Trata-se do Realismo Jurídico Escandinavo, sendo um de seus fundadores Axel Hägerström, seguido por Karl Olivecrona e Alf Ross. Tal vertente de pensamento pretendia desmascarar a concepção idealista e metafísica do Direito, dando a esse uma dimensão realista psicológica. Em complemento, também teve seu espaço no início do século XX o movimento denominado "Realismo Norte-americano", caracterizado pela forma pragmática, sociológica e não formalista de conceber o Direito.[190] Seus principais representantes foram John Chipmann Gray, Karl N. Llewellyn, Jerome Frank e, especialmente, o juiz da Suprema Corte Oliver Wendel Holmes. Esse último costuma utilizar frases célebres como "[...] General propositions do not decide concrete cases. The decision will depend on a judgment or intuition more subtle than any articulate major premise". Assim, entendia Holmes que o significado de uma norma jurídica pode exigir uma análise de considerações de ordem diferente: costumes tradicionais na comunidade, as mudanças históricas, desde a adoção da regra original, a eficiência econômica, o bem-estar social, os princípios básicos subjacentes ao sistema jurídico e a competência do intérprete ao realizar o julgamento final, atribuindo significado à regra.[191]

Afirma-se, portanto, que o Realismo Jurídico surgiu como crítica à segurança jurídica, mas sempre teve sua expressão heterogênea, desde suas mais variadas vertentes e agrupamentos. Em comum, tais autores partilham a ideia de que a ordem jurídica não oferece segurança, na medida em que a linguagem jurídica não é hermética, sendo que seu sentido

---

[189] ARNAUD, André-Jean; FARIÑAS DULCE, Maria José. Op. cit., p. 90.

[190] Idem, p. 101-102.

[191] Sobre a sentença supra consulte-se *LOCHNER v. PEOPLE OF STATE OF NEW YORK, 198 U.S. 45 (1905)*. Disponível em: <http://caselaw.lp.findlaw.com/cgi-bin/getcase.pl?court=us&vol=198&invol=45>. Acesso em: 18 fev. 2011. O mesmo se encontra em HOLMES JR., Oliver Wendell. The CommonLaw. New York: Dover, 1991.

depende da interpretação dada pelos juízes. Portanto, a teoria jurídica não deveria ter características metafísicas, mas, ao contrário, deve ser empírica, fundamentada na análise dos valores que refletem as condutas dos interpretes e nas consequências sociais das relações normativas.[192]

Cabe, ainda, destacar a contribuição da "Escola Sociológica Francesa", representada por George Gurvitch,[193] que se aproximou da concepção sociológica do Direito, partindo da crítica à Escola de Exegese de interpretação e à ideia da existência de um único Direito estatal.

George Gurvitch sustentava que o Direito do Estado é apenas uma das ordens jurídicas, que busca a realização da justiça. No entanto, esta especificidade do Direito possui uma organização baseada na sanção incondicionada, que, para contar com legitimidade, precisa estar fundamentada em um Direito preexistente. A tal Direito preexistente denominava o autor "Direito Social", o qual precede à normatização estatal e está presente na organização de grupos sociais, tendo função de integração, ou organização, de uma totalidade.[194]

Conforme a concepção de George Gurvitch, as comunidades sociais gerariam uma série de fatos, denominados pelo autor "normativos", que são fontes primárias ou materiais do Direito. Tal Direito é conceituado como "positivo intuitivo" e decorre da "observação dos fatos normativos". O Direito estatal, por sua vez, identifica-se com a concepção estatista e individualista.[195]

O Estado, portanto, é um dos grupos sociais que cria o Direito, sendo que sua convivência em harmonia com o Direito social é a possibilidade de desenvolvimento jurídico. Quando se está diante de uma situação de ruptura entre ordens jurídicas distintas, tende a prevalecer o Direito social, visto ser esse melhor representativo das necessidades normativas.[196]

O modelo proposto por George Gurvitch contribuiu diretamente com a ideia de pluralismo jurídico, na medida em que não deixou de reconhecer o Direito Estatal, no entanto também reconheceu a existência de pluralidades de ordens jurídicas.[197] Estas ordens jurídicas, no âmbito do

---

[192] WARAT. Luiz Alberto. *Introdução ao Direito I*. Interpretação da ..., p. 60-61.

[193] George Gurvitch nasceu no interior da Rússia, em 1984, mas foi levado a deixar a União Soviética, em 1924, tendo constituído seus maiores vínculos teóricos na França. MORAIS, Jose Luis Bolzan de. *A ideia de Direito Social:* o Pluralismo Jurídico de George Gurvitch. Porto Alegre: Livraria do Advogado, 1997, p. 21-24.

[194] MORAIS, José Luis Bolzan de. *A ideia de Direito Social:* o Pluralismo Jurídico de George Gurvitch. Porto Alegre: Livraria do Advogado, 1997, p. 34.

[195] Idem, p. 40- 42.

[196] Idem, p. 43.

[197] ARNAUD, André-Jean; FARIÑAS DULCE, Maria José. Op. cit., p. 91.

Direito social, conforme Morais, funcionariam como mecanismos legitimadores, ou não, do Direito estatal.[198]

Outros autores contribuíram com a formação do pensamento pluralista jurídico e merecem destaque. É o caso de Otto Van Gierke, alemão, que desde o final do século XIX, reagiu às ideias de monismo estatal em nome do nacionalismo, ou fortalecimento das instituições produtoras de Direito em seu país, em vez da aceitação da influência do Direito Romano, na formação do Direito Estatal.[199] Cumpre, ainda destacar o italiano Santi Romano, para quem toda a instituição que surge como um corpo social bem estruturado transforma-se em "ordenamento jurídico objetivo".[200] Portanto, o Direito é reconhecidamente norma, mas antes de ser norma é organização, ou corpo social. O conceito de Direito independe do Estado, pois esta seria uma entre outras manifestações normativas.

Todas as correntes jurídicas aqui abordadas, referidas por diferentes doutrinadores como "sociológicas" e "antiformalistas", entre outras que apresentavam argumentos complementares, contribuíram, em seu tempo e desde seu contexto social e referencial teórico, para que a ciência jurídica abrisse os olhos para a importância da perspectiva social. Suas ideias reconhecem que, junto ao Direito estatal, existem outros espaços de juridicidade, que com aquele coexistem em complementaridade, autonomamente, ou em conflito.

O modelo de produção de normas baseado no monismo estatal, a partir de tais críticas, ou em resposta às necessidades impostas pela realidade, ao longo do século XX, deu passos novos rumo ao pluralismo jurídico, ao reconhecimento de racionalidades diferentes da norma estatal e à atenção aos assuntos relacionados à perspectiva social do Direito. Tratou-se, gradativamente, de reconhecer a complexidade inerente das relações sociais, onde causas e consequências estão entrecruzadas, o que faz com que os operadores do Direito não possam responder às demandas de regulação com base apenas nos parâmetros tradicionais, sob pena de ingovernabilidade.[201]

Observa-se que as sociedades contemporâneas são cada vez mais juridicamente plurais, pois convivem na mesma base territorial (ou em bases territoriais relacionadas) diferentes planos normativos. Na maioria das vezes, uma desses é considerada oficial – estatal, ou positivada – e influencia no modo de operação das outras.[202]

---

[198] MORAIS, Jose Luis Bolzan de. Op. cit., p. 90-94.

[199] WOLKMER, Antônio Carlos. *Pluralismo Jurídico* ..., p. 171-172.

[200] Idem, p. 172-174.

[201] ARNAUD, André-Jean; FARIÑAS DULCE, Maria José. Op. cit., p. 210-211.

[202] SANTOS, Boaventura de Sousa. *A Crítica da Razão Indolente* ..., p. 205-207.

Santos contribui com a noção de que as diferentes ordens jurídicas relacionam-se como planos normativos em diferentes escalas:

> O Estado moderno assenta no pressuposto de que o direito opera segundo uma única escala, a escala do Estado. Durante muito tempo, a sociologia do direito aceitou criticamente esse pressuposto. Nas últimas décadas, a investigação sobre pluralismo jurídico chamou atenção para a existência de direitos locais nas zonas rurais, nos bairros urbanos marginais, nas igrejas, nas empresas, no desporto, nas organizações profissionais. Trata-se de formas de direito infraestatal, informal, não oficial, ou mais ou menos costumeiro. [...] Em meu entender, o que distingue estas diferentes formas de direito é o tamanho da escala com que regulam ação social.[203]

O fato é que os planos normativos, em paralelo, são utilizados como referência para a solução de conflitos, fundamentando-se, por sua vez, em conceitos de justiça, também paralelos. Diante da multiplicidade de planos normativos, os cidadãos organizam suas vidas perante esses vários estratos, de forma complexa, em mútua influência, seja no âmbito local, nacional, ou supranacional (global). Portanto, a ideia de diversificados planos normativos, relacionais e complexos, expande a concepção de Direito e justiça e leva à necessidade de consideração de realidades culturais, locais, ou historicamente constituídas, no momento da aplicação do Direito.[204]

Cabe referir que a opção pelo monismo jurídico não gera apenas problemas em nível restrito teórico. Exemplificando tal afirmação, é simples visualizar que, em países multiculturais, a imposição de um único modelo jurídico oficial acaba refletindo o posicionamento de uma só cultura, um idioma, um grupo social.[205] Quando a relação entre o sistema jurídico estatal e as demais esferas normativas é tensa, ou violenta, na medida em se impõe, a percepção das pessoas é de que há falta de legitimidade, porque não representa sua realidade e suas necessidades.[206]

Sabe-se que tal problemática está identificada ao Estado de Direito fundado na ideia clássica de separação de poderes e de democracia formal representativa. Portanto, trata-se do modelo do Estado Liberal Clássico, como soberano legislativo, com absoluta força normativa.[207] No entanto, por mais plural que seja a representação política institucional,

---

[203] SANTOS, Boaventura de Sousa. *A Criticada Razão Indolente* ..., p. 206-207.

[204] SANTOS, Boaventura; GARCÍA VILLEGAS, Maurício. *El caledoscopio de las Justicias em Colômbia*. Bogotá: Siglo del Hombre Editores, 2001, p. 145.

[205] YRIGOYEN FAJARDO, Raquel. *Pautas de Coordinación entre el Derecho Indigina y el Derecho Estatal*. Guatemala: Fundación Myrna Mack, 1999, p. 5.

[206] Idem, p. 10.

[207] ZAGREBELSKY, Gustavo. *El Derecho Dúctil* – Ley, Derechos, Justiça. 5. ed. Madrid: Trotta, 2003, p. 23.

em razão do distanciamento entre Estado e sociedade, nas diferentes e múltiplas realidades socioculturais formam-se outros planos normativos, nos quais as pessoas referenciam-se para a solução de conflitos. O não reconhecimento de tal realidade gera imposição, por parte do Estado, do seu modelo de Direito.

Verifica-se, entretanto, que, ainda nos dias de hoje, a racionalidade jurídica de origem moderna, muitas vezes, continua negando todo o tipo de pluralidade ou diferenciação normativa. Nega as ordens normativas não estatais, surgidas em determinados âmbitos de relações sociais.[208] Nega a interdependência de grupos sociais e afirma que os direitos dos indivíduos são atributos de um Estado nacional, que representa uma sociedade homogênea em seu conjunto.

Nessa direção, contribui Zagrebelsky, quando afirma que a lei, na sociedade plural, é a manifestação de um instrumento de enfrentamento social, de conflito. De acordo com o autor, contar-se com direitos positivados não significa a eliminação do conflito social preexistente, mas sim é a continuidade de tal conflito.[209] A lei nas sociedades atuais é resultado de pluralidade de fontes, que decorrem de vários ordenamentos normativos paralelos.

O Direito estatal, portanto, não é um fenômeno isolado, mas reflete o contexto sociocultural e político em que se manifesta. Diversos planos compõem o ambiente onde se insere o Direito do Estado, os quais são reciprocamente interferentes; alterando-se qualquer deles, altera-se também o Direito.[210]

Herrera Flores esclarece que a questão situa-se em torno da tradicional oposição entre as concepções universalista de direitos e particularista, ou de especificidades locais. Enfocando a polêmica em torno dos Direitos Humanos no mundo contemporâneo, afirma que esta se situa entre duas visões: em primeiro lugar, uma visão abstrata, vazia de conteúdo, que não se referencia nas circunstâncias reais das pessoas, portanto, centrada na concepção ocidental do Direito; em segundo lugar, e em oposição à primeira visão, constitui-se uma visão localista, em que predomina o próprio, centrada em torno da ideia particular de cultura e no valor da diferença.[211]

---

[208] FARIÑAS DULCE, María José Fariña. Los Derechos Humanos: desde la perspectiva sociológico-jurídica a la "actitud posmoderna". *Cadernos Bartolomé de Las Casas*, Madrid, n. 7, 2. ed., 2006, p. 32-34.

[209] ZAGREBELSKY, Gustavo. Op. cit., p. 38.

[210] BRONZE, José Fernando. Op. cit., p. 379.

[211] HERRERA FLORES, Joaquín. Hacia una vision Compleja de los Derechos ..., p. 19-78.

Propõe o autor que não se negue a possibilidade de uma síntese universal das diferentes opções frente aos Direitos Humanos, nem que se descarte a necessidade de lutas pelo reconhecimento de diferenças. No entanto, o universal deve se alcançado depois de um processo conflitivo, discursivo, de diálogo e confrontação em que se rompam os prejuízos e as linhas paralelas.[212]

É, portanto, emergente a ideia de pluralismo social e jurídico. Ou seja, todo o fenômeno jurídico não se confunde com o Direito estatal. Coexistem formas alternativas de normatividade, às vezes harmônicas, outras não.[213] É necessário superar a afirmação de que existe um consenso, apesar da diversidade, para se chegar ao consenso desde a diversidade. Ou seja, um consenso intercultural, que parta do pleno reconhecimento e aceitação de uma necessária igualdade real, mas também das diferenças e diversidades culturais, considerando a diferença, assim como a igualdade, princípios jurídicos.[214]

Trata-se, pois, da constatação de que se vive em uma época de "policentralidade"[215] e de "porosidade jurídica",[216] ou, dito de outra forma, de múltiplas redes de ordens jurídicas, que constantemente forçam a transações e inovações. Para Arnaud, a via jurídica a ser proposta, consiste na "interlegalidade", ou seja, reconhecer as várias legalidades em que estão inseridos e às quais os sujeitos se referenciam, e buscar estratégias de diálogo, ou de "transplantes jurídicos".[217]

Portanto, diante da realidade complexa que se impõe, o desafio que enfrentam o Direito e o Estado parece estar em não contar com respostas prontas, mas na necessidade de elaborá-las, diante de cada nova circunstância. As soluções fundadas de forma exclusiva em uma concepção monista (que acabam por torna-se autoritárias), nem sempre são legítimas ou resolutivas, frente às necessidades das pessoas. Se a "interlegalidade", ou a adoção de estratégias de diálogo, parecem ser caminhos, resta encontrar os "trilhos do caminho", "os mapas por onde andar", os signos a serem identificados a fim de que se possam encontrar soluções mais efetivas para a realidade concreta.

---

[212] HERRERA FLORES, Joaquín. Hacia una vision Compleja de los Derechos ..., p. 74-78.

[213] ARNAUD, André-Jean; FARIÑAS DULCE, Maria José. Op. cit., p. 23.

[214] FARIÑAS DULCE, María José Fariña. Op. cit., p. 20.

[215] Policentralidade como muitos centros diferentes de produção normativa.

[216] Porosidade como possibilidade de mútua influência e inter-relação.

[217] ARNAUD, André-Jean, FARIÑAS DULCE, Maria José. *Sistemas Jurídicos: Elementos para un análisis sociológico*, p. 307-308.

2.2. PLURALISMO JURÍDICO, OU PLURALISMO DE FONTES

É característica fundamental das sociedades complexas, desde a perspectiva aqui adotada, a convivência em mesmo espaço e em mesmo tempo de um grande número de campos sociais semiautônomos. São grupos, comunidades, organizações, ou populações que possuem identidade específica, mas que estão inseridas, de uma forma ou outra, na globalidade contemporânea.

Não apenas a ordem mundial é multicêntrica, como também seu sistema jurídico é multicêntrico, de modo que, desde a perspectiva de um dos centros, os outros são periferia.[218] Assim, "o mesmo problema de direitos fundamentais pode apresentar-se perante uma ordem estatal local, internacional e transnacional (em sentido estrito) ou, com frequência, perante mais de uma dessas ordens, o que implica cooperações e conflitos, exigindo aprendizados recíprocos".[219] Portanto, diante de problemas comuns, cabe buscar-se a solução a partir do aprendizado mútuo entre as ordens jurídicas envolvidas, independente dos critérios exclusivos de validade de cada norma jurídica a ser aplicada.

Nessa direção, o pluralismo jurídico, enquanto perspectiva sociológica e antropológica do Direito, parte da premissa de que não se deve assumir uma concepção apriorística, ou desde um único centro de produção do Direito, na medida em que a perspectiva pluralista implica a coexistência de concepções jurídicas diferentes.

Existem, no entanto, diferentes concepções de pluralismo jurídico. Conforme Fariñas Dulce, alguns aspectos encontram-se presentes em quase todas as formulações doutrinárias. Seriam eles: o rechaço da identificação do Direito com a lei, ou seja, o pluralismo de fontes do direito; o rechaço do monopólio jurídico por parte do Estado; o rechaço ao mito unificador do "monismo jurídico-formalista"; e o reconhecimento da descentralização do Direito estatal, que implica uma pluralidade de centros de decisão jurídica dentro do mesmo sistema jurídico. A aceitação desses conceitos leva à superação do dualismo entre norma jurídica estatal e norma social, em favor do conceito amplo de juridicidade.[220]

De forma complementar, Wolkmer afirma que a expressão "pluralismo jurídico" designa a coexistência de diversas realidades, "múltiplas formas de ação prática", com particularidades, que se inter-relacionam. Trata-se, de acordo com a concepção do autor, da convivência entre dife-

---

[218] NEVES, Marcelo da Costa Pinto. Op. cit., p. 103.

[219] Idem, p. 106.

[220] FARIÑAS DULCE, María José Fariña. Los Derechos Humanos: desde la perspectiva sociológico-jurídica a la "actitud posmoderna". *Cadernos Bartolomé de Las Casas*. 2. ed. Madrid, n. 7, 2006, p. 36.

rentes possibilidades, distintas racionalidades, descentralização normativa, do centro para a periferia, do Estado para a sociedade, da lei para as alternativas de negociação e mediação de conflitos. Também reconhece, o autor, a existência de diferentes concepções teóricas de pluralismo, tanto social como jurídico. Desde sua perspectiva, defende a ideia de um "pluralismo comunitário e participativo", o qual se opõe à concepção de individualismo e relativismo cultural, afirmando a necessidade do reconhecimento de novos sujeitos coletivos.[221]

Considerando-se a existência dessas diferentes concepções e versões do que seja pluralismo jurídico, cabe aqui buscar o referencial adequado à realidade objeto de estudo neste livro. Nesse sentido, busca-se a identificação da concepção de pluralismo jurídico que responda às necessidades concretas da realidade sociojurídica da sociedade complexa, como a brasileira contemporânea, em que estão inseridos os adolescentes, em especial aqueles que vivem em condição de maior vulnerabilidade social e que são titulares de Direitos Fundamentais, os quais encontram dificuldades de efetivação. Nesse sentido, pluralismo jurídico constitui-se na perspectiva de reconhecimento dessa realidade sociojurídica.

Muitas vezes no conceito de pluralismo jurídico estão contempladas ideias relacionadas ao pluralismo das fontes do Direito, ou noções que buscam contemplar maior participação da sociedade civil na produção normativa, portanto, pluralismo dos meios, formais ou informais de resolução de conflitos, abrindo espaço para o que se denomina pluralismo judicial.[222] Trata-se da utilização de fontes normativas diferenciadas para a solução dos casos concretos, portanto, do reconhecimento da existência de outra normatividade para além da estatal, como também da utilização de metodologias alternativas, prévias ou paralelas, em relação à judicialização de conflitos.

No entanto, ao tratar-se de fontes, cabe refletir sobre diferenças de concepção significativas nas abordagens propostas sobre o tema. Uma primeira ideia seria a utilização de outras fontes, para além da própria norma jurídica estatal, nos casos de ausência de norma específica a ser aplicada ao caso concreto. Trata-se da identificação de lacunas no ordenamento jurídico estatal, possibilitando a consideração dos usos e costumes como fontes secundárias, ou subsidiárias, do Direito, desde que não estejam em conflito com a Lei. Nessa direção aborda Bobbio, quando afirma que o costume pode ter vigência em todas as matérias não reguladas pela lei, ou nos casos em que expressamente citado pela lei.[223] Essa concepção

---

[221] WOLKMER, Antônio Carlos. *Pluralismo Jurídico ...*, p. 157-159.
[222] ARNAUD, André-Jean; FARIÑAS DULCE, Maria José. Op. cit., p. 26.
[223] BOBBIO, Norberto. *Teoria do Ordenamento Jurídico*. 10. ed. Brasília: UNB, 1999. p. 149.

não se identifica com conceito de pluralismo jurídico, ou pluralismo de fontes aqui desenvolvido. Na referida situação, a centralidade jurídica está no Direito estatal positivado, não havendo, portanto, a efetiva consideração acerca da existência de outros espaços de juridicidade no mesmo contexto geográfico.

Na mesma direção aborda Yrigoyen Fajardo, quando afirma que, no caso dos estudos empíricos sobre sistemas normativos indígenas, são usadas diferentes nomenclaturas, com também significados distintos, quanto à Teoria do Direito. Afirma a autora que as ordens jurídicas não estatais em alguns momentos são nominados de "costumes", referindo-se a práticas culturais repetidas; em outros casos são tratadas como "usos e costumes", com raízes coloniais, só considerados nos casos em que não violavam a "Lei divina, ou Lei natural", na época dos sistemas coloniais. São ainda referidos como "usos e convenções", para ilustrar situações em que as práticas sociais ainda não estão institucionalizadas como normas legais. E, finalmente, são nomeados como "direito consuetudinário", expressão que remonta à origem romana e que se refere a sistemas normativos que sobrevivem nas práticas dos povos conquistados, ou politicamente subordinados.[224]

Portanto, conforme a reflexão proposta, de acordo com a perspectiva que parte do monismo jurídico, as normas válidas são produzidas pelo Estado.[225] Todas as outras normas, ou ordens normativas, que não tenham essa origem, são consideradas "meros costumes", práticas isoladas, às vezes misturadas com regras morais e religiosas, por isso sem validade jurídica. Ao não serem formalizadas pelo sistema estatal, são consideradas, muitas vezes, como atrasadas ou ilícitas. Em outros casos, no entanto, quando não contrárias à lei estatal, na medida em que se considera a existência de lacunas, podem ser valoradas como fontes do Direito.[226]

A ideia de pluralismo de fontes, em consonância com a concepção de pluralismo jurídico, tal como se está utilizando nesse trabalho, pressupõe, em primeiro lugar, o reconhecimento da existência de espaços de normatividade em paralelo ao estatal. A utilização dessas fontes pelo Estado para solução de conflitos dependerá da iniciativa de diálogo a ser estabelecido pelo ordenamento jurídico estatal. Pluralismo de fontes pressupõe concepção de Direito como produto cultural.

---

[224] YRIGOYEN FAJARDO, Raquel. Op. cit., p. 6-7.

[225] Trata-se da noção de validade formal, portanto normas elaboradas de acordo com as disposições de normas anteriormente válidas, vigentes em determinado território. FERRAZ JUNIOR, Tercio Sampaio. *Introdução ao Estudo do Direito. Técnica, Decisão, Dominação*. São Paulo: Atlas, 1991, p. 178-179.

[226] YRIGOYEN FAJARDO, Raquel. Op. cit., p. 7.

Entre muitas questões em aberto, vê-se que os autores que tratam do tema defendem diferentes perspectivas teóricas no que se refere à definição de fronteiras em torno da conceituação de Direito não estatal. Diferentes perguntas buscam ser respondidas: Quando o pluralismo social e cultural é também jurídico? O que caracteriza uma ordem normativa não estatal? Seriam normas extraestatais estabelecidas com legitimidade? Ou seriam normas cuja adesão é natural, sem coerção? Ou ainda, ao contrário, seriam normas que não contam com o aparato coercitivo do Estado, mas que obrigam aos que estão a elas subordinados, independente da adesão às mesmas?

De acordo com Luhmann, o Direito seria formado pelo conjunto normativo resultado das expectativas normativas generalizáveis, cuja função seria a afirmação normativa, mesmo contra os fatos da vida real. O Direito não age sobre a sociedade e a sociedade sobre o Direito. Nas sociedades há Direito como forma de organização social, sendo esse um dos sistemas de comunicação social entre os existentes. Cada sistema, na sociedade moderna, agiria de acordo com sua função e relacionar-se-ia com os demais sistemas, por acoplamentos, ou processo de comunicação entre sistemas, a partir dos equivalentes funcionais de um e outro sistema, os quais provocariam reações internas ao sistema reagente. Portanto, não necessariamente o Direito é estatal para o autor, mas o Direito é um sistema organizado.[227]

De forma crítica, Fariñas Dulce afirma que Luhmann avança em relação ao tradicional funcionalismo, porque faz uma inversão entre os conceitos de estrutura e função, ao definir função como um esquema regulativo de sentido, em superação à concepção apriorística, ou metafísicas, do funcionalismo clássico.[228] De outra parte, de acordo com a reflexão da autora, Luhmann adota a ideia de ordem social, ou de conservação do sistema. O sistema social, portanto, é um sistema de interações ou de comunicações. Ao mesmo tempo, segundo tal concepção, é um sistema fechado e autorreferente, que encontra conexões com o ambiente, o qual o ameaça constantemente. Na visão do autor, a complexidade e as contingências geram uma série de problemas aos sistemas, portanto, seu problema básico é reduzi-las, em nome do equilíbrio, o que recorda o objetivo básico do estrutural funcionalismo.[229]

Tendo como ponto de partida a compreensão social complexa,[230] pode-se afirmar que, embora Luhmann não restrinja o Direito às normas

---

[227] LUHMANN, Niklas. *Sociologia do Direito 1*. Rio de Janeiro: Tempo brasileiro, 1983, p. 57-73.

[228] ARNAUD, André-Jean; FARIÑAS DULCE, Maria José. Op. cit., p. 150.

[229] Idem, p. 151.

[230] A perspectiva complexa foi melhor desenvolvida no primeiro capítulo deste livro.

emanadas do Estado e reconheça sistemas jurídicos não estatais, sua concepção não é exatamente de pluralismo jurídico, ou de reconhecimento de diferentes organizações normativas na sociedade, às vezes em harmonia, outras em conflito. Sua teoria sistêmica é útil na construção cognitiva necessária diante da busca de definição de sistema jurídico, no entanto, a ideia de "sistemas autorreferentes", ou de "autopoiese",[231] como fechamento dos sistemas às suas próprias regras e lógicas, as quais são alteradas somente por reação ao externo não jurídico, diferem da compreensão aqui adotada de sociedade e de Direito.

Fariñas Dulce, de outra parte, considera a existência de diferentes níveis jurídicos referenciados na regulação dos conflitos, enquanto característica das sociedades contemporâneas, o que não impede, na visão da autora, o reconhecimento do papel central e hierarquicamente superior do Direito estatal sobre as demais manifestações de normatividade, em dado momento.[232]

Na mesma direção, ou seja, partindo de uma concepção conflitiva da sociedade, Wolkmer afirma que os sistemas normativos refletem graus, ou níveis correspondentes à importância que cada grupo tem na esfera social. Cada subgrupo tem "o seu próprio Direito", e toda a sociedade é atravessada por múltiplos níveis legais, concomitantes e semiautônomos.[233]

Não há, portanto, na reflexão proposta pelo autor, uma preocupação objetiva na definição de sistema jurídico não estatal. Parte da constatação da existência de pluralismo social, político e jurídico, como um dado da realidade, não uma construção teórica. Ao contrário, entende o autor que o "centralismo jurídico é um mito, um clamor, uma ilusão",[234] uma artificialidade construída ao longo da História moderna, que dificulta o desenvolvimento da Teoria do Direito adequada aos tempos atuais.

Dessa forma, ganha importância não a teoria sistêmica, de origem funcional estruturalista, mas a compreensão sociológica do Direito. Trata-se de conceber a norma estatal como parte da sociedade e expressão das correlações de forças existentes em cada contexto social, em dado tempo. Independentemente da produção síntese, que reflete um determinado momento histórico, prossegue a coexistência de normatividades sobrepostas, nas quais as pessoas referenciam-se para a solução de conflitos. Em algumas situações, o Direito estatal impõe-se, em outros momen-

---

[231] LUHMANN, Niklas. *Revista Enfoque sociológico da teoria e da Prática do Direito,* Florianópolis, n. 28, 1994, p. 17.

[232] FARIÑAS DULCE, Maria José. Op. cit., p. 35.

[233] WOLKMER, Antônio Carlos. *Pluralismo Jurídico ...,* p. 83-184.

[234] Idem, p. 185.

tos o Estado não chega a estar presente, e a solução dá-se de acordo com outras referências morais e jurídicas.

De acordo com o referencial teórico aqui utilizado,[235] a perspectiva pluralista do Direito, desde que concebida de forma crítica e em relação direta com a realidade social onde está inserida, trata-se de um novo paradigma, ou uma nova compreensão que fundamenta a intervenção jurídica.

Nesse sentido, cabe referir a compreensão de paradigma desenvolvida por Kuhn, para quem paradigma seria um conjunto de conceitos universalmente reconhecidos que proporcionam mecanismos de problematização e de soluções a uma comunidade de investigadores, durante certo tempo. Deve-se tratar de um tipo de trabalho científico, reconhecido como promotor, ou fundador, de uma tradição particular e coerente de investigação científica, que, na medida em que colocada em prática, atrai um conjunto de investigadores, os quais a preferem a qualquer outra. Também refere o autor à necessidade de coerência, que permita o nascimento de um estilo científico, ou de uma escola científica. O paradigma deve abrir perspectivas suficientemente amplas para oferecer ao grupo de investigadores, que o adotem, a possibilidade produzir respostas a vários problemas.[236]

Desde outro ponto de vista, Morin afirma que paradigmas são "princípios supralógicos de organização do pensamento [...] princípios ocultos que governam a nossa visão das coisas e do mundo sem que disso tenhamos consciência".[237] A afirmação é interessante na medida em que lida com o fato de que as pessoas partem de pressupostos paradigmáticos, sem, necessariamente, racionalizarem as opções que fazem e a aplicação destas à realidade. Complementa o autor, afirmando que um paradigma é "[...] um certo tipo de relação lógica extremamente forte entre noções mestras, noções chave e princípios chave. Esta relação e esses princípios vão comandar todos os propósitos que obedecem inconscientemente ao seu império".[238]

Embora em diferentes perspectivas, os dois autores conceituam paradigmas como modelos de referência, ou esquemas de interpretação, que, no tema em questão, estariam referenciando a possibilidade de compreender o Direito desde uma perspectiva restritamente estatal, ou uma concepção de Direito pluralista, referenciada no contexto social onde se insere. Faria assinala que, em alguns momentos históricos, os paradig-

---

[235] WOLKMER, Antônio Carlos; FARIÑAS DULCE, Maria José; ARNAUD, André-Jean.
[236] KUHN, Thomas S. *A estrutura das revoluções científicas*. São Paulo: Perspectiva, 1975, p. 218.
[237] MORIN, Edgar. *Introdução ao pensamento complexo*. 2. ed Lisboa: Instituto Piaget, 1990, p. 15.
[238] Idem, p. 85.

mas que, até então, contavam com maior hegemonia social, entram em crise, por não conseguirem mais fornecer orientações ou diretrizes, capazes sustentar o trabalho científico. Não tendo mais condições de fornecer soluções, os paradigmas vigentes começam a revelar-se como fonte dos problemas, e o universo científico que lhes corresponde, gradativamente, começa a gerar erros, não fornecendo as condições teóricas necessárias para que se possa pensar a realidade.[239] Nessa direção, constitui-se a reflexão aqui proposta, ou seja, a concepção de Direito fundada em uma visão monista não vem correspondendo às necessidades sociais e não tem conseguido dar conta das respostas esperadas por vários segmentos sociais.

Em resposta a esse processo de superação gradual que vêm sofrendo os paradigmas vigentes na Modernidade, afirma Arnaud que o pluralismo e a complexidade se constituem nos paradigmas mais importantes dos estudos sociojurídicos contemporâneos, junto aos quais se podem agrupar as tendências desse campo na atualidade.[240] O pluralismo jurídico permite reconhecer a existência de regras paralelas e, às vezes, competidoras em relação ao Direito oficial. Como já abordado em capítulo anterior, reconhecer significa considerar o outro, ou sua realidade sociojurídica. O movimento de reconhecimento consiste em um processo composto de etapas de conflito e reconciliação, que substituem umas às outras.[241]

Entende Arnaud que são jurídicas as regras que têm vocação de se tornarem Direito. Tais normas, no entanto, diferenciam-se do que conceitua ser Direito. Para o autor, Direito é o conjunto princípios e regras com caráter normativo que rege relações de grupos e sociedades, aos quais as pessoas estão submetidas por relações pessoais, reais ou territoriais, sob as crenças da legitimidade da autoridade que as emana; do caráter superior certo e válido das normas e sua correspondência com valores da civilização, como justiça, moralidade, ordem; do caráter obrigatório; bem como da legitimidade e necessidade das sanções, assim como das autoridades que as aplicam.[242]

Para o autor, portanto, Direito não é apenas Direito estatal. No entanto, nem tudo o que é normativo pode ser reconhecido como Direito. É necessário que estejam presentes os elementos da legitimidade e da justificação moral, ou a fundamentação em valores consolidados historicamente.

Essas características conferem ao Direito normatividade especial e fazem da juridicidade um processo diferenciado frente às demais normas

---

[239] FARIA, José Eduardo. *Eficácia jurídica e violência simbólica*. São Paulo: Edusp, 1991, p. 26.
[240] ARNAUD, André-Jean; FARIÑAS DULCE, Maria José. Op. cit., p. 212-213.
[241] HONNETH, Axel. *Luta pelo Reconhecimento*, p. 47.
[242] ARNAUD, André-Jean; FARIÑAS DULCE, Maria José. Op. cit., p. 258-260.

sociais. Portanto, é necessário designar de forma diferenciada normatividade jurídica, em sentido amplo, de Direito estatal, em sentido estrito.[243] Para o autor, os demais "sistemas jurídicos vulgares", concorrem com o Direito estatal em vigor, com possibilidade de vir a sê-lo, na medida em que os comportamentos das pessoas, que a eles pertencem, sejam contrários ao Direito estatal, acreditando realizá-lo legitimamente. Dessa forma, o campo jurídico vulgar pode ser definido como o das "pacíficas transgressões" de elementos do imaginário em elementos de Direito, mediante uma materialização que se confirma paralela e em oposição ao Direito em vigor.[244]

O eventual conflito normativo ocorre, enquanto conflito de razões jurídicas, na medida em que cada normatividade entra em contato com a outra a partir da racionalidade jurídica própria. Do contato entre razões diferentes poderá surgir uma mudança jurídica, ou várias possibilidades, desde inovações, simples adaptações, lacunas no velho sistema, ou recuperação do novo pelo velho.[245]

A identificação de racionalidades diferentes é uma das possibilidades de diálogo, ou da utilização de distintas fontes jurídicas. Para que haja diálogo, é necessário utilizar uma linguagem em comum e pode-se dizer que a justificação de pontos de vista distintos, uns aos outros, é uma forma de acordo semântico, ou de demonstração de racionalidade. Trata-se da produção conjunta de um conhecimento coletivo, a partir do reconhecimento da racionalidade, ou da cultura de onde parte o interlocutor.[246]

Portanto, de acordo com a posição de Arnaud, a dicotomia entre o Direito estatal e os demais âmbitos jurídicos é estabelecida a partir do discurso intelectual.[247] Desde essa perspectiva, o Direito estatal é Direito na medida em que estabelecido por autoridade legítima, referenciado em valores de justiça, e sua imposição dá-se respaldada pela força coativa. A reação conflitiva com os demais sistemas normativos não é negativa, mas é compreendida como parte do processo de relação intersubjetivo.

Wolkmer fixa outros critérios para a consideração de ordens normativas, comunitárias e alternativas, como "fundamentos de efetividade material", baseados na satisfação de necessidade materiais; e "fundamentos de efetividade formal", alicerçados na reorganização de espaços públicos, mediante a efetivação de uma democracia participativa e de uma ética da

---

[243] ARNAUD, André-Jean; FARIÑAS DULCE, Maria José. Op. cit., p. 261.
[244] Idem, p. 265-266.
[245] Idem, p. 267.
[246] SANTOS, Boaventura de Sousa. *A gramática do Tempo ...*, p. 420-421.
[247] ARNAUD, André-Jean; FARIÑAS DULCE, Maria José. Op. cit., p. 270.

alteridade.[248] Entende o autor que adquirem legitimidade os sujeitos sociais, ou de direito coletivo, na medida em que edificam uma nova "cultura societária de base", a qual se legitima para a proposição de direitos, na medida em que esses são a expressão de satisfação de necessidades humanas fundamentais. Com isso se excluem de legitimidade aqueles movimentos ou sujeitos sociais que não estão baseados em valores de justiça, ou não são fundados nos interesses do povo marginalizado.[249]

Os critérios definidos pelos autores contribuem para a construção e pressupostos para a presente construção teórica. Entende-se que se trata de diferenciar espaços de normatividade não estatais em dois níveis. Um primeiro nível diz respeito ao reconhecimento da existência de normatividades não estatais, nos quais as pessoas referenciam-se para a solução de conflitos, de forma autônoma, ou interdependente ao sistema estatal, sendo legítimos ou não os seus meios, ou os seus valores. Nesse campo, poder-se-ia referir aos planos normativos que impõem regras de conduta em comunidades das periferias brasileiras, obrigando aos sujeitos que vivem em seus respectivos espaços de influência, independente da vontade ou da adesão aos seus propósitos. Em regra, são planos normativos que não estão preocupados com a efetivação de Direitos Fundamentais. Tais normas, ainda que não sirvam de fonte para a solução de conflitos, precisam ser reconhecidas, como forma de compreender as referências que os sujeitos sociais utilizam em suas respectivas condutas.

Em outro nível estariam os espaços de juridicidade legitimados formal e materialmente. Nesse campo poderiam situar-se as normas de conduta e os mecanismos de solução de conflitos, que, embora contrários ao sistema estatal *stricto sensu,* ou diferentes das disposições legais em alguma medida, são coerentes com os princípios constitucionais e buscam a efetivação de Direitos Fundamentais. Tais normatividades, além de reconhecidas como existentes, podem ser utilizadas como fonte normativa para a solução de conflitos por parte do Estado.

O fato é que a possibilidade de efetivação de Direitos Fundamentais, de âmbito constitucional nacional, ou dos Direitos Humanos, enquanto materialização da Dignidade Humana, em âmbito supranacional,[250] pressupõe a afirmação de uma concepção dialógica, pluralista e de reconhecimento. Conforme Herrera Flores, os Direitos Humanos no mundo contemporâneo necessitam de uma visão complexa, de racionalidade de resistência e de práticas interculturais. Os Direitos Humanos não são apenas declarações textuais, nem são produto de uma cultura determinada.

---

[248] WOLKMER, Antônio Carlos. *Pluralismo Jurídico* ..., p. 207.

[249] Idem, p. 289.

[250] Esta diferenciação conceitual será melhor desenvolvida em capítulo seguinte.

Os Direitos Humanos são os meios discursivos, expressivos e normativos que buscam inserir os seres humanos nos circuitos de reprodução e manutenção da vida, abrindo espaços de luta e de reivindicações.[251]

É necessário efetivar direitos, como pressuposto para o reconhecimento das pessoas e de sua dignidade. Todavia, os direitos tornam-se vazios sem as pessoas concretas, sem a consideração objetiva de suas respectivas realidades culturais e normativas. O Direito estatal, se legítimo e coerente com valores de justiça, ainda assim, necessita dialogar com a realidade, entender a lógica discursiva dos sujeitos concretos, bem como sua racionalidade como fonte normativa.

2.3. A ADOLESCÊNCIA BRASILEIRA E SEUS DISTINTOS PLANOS NORMATIVOS DE REFERÊNCIA

Em decorrência de processos sociais complexos na sociedade plural da atualidade e, de modo específico, no Brasil da contemporaneidade, constituíram-se normatividades jurídicas paralelas ao sistema jurídico estatal, localizadas, em especial, nas periferias urbanas. Inúmeras são as contribuições da Antropologia Cultural nessa direção,[252] descrevendo formas de organização social que convivem e interagem com a sociedade formal, mas se constituem com características próprias.[253] Em tais grupos – que não são minoritários, pois são compostos por importantes parcelas populacionais –, existem regras e mecanismos de solução de conflitos, legitimados ou não pelas pessoas que a eles estão vinculadas.

Nessa circunstância configuram-se "campos sociais semiautônomos", em sobreposição, diferenciados e com relativa autonomia. Tais campos definem-se não em razão do tipo de organização que tenham, mas porque criam normas e podem assegurar que estas sejam cumpridas.[254] É como se as pessoas na sociedade complexa tivessem, como referência

---

[251] HERRERA FLORES, Joaquín. Hacia una vision Compleja de los Derechos ..., p. 61.

[252] Nesse sentido cabe referir os trabalhos de ASSIS, Simone. *Traçando Caminhos em uma Sociedade Violenta*: a vida de jovens infratores e seus irmãos não infratores. Rio de Janeiro: FIOCRUZ, 1999. ZALUAR. Alba. Gangues, galeras e quadrilhas: globalização, cultura e violência. In: VIANNA, H. (Org.). *Galeras Cariocas*: territórios de Conflitos e Encontros Culturais. Rio de Janeiro: UFRJ, 1997; FONSECA, Cláudia; SCHUCH, Patrícia. *Políticas de proteção à infância: um olhar antropológico*. Porto Alegre: editora UFRGS, 2009.

[253] No campo sociocultural, Boaventura de Sousa Santos também aborda com profundidade tal processo social. SANTOS, Boaventura de Sousa. *A Critica da Razão Indolente* ..., p. 210.

[254] MOORE, Sally Falk. Law and Social Change: the semi autonomous social field as an Appropriate Subject of Study. *Law of Study Review*, n. 7, p. 723, 1973. Apud: WOLKMER, Antônio Carlos, *Pluralismo Jurídico. Fundamentos de uma Nova Cultura no Direito*. p. 193; Apud: FARIÑAS DULCE, María José 2006, p. 23.

para a solução de seus conflitos, vários planos normativos paralelos, contraditórios ou não, com o Direito estatal, mas existentes e referenciados.

Nas sociedades complexas, as pessoas deparam-se com variados sistemas simbólicos – ou significados socialmente objetivados e subjetivamente reais.[255] São muitas possibilidades e distintas visões de mundo, as quais às vezes são conflitantes ou excludentes. Para poder orientar-se, diante de cada situação enfrentada, é necessário vincular-se a esses sistemas, tomando-o como referência para si mesmo. Caso as pessoas não façam tal opção, porque não querem, ou não conseguem, a tendência é sentirem-se perdidas, desorientadas, o que conduz à relativização de regras de um sistema e de outro.[256]

O fato é que essas referências não são necessariamente compartilhadas pela sociedade como um todo, mas sim por determinados grupos, que funcionam como "subsociedades". Sendo parte desses grupos, as pessoas interpretam o mundo desde a perspectiva de seus pares. Assim, às vezes, não fazem escolhas ou opções, mas olham o mundo desde o local do qual se sentem parte.[257]

Tendo como referência a ideia de planos sociais ou simbólicos, compostos por elementos culturais, mas também normativos, pode-se dizer que se trata de planos normativos semiautônomos. Santos denomina tal configuração da relação entre escalas normativas de "interlegalidade", como um espaço dinâmico, onde não há sincronia, mas misturas de "códigos de escalas" diferentes.[258]

Nesse contexto, muitos adolescentes brasileiros referenciam-se em distintos planos jurídicos, os quais assim se definem em razão das especificidades dos grupos urbanos ou rurais a que pertencem, ou em razão da geração que representam. Seguem, por exemplo, as regras de sua geração ou do seu grupo, o qual ganha grande importância nesta fase da vida. Assim, os amigos tornam-se um grupo referência e influência, na medida em que precisam ser reconhecidos como parte de suas redes sociais.[259] Tais referências, ou normativatividades, não são autônomas em relação ao Direito estatal, mas estão em planos distintos.

---

[255] DUARTE, Luís Fernando; ROPA, Daniela. Considerações Teóricas sobre a questão do "atendimento psicológico" às classes trabalhadoras. In: FIGUEIRA, Sérvulo A. *Cultura e Psicanálise*. São Paulo: Brasiliense, 1985, p. 183.

[256] DUARTE, Luís Fernando; ROPA, Daniela. Op. cit., p. 184-185.

[257] Idem, p. 184-185.

[258] SANTOS, Boaventura de Sousa. *A Critica da Razão Indolente* ..., p. 221.

[259] SUDBRAK, Maria de Fátima Olivier. *Adolescentes e Transgressão:* grupos de socialização, margem e desvio. Texto inédito produzido para fins didáticos do Curso Extensão Universitária no Contexto da Educação Continuada do Sistema Socioeducativo do Distrito Federal. Universidade de Brasília, 2009, p. 1-2.

Cabe referir que a formação da cultura, ou das regras de convivência específicas, normalmente não ocorre com autonomia em relação à sociedade formal, ou ao Estado. Nessa direção, Zaluar tem abordado acerca da ausência, da presença insuficiente, ou da presença clientelista do Estado nas periferias das grandes cidades, considerando tais fatores como parte do processo de proliferação de formas de estado paralelo, que acabam por controlar a vida das pessoas, seja pela adesão às alternativas de trabalho propostas pelas organizações criminais, pela proteção que tais organizações oferecem, ou, ainda, pelo silêncio que é imposto como meio de sobrevivência.[260]

De forma complementar, Wacquant refere-se ao processo de formação dos guetos americanos, situação que esteve relacionada ao "recuo multifacetado em todos os níveis (federal, estadual e municipal) do Estado norte-americano" e ao desmonte gradativo das instituições que seriam responsáveis pela estrutura organizacional de "toda a sociedade urbana avançada".[261]

Portanto, para além da interdependência de planos jurídicos paralelos, não necessariamente em conflito, a formação de tais organizações sociais, ou normativas, no caso das sociedades contemporâneas, em especial no espaço urbano, ocorre em inter-relação com o Estado, ou na ausência desse e de suas instituições. Assim, organizações de jovens não existem isoladas do resto da sociedade. Elas crescem, decaem e desaparecem em interação institucional com as organizações do Estado.[262]

É oportuno retomar a definição de Bhabha sobre a presença das diferenças nas culturas contemporâneas. Para o autor, não cabe referir-se à diferença como reflexo de traços culturais e étnicos preestabelecidos. As diferenças estão no "espaço intervalar", nos "interstícios" culturais, nos espaços e tempos que se misturam em paralelos sobrepostos.[263] Assim, ao mesmo tempo em que se identificam grupos com identidade cultural própria, diferentes em relação a uma dada centralidade de maior homogeneidade, também se vê que não há autonomia, ou absoluta separação nas formas de sobrevivência desses grupos.

---

[260] ZALUAR, Alba. *A máquina e a revolta*. As organizações populares e o significado da pobreza. São Paulo: Brasiliense, 2000, p. 114.

[261] WACQUANT, Loïc. *As duas faces do gueto*. Trad. Paulo Cezar Castanheira. São Paulo: Bointempo, 2008, p. 36.

[262] ZALUAR. Alba. Gangues, galeras e quadrilhas: globalização, cultura e violência. In: VIANNA, H. (Org). Op. cit., p. 19.

[263] BHABHA, Homi K. *O Local da Cultura....*, p. 20-26.

Considerando a especificidade dos adolescentes e jovens das periferias urbanas brasileiras,[264] pode-se dizer que sua cultura, enquanto modo de sobrevivência, é resultado de múltiplas influências, as quais passam pelas famílias a que pertencem, suas respectivas origens sociais e étnicas, pelas comunidades onde vivem, com presença maior ou menor de estruturas de Estado paralelas e, de outro lado, pela presença maior ou menor do próprio Estado, através de suas instituições. Também compõem seu universo normativo as regras do grupo de outros jovens com quem convivem, que – se não definem seus comportamentos – influenciam, conforme as exigências estabelecidas para seu pertencimento.

Sob outro ponto de vista, para além da inserção no contexto local, ou relação direta com o meio onde vivem, os adolescentes estão conectados com a cultura do mundo globalizado, escutam as mesmas músicas que outros jovens, em outros cantos do mundo; vestem-se como se fossem "universais" e seus desejos de consumo assemelham-se aos seus pares de outros contextos. Portanto, pertencem a diferentes planos culturais e normativos, cujas regras de comportamento são utilizadas como referência para a solução dos conflitos que vivenciam.

Nessa interconexão de diferentes planos normativos, ou interlegalidade, como já referido, vê-se que entre as referências utilizadas por tais adolescentes está o Direto estatal, enquanto instrumento de garantia de seus Direitos Fundamentais.

Entretanto, muitas vezes, em vez de instrumento de garantias de direitos, o Direito estatal tem servido como fundamento para a violação destes.[265] Isto porque a intervenção do Estado, em regra, ainda que em nome de certa legalidade, tem sido repressiva em sentido amplo, não apenas enquanto atuação dos órgãos formais de controle social, como a repressão penal, mas também por meio da atuação das políticas sociais, que deveriam garantir direitos, mas que acabam servindo ao controle social.[266] Em especial, tal atuação autoritária perde legitimidade na medida em que não dialoga com a realidade aonde a intervenção irá impactar. Ou ainda, tendo em vista que parte de uma perspectiva universal, sem reconhecimento das especificidades.

---

[264] Considera-se que a realidade aqui apresentada poderia, ressalvadas as especificidades, referir-se a adolescentes de outros contextos sociais, cujo reconhecimento também é necessário. Optou-se, no entanto, pelo enfoque específico dos adolescentes das periferias urbanas das grandes cidades brasileiras porque se trata de um grupo social de especial vulnerabilidade.

[265] A análise mais específica de situações em que ocorre a forma de violação de direitos referida será desenvolvida em maior profundidade no Capítulo 5 deste livro.

[266] MÉNDEZ, Emílio Garcia. *Infância e Cidadania na América Latina*. São Paulo: HUCITEC, 1998, p. 57-66.

Nesse sentido, entende-se por universal a intervenção do Estado aplicando a norma desde o ponto de vista exclusivo do ordenamento jurídico estatal. De outra parte, o não reconhecimento das especificidades, ou diferenças, ocorre quando não é observada a normatividade não estatal em questão, caracterizada pela realidade sociojurídica dos adolescentes e suas famílias. Portanto, a prática tradicional tem sido a aplicação das leis, *stricto sensu*, sem o reconhecimento da existência de tal especificidade.

Assim, a realidade sociocultural da juventude das periferias urbanas brasileiras, assim como em outros contextos mundiais, está situada em um contexto complexo e multifacetado, em que processos sociais têm gerado o surgimento de normatividades jurídicas paralelas, formadas por valores, normas e mecanismos de soluções para os conflitos, as quais se relacionam a todo o momento com as várias expressões do Estado. Esse relacionamento, não conta, necessariamente, com legitimidade, pode ser conflituoso, ou ainda, não resultar na efetivação de Direitos Fundamentais.

A constatação da existência de diferenças entre planos normativos não se constitui, necessariamente, em problema. Outrossim, importa refletir acerca das estratégias adotadas pelos envolvidos – em especial quando entre esses está o Estado – na gestão dos eventuais conflitos gerados a partir das diferenças, ou compreender quais são os critérios utilizados pelos operadores jurídicos para a intervenção estatal. Ainda, é relevante analisar a efetividade que tal intervenção tem atingido, no sentido da concretização dos Direitos Fundamentais em questão.

De outra parte, o reconhecimento da existência dos distintos planos normativos de referência não significa a sua utilização como fonte única para a solução dos conflitos. Reconhecer a diferença, desde a perspectiva aqui construída, diz respeito à necessidade de considerar que a norma estatal é um plano jurídico em que as pessoas referenciam-se para a realização de suas condutas, mas existem outros, os quais são utilizados por adesão ou imposição.

Trata-se de reconhecer uma outra racionalidade que, muitas vezes, justifica ou explica a atuação dos sujeitos. Nessa direção, Arnaud refere-se ao fato de que o jurista enfrenta-se diariamente com múltiplas racionalidades, na medida em que a produção normativa é produto de inúmeras fontes e órgãos de regulação. Exemplifica o autor que há um tempo a atuação dos advogados na argumentação jurídica situava-se no marco da norma jurídica *stricto sensu*. Atualmente, cada vez mais, cabe ao advogado apresentar outra racionalidade, que informa a ação dos sujeitos.[267]

---

[267] ARNAUD, André-Jean, FARIÑAS DULCE, Maria José. Op. cit., p. 210.

Portanto, trata-se de incluir no espaço de decisão às diferentes racionalidades, com possibilidade de diálogo.

De outra parte, podem existir planos normativos não estatais que sirvam, além de interlocutores de diálogo, também como fontes normativas para a solução de conflitos. Como referido em tópico anterior desse capítulo, entende-se que a diferença entre os níveis de planos normativos está na condição de legitimidade formal e material. Quando legítimos, ainda que distintos do sistema jurídico estatal, estão referenciados em princípios constitucionais e têm como objetivo a efetivação de Direitos Fundamentais.

Para dar sequência à reflexão teórica aqui realizada, para além do plano abstrato, cabe referir mecanismos que existem na sociedade brasileira como instrumental para a solução de conflitos, mas que nem sempre são utilizados, quando se trata da intervenção formal do Estado. Nessa direção, podem-se citar como exemplo os "Núcleos de Justiça Comunitária"[268] para a mediação de conflitos; projetos de justiça restaurativa;[269] projetos, programas ou serviços comunitários de suporte à gestão de conflitos intrafamiliares;[270] programas de redução de danos, nos casos de dependência de substâncias psicoativas;[271] famílias de acolhimento comunitário,[272] programas de apoio a dependentes químicos.[273] Esses mecanismos, na medida em que são instrumentos mais informais e próximos às comunidades, tendem a construir soluções para os problemas concretos mais próximos à realidade das pessoas envolvidas e, em especial, tendem a considerar as próprias pessoas como protagonistas de tais soluções.

Portanto, para que ocorra o diálogo intercultural ou entre planos normativos, torna-se necessário superar a ausência de reconhecimento dos sujeitos e da especificidade de seus direitos. Vê-se que a problemática abordada neste livro reflete o estágio de reconhecimento dos próprios

---

[268] Projeto em implementação, com participação do Ministério da Justiça, com unidades já em funcionamento em Porto Alegre.

[269] Projetos pilotos que ainda não contam com regulamentação legal, mas que são postos em prática com a iniciativa de Varas da Infância e Juventude, como a 3ª Vara em Porto Alegre e a de Santo André, em São Paulo.

[270] Os Conselhos Tutelares, em alguns casos, têm cumprido tal função. No entanto, existem experiências bem-sucedidas de programas ligados à rede de Assistência Social, seja estatal ou não governamental.

[271] Existem programas nesta direção relacionados ao Sistema Único de Saúde.

[272] Via de regra são programas não governamentais, mas também redes de solidariedade comunitárias. Nesse campo cabe referenciar o trabalho de pesquisa desenvolvido por FONSECA, Cláudia; SCHUCH, Patrícia. Op. cit.

[273] Várias são as clínicas e fazendas terapêuticas que, por motivações religiosas, assumem o tratamento de dependentes químicos. Algumas com trabalhos de boa qualidade, outras nem tanto.

adolescentes, como titulares de direitos positivos, mas ainda não reconhecidos, em regra, como "pessoas por inteiro",[274] ou sujeitos com dignidade.

De forma complementar, autores como Souza, ao referirem-se às Filosofias do Diálogo,[275] e Dussel, ao contextualizar a exterioridade, como espaço humano do outro, ou da alteridade,[276] contribuem com a reflexão da necessária consideração do outro, seja no plano individual ou cultural. Para além do patamar de racionalidade do indivíduo moderno, ou do individualismo, fundado no totalitarismo teórico, a consideração do outro requer a condição de alteridade, como descentralização do próprio universo, ou universalismo desde uma perspectiva restrita.

Nessa perspectiva, reconhecer "o outro" significa dar visibilidade à especificidade, dar voz (ou escutar a fala) aos adolescentes, em sua condição peculiar, a qual existe em razão da etapa de desenvolvimento etário e emocional que atravessam e da condição jurídico-cultural em que estão inseridos.

---

[274] HONNETH, Axel. *Luta pelo Reconhecimento*, p. 57.

[275] SOUZA, Ricardo Timm. Sobre as Origens da Filosofia do Diálogo: Algumas Aproximações Iniciais. In: GAUER, Ruth Maria Chittó. *Sistema Penal e Violência*. Rio de Janeiro: Lumen Juris, 2006, p. 3-7.

[276] DUSSEL, Enrique. *Caminhos de Libertação Latino-Americana*. História Colonialismo e Libertação. Tomo II. São Paulo: Edições Paulinas. p. 154.

3. Estado de Direito e o reconhecimento da Dignidade da Pessoa Humana

> *A condição humana compreende algo mais que as condições nas quais a vida foi dada ao homem. Os homens são seres condicionados: tudo aquilo com o qual eles entram em contato torna-se imediatamente uma condição de sua existência. O mundo no qual transcorre a vida activa consiste em coisas produzidas pelas atividades humanas; mas, constantemente, as coisas que devem sua existência exclusivamente aos homens também condicionam seus autores humanos. Além das condições nas quais a vida é dada ao homem na Terra e, até certo ponto, a partir dela, os homens constantemente criam suas próprias condições que, a despeito de sua variabilidade e de sua origem humana, possuem a mesma força condicionante das coisas naturais.*[277]

A afirmação de Direitos Fundamentais pressupõe sua identificação, conceituação e contextualização. Assim, a abordagem desse capítulo parte da fundamentação da Dignidade da Pessoa Humana, enquanto princípio reitor da Constituição Federal brasileira, aqui referenciada como instrumental para a efetivação de direitos, os quais têm em seu conteúdo a viabilização de melhores condições de vida para as pessoas, em concreto, a quem se destinam. No caso específico deste livro, aos adolescentes.

A temática abordada busca fundamentar a concepção de Direitos Humanos e Direitos Fundamentais, analisando-se o princípio da Dignidade da Pessoa Humana em suas várias dimensões, com especial ênfase na dimensão intersubjetiva, na mediada em que o reconhecimento de tal dignidade se dá na interação entre as pessoas e em seu próprio reconhecimento como pessoas. Assim, identifica-se o conteúdo menos abstrato – ou metafísico – e mais concreto, de onde nascem tais direitos, ou seja, das necessidades das pessoas, que mais do que universalizadas, ou subjetivas, são também valoradas desde o contexto dos sujeitos inseridos. Nessa direção, entende-se que a Dignidade Humana é uma construção cotidia-

---

[277] ARENDT, Hannah. *A Condição Humana* Trad. Roberto Raposo. 10. ed. Rio de Janeiro: Forense, 2005, p. 17.

na no processo de luta pela afirmação de seu reconhecimento e, portanto, concretização de melhores condições de vida para os sujeitos.

Em sequência, analisam-se os Direitos Fundamentais como justificativa para a existência do Estado Social e Democrático de Direito, em contradição com as experiências moderna e contemporânea de falta de reconhecimento dos sujeitos, como corporificação do "estado de exceção".[278] Ou seja, a utilização da justificativa da exceção para a não garantia de direitos individuais e sociais. Contradição presente na contemporaneidade, onde alguns são mais cidadãos, ou mais pessoas, que outros. Alguns têm reconhecida sua condição de pessoa, outros não.

Finalmente, busca-se encontrar uma estratégia de diálogo que legitime a interpretação constitucional de direitos. O Estado Social e Democrático de Direitos necessita do reconhecimento das pessoas e suas necessidades concretas para que ganhe legitimidade na sociedade contemporânea. Nesse caminho é que se estará a trilhar os fundamentos para a hermenêutica constitucional aqui proposta.

3.1. DIGNIDADE DA PESSOA HUMANA COMO DIMENSÃO INTERSUBJETIVA

A História tradicional dos Direitos Humanos refere sua identificação inicial com pioneiras manifestações positivadas dos direitos individuais perante o Estado. Trata-se da consideração do "surgimento" dos direitos de liberdade individual, perante o modelo de Estado Liberal Clássico. Embora as primeiras manifestações identificadas nessa direção tenham sido a Carta Magna de João Sem Terra (1215), o *Habeas Corpus* (1679) e o *Bill of Rights* (1689), na Inglaterra, observa-se que a Declaração de Independência dos Estados Unidos (1776) e a Declaração dos Direitos do Homem e do Cidadão (1789), na França, são consideradas as primeiras declarações de direitos positivados que refletem os direitos das pessoas ao nascerem, em condição de igualdade e liberdade perante o Estado. Tal relato histórico revela a identificação dos instrumentos de direitos positivados com o modelo de sociedade moderna insurgente nesse período.[279]

No entanto, os Direitos Humanos, como atualmente são conhecidos, são identificados no ocidente a partir da "Declaração Universal dos Direitos Humanos", de 1948, que surgiu, como documento normativo inter-

---

[278] Estado de Exceção é aqui utilizado a partir do conceito de Georgio Agaben, o que será melhor fundamentado a seguir. AGAMBEN, Giorgio. *Estado de Exceção*. São Paulo: Boitempo, 2004.

[279] LEVINET, Michel. *Théorie générale des droits et libertés* (Droit et Justice – 82). Bruxelles: Bruylant/Nemesis. 2008, p. 207-215.

nacional, em resposta às atrocidades cometidas contra a pessoa humana durante os regimes autoritários na Europa, em especial ao nazismo. A Segunda Guerra, ao mesmo tempo em que foi uma ruptura com os Direitos Humanos, criou as condições políticas para a sua construção normativa.[280] Nas palavras de Arendt: "O mundo não viu nada de sagrado na absoluta nudez de ser unicamente humano".[281]

A conceituação universalista de Direitos Humanos, protagonizada pela Declaração, ramificou-se, enquanto base ética e jurídica de práticas sociais, como um patamar necessário para conceber-se Dignidade da Pessoa Humana, como "elemento irrenunciável e inalienável", constituidor e qualificador do ser humano.[282] Portanto, um conceito de base cultural específica, que historicamente se pretendeu generalizar.

A ideia ontológica de Direitos Humanos e da Dignidade da Pessoa Humana, no entanto, tem seu fundamento na noção de Direito natural moderno, para quem a natureza humana, portadora de razão, justifica a opção de que todas as pessoas são portadoras de direitos inalienáveis perante o Estado. Para os representantes do Direito natural moderno, os homens são portadores de dignidade, em razão da sua racionalidade.[283]

Kant fundamenta a concepção da natureza racional do ser humano, afirmando que a autonomia da vontade é um atributo apenas encontrado nos seres racionais, por isso a razão constitui-se em elemento essencial da dignidade da natureza humana. O homem é, assim, concebido como um fim em si mesmo, e não simplesmente como um meio para o uso arbitrário desta ou daquela vontade. Pelo contrário, em todas as suas ações, sempre deverá ser considerado o fim.[284] Nesse sentido, "no reino dos fins tudo tem ou um preço, ou uma dignidade. Quando uma coisa tem um preço, pode ser substituída por algo equivalente; por outro lado, a coisa que se acha acima de todo preço, e por isso não admite qualquer equivalência, compreende uma dignidade".[285] Tal dignidade é absoluta

---

[280] PIOVESAN, Flávia. Igualdade, Diferença e Direitos Humanos: perspectivas regional e global. In: ——; SARMENTO, Daniel; IKAWA, Daniela (Org.). *Igualdade, Diferença e Direitos Humanos*. 2. tiragem. Rio de janeiro: Lumen Juris, 2010, p. 51.

[281] ARENDT, Hannah. *As origens do Totalitarismo*. Trad. Roberto Raposo. 6. reimpressão. São Paulo: Companhia das Letras, 2006, p. 300-301.

[282] SARLET, Ingo Wolfgang. As dimensões da Dignidade da Pessoa Humana: construindo uma compreensão jurídico-constitucional necessária e possível. In: —— (Org.). *Dimensões da Dignidade – Ensaios de Filosofia do Direito e Direito Constitucional*. Porto Alegre: Livraria do Advogado, 2005, p. 19.

[283] NADER, Paulo. *Filosofia do Direito*. 13. ed. Rio de Janeiro: Forense, 2004, p. 131.

[284] SARLET, Ingo Wolfgang. *Dignidade da Pessoa Humana e direitos fundamentais na constituição Federal de 1988*. 3. ed. Porto Alegre: Livraria do Advogado, 2004, p. 33.

[285] KANT, Immanuel. *Fundamentação da metafísica dos costumes e outros escritos*. Trad. Leopoldo Holzbach. São Paulo: Martin Claret, 2006, p. 65.

e humana, na medida em que identificada com a natureza humana. Na perspectiva kantiana, portanto, o homem só é livre quando cumpre a lei moral que incorpora para si mesmo. Assim, o conceito de autonomia da vontade está intimamente ligado com o conceito de liberdade. A condição de racionalidade estaria relacionada com o conceito de autonomia adotado pelo autor, que, por sua vez, é pressuposto para a Dignidade Humana.

Nesse contexto, o fundamento da Dignidade Humana está na condição de autonomia racional. "Autonomia seria o conceito segundo o qual todo o ser humano racional deve considerar-se como legislador universal por todas as máximas de sua vontade, para desse ponto de vista, julgar-se a si mesmo, e as suas ações".[286]

A partir dessa lógica, Kant inaugura a noção procedimentalista de justiça, na medida em que, independente do conteúdo dos preceitos de justiça, esses serão considerados justos pela sua capacidade de universalização.[287] Portanto, a premissa de que os seres humanos são portadores de dignidade, em razão de sua humanidade, permite a universalização de seus direitos, os quais, embora naturais e intrínsecos, estão positivados nos textos internacionais.

Desde outro ponto de vista, sabe-se que a efetividade de tais direitos dependerá da situação que cada um ocupa nos processos que facilitam ou obstaculizam o acesso aos bens materiais e imateriais, em cada contexto cultural concreto. Nessa direção, contribui Pontes de Miranda: "As formas metafísicas devem ser julgadas como as obras de arte e do sentimento – pelo que realizam, utilitariamente, nos dias em que vigoram".[288]

Portanto, a concretização dos direitos dependerá da situação de cada pessoa frente ao Estado nacional do qual é cidadã, ou do contexto social em que vive.[289] A abstração ontológica, preconizada desde Kant, pouco contribui com a compreensão da contradição social que envolve a efetividade de Direitos Humanos.

Conforme Fariñas Dulce, o código de justiça do mundo ocidental moderno baseou-se progressivamente em Dignidade Humana, liberdade, igualdade, segurança, tolerância, solidariedade e diferença. Valores de justiça situados no campo da ética. A tais valores, defende a autora, deve ser agregado o fundamento sociológico, na perspectiva de compreender o que ocorre na convivência social, rompendo-se assim a relação

---

[286] KANT, Immanuel. Op. cit., p. 75.

[287] WEBER, Thadeu. *Ética e Filosofia Política:* Hegel e o Formalismo Kantiano. Porto Alegre: EDIPUCRS, 1999, p. 85.

[288] PONTES DE MIRANDA. *Obras Literárias* – Prosa e Poesia. Rio de Janeiro: José Olympio Editora, 1960, p. 160.

[289] HERRERA FLORES, Joaquín. Hacia una Vision Compleja de los Derechos ..., p. 21.

tradicional entre o feito e o valor, entre o ser e o dever ser. Assim, é de difícil defesa na atualidade a existência de um sistema de Direitos Humanos de validade universal. A fundamentação somente ética implica cair novamente no dualismo ontológico, que é próprio dos jusnaturalistas. Trata-se da utilização de princípios abstratos e verdades universais absolutas, que acabam por se constituir em ilusão, não permitindo que se dê respostas, ou soluções normativas, aos conflitos.[290]

O sujeito não é abstrato, indeterminado e absoluto. O ser humano é imerso em uma intersubjetividade plural, ou seja, situado e contextualizado em sua própria contingência e especificidade. Nesse sentido contribui Pérez Luño, que adota a perspectiva da intersubjetividade para compreender os Direitos Humanos como valores intrinsecamente comunicáveis. São, portanto, categorias que expressam necessidades sociais e históricas compartilhadas, que possibilitam uma generalização que as justifique. Partindo-se desse conceito, a contextualização dos direitos permite que sejam fundamentados em princípios de solidariedade e reciprocidade.[291]

As pessoas, portanto, buscam a efetivação de seus direitos na medida em que o conteúdo dos mesmos adquire importância social e cultural, seja pela busca de sobrevivência, ou pela conscientização de que tais direitos têm legitimidade de serem pleiteados. Assim, se a identidade humana constrói-se em inter-relação social, em conexão com o meio, as necessidades das pessoas, tendo em vista sua identidade individual e social, irão estabelecer-se no contexto concreto onde vivem e na busca permanente por tal satisfação.[292]

Logo, assume importância a necessidade de compreender-se a situação sociocultural onde estão inseridas as pessoas, para conceber direitos como instrumentos de satisfação de necessidades historicamente situadas e valoradas. Tanto os Direitos Humanos como a Dignidade da Pessoa Humana são construídos e conquistados, passo a passo, em interação com a comunidade ou grupo vinculado. Isso os outorga a condição de direitos em movimento.

Cabe diferenciar "Direitos Humanos" de "Direitos Fundamentais". Ou melhor, situar as diferenças que as expressões linguísticas revelam e seus significados nos contextos onde são utilizadas. De acordo com Sarlet, a expressão "Direitos Humanos" revela, além de um uso comum ou

---

[290] FARIÑAS DULCE, María José Fariña. Op. cit., p. 17-19.

[291] PÉREZ LUÑO, Antonio Enrique. *Derechos Humanos* ..., p. 164-167.

[292] HÄBERLE, Peter. A dignidade como fundamento da comunidade estatal. In: SARLET, Ingo Wolfgang (Org.). *Dimensões da Dignidade* – Ensaios de Filosofia do Direito e Direito Constitucional, Porto Alegre: Livraria do Advogado, 2005, p. 124-125.

tradicional, a noção de que todas as pessoas têm direitos, inerentes a sua condição de humanidade.[293]

De outra parte, de acordo com a definição do autor, os "Direitos Fundamentais" seriam os direitos do ser humano positivados na maioria dos sistemas jurídicos nacionais. Embora seja também uma realidade a adesão dos Estados nacionais aos tratados internacionais que estabelecem a previsão normativa dos Direitos Humanos, sua fundamentação seria "meta positiva", como um sistema de valores a ser utilizado como referência para a aplicação do sistema jurídico nacional.[294]

Para Molinaro, de outra parte, os Direitos Humanos têm "conteúdo mais largo" e constitui-se em um "modo ocidental de luta para a conquista da Dignidade Humana". Tal processo de luta, conforme o autor, pressupõe a indignação com as formas de violação e privações que os seres humanos vivenciam, portanto, sua definição está diretamente relacionada com a "problematização da realidade". Embora positivados no ordenamento jurídico internacional, atribuindo um padrão ético para as condições de vida dos seres humanos, independente de suas nacionalidades, são absorvidos nos sistemas nacionais, onde adquirem a condição de Direitos Fundamentais.[295]

Dessa forma, em interligação convivem dois planos normativos: o nacional e o internacional. Ferrajoli, ampliando a conceituação, compreende que os Direitos Humanos estabelecem uma titularidade universal, ou seja, os sujeitos são titulares de tais direitos, independente da condição de cidadania, ou vinculação ao Estado nacional do qual são cidadãos.[296] Na conceituação refletida pelo autor está pressuposta a concepção da efetividade concreta dos direitos, na medida em que a crítica realizada diz respeito à antinomia existente entre a ideia de soberania dos Estados nacionais em relação às normativas internacionais e a obrigação de efetivação dos Direitos Humanos. Quem seria responsável por efetivar Direitos Humanos frente aos limites estabelecidos pelos Estados nacionais? Na visão do autor, tal efetividade requer instrumentalidade concreta. Não é pelo fato de os Direitos Humanos estarem previstos no ordenamento jurídico internacional, que já estão concretizados na vida dos sujeitos.[297]

---

[293] SARLET, Ingo Wolfgang. *A Eficácia dos Direitos Fundamentais*. 8. ed. Porto Alegre: Livraria do Advogado, 2007, p. 35-37.

[294] Idem, p. 35-37.

[295] MOLINARO, Carlos Alberto. *Direito Ambiental* ..., p. 58-59.

[296] FERRAJOLI, Luigi. *A Soberania no Mundo Moderno*. Trad. Carlo Coccioli e Maurício Lauria Filho. São Paulo: Martins Fontes, 2007, p. 35-36.

[297] Idem, p. 60.

Nesse contexto, a Dignidade da Pessoa Humana pode ser compreendida como princípio fundante e unificador dos Direitos Humanos, em plano internacional, e dos Direitos Fundamentais no plano dos Estados nacionais. De acordo com Sarlet, "em cada direito fundamental se faz presente um conteúdo, ou, ao menos, alguma projeção da dignidade da pessoa".[298] No plano axiológico, a Dignidade da Pessoa Humana constitui-se em objetivo a ser atingido, por meio da efetivação de Direitos Fundamentais. No plano normativo, a Dignidade da Pessoa Humana é princípio constitucional reitor, superior aos demais direitos positivados nos tratados internacionais e na maioria das constituições em vigor no mundo ocidental da atualidade.[299]

Trata-se da possibilidade de olhar a situação desde a pluralidade de seus processos e seus resultados. Falar de dignidade não é algo abstrato, ou metafísico, mas sim conta com possibilidades e obstáculos para o acesso igualitário, ou diferenciado, dos bens materiais e imateriais.[300]

Conforme Sarlet, a Dignidade da Pessoa Humana pode ser definida como:

> [...] a qualidade intrínseca reconhecida em cada ser humano que o faz merecedor do mesmo respeito e consideração por parte do Estado e da comunidade, implicando, nesse sentido, um complexo de direitos e deveres fundamentais que assegurem à pessoa [...] condições existenciais mínimas para a vida saudável, além de propiciar e promover sua participação ativa e co-responsável nos destinos da própria existência e da vida em comunhão com os demais seres humanos.[301]

Prossegue, o autor, afirmando que a Dignidade da Pessoa Humana possui dimensões "ontológica, intersubjetiva, histórico-cultural, negativa e prestacional". Não cabe desprezar a importância da dimensão ontológica, pois, na concepção do autor, existe um consenso em torno do seu reconhecimento como algo intrínseco ao ser humano, na medida em que todos são iguais em dignidade, independente da capacidade de autodeterminação consciente, "são iguais em dignidade, no sentido de serem reconhecidos como pessoa".[302] Ganha relevância, no entanto, para a relação conceitual aqui construída, as dimensões que dizem respeito à condição de reconhecimento social e estatal da Dignidade da Pessoa Humana.

---

[298] SARLET, Ingo Wolfgang. *Dignidade da Pessoa ...*, p. 84.

[299] HÄBERLE, Peter. Op. cit, p. 92-97.

[300] HERRERA FLORES, Joaquín. Hacia una vision Compleja de los Derechos ..., p. 19-78.

[301] SARLET, Ingo Wolfgang. As dimensões da Dignidade da Pessoa Humana: construindo uma compreensão jurídico-constitucional necessária e possível. In: —— (Org.). *Dimensões da Dignidade – Ensaios de Filosofia do Direito e Direito Constitucional*, Porto Alegre: Livraria do Advogado, 2005, p. 37.

[302] SARLET, Ingo Wolfgang. As dimensões da Dignidade ..., p. 20.

As dimensões relacionais da Dignidade da Pessoa Humana dizem respeito ao fato de que esta, necessariamente, deve ser compreendida sob a perspectiva intersubjetiva ou comunicativa, o que implica relação geral de respeito pela pessoa (por seu valor intrínseco de pessoa), materializada em um conjunto de deveres e direitos correlativos. Assim, a proteção de tal dignidade deve ser garantida pela ordem jurídica, de forma a que todos recebam igual tratamento do Estado e da sociedade.[303]

Afirma Häberle que quando se trata da Dignidade da Pessoa Humana, a "referência ao outro" é pressuposta. Do ponto de vista dogmático, ou normativo, o reconhecimento da dignidade do outro e, portanto, de todos, é, segundo o autor, "a ponte dogmática para o enquadramento intersubjetivo da dignidade de cada um".[304] Assim, a funcionalidade da norma diz respeito ao estabelecimento da dignidade como valor, tendo como pressuposto o princípio de igualdade, fundante do direito moderno.

De forma complementar, refere Molinaro que os Direitos Humanos são aqui e agora o resultado do agir de homens e mulheres na luta permanente pela conquista da dignidade do humano, não de uma "dignidade abstrata", encontradiça em "(con)textos soteriológicos", da religião, da moral ou do direito, não uma dignidade "pura", "centrada", concessão de instâncias superiores, de normativas pactuados desde uma "posição original", de um pacto social abstrato. Ao contrário, a Dignidade da Pessoa Humana a que se refere o autor é uma "dignidade mestiça", em permanente construção, dignidade "impura", "periférica", que resulta da realidade do dissenso.[305]

Na mesma direção, Herrera Flores entende que os conceitos de Dignidade da Pessoa Humana e Direitos Humanos precisam ser definidos desde a perspectiva e do contexto onde são aplicados. Assim, conforme a concepção defendida pelo autor, a Dignidade Humana seria "[...] conjuntos de prácticas que potencien la creación de dispositivos y mecanismos que permitan a todas y a todos poder hacer suas proprias historias".[306]

Na perspectiva aqui adotada, portanto, a Dignidade da Pessoa Humana não é algo apenas intrínseco à pessoa pelo simples fato de ter nascido humana. Trata-se de uma condição atribuída às pessoas na medida em que são reconhecidas desde o contexto sociocultural no qual estão

---

[303] SARLET, Ingo Wolfgang. As dimensões da Dignidade ..., p. 22-32.

[304] HÄBERLE, Peter. Op. cit, p. 127.

[305] MOLINARO, Carlos. *Refutación de la escisión derecho y deber*. Por una radical deontologia de los derechos humanos. Sevilla: UPO, 2005, p. 560.

[306] HERRERA FLORES, Joaquín. *Los Derechos Humanos como Productos Culturales*. Crítica del Humanismo Abstracto, Madrid: Catarata, 2005 p. 30.

inseridas. Mais do que um resultado, ou de um estado permanente de dignidade, trata-se de um processo de busca, de afirmação e conquista. As pessoas que conseguem, não apenas por capacidade própria, mas por que em seus respectivos contextos há condições objetivas para isso, buscam o atendimento a suas necessidades, como direitos, e buscam o reconhecimento de sua dignidade. Portanto, estão em luta pelo seu próprio reconhecimento como pessoas.[307]

3.1.1. O fundamento dos Direitos Humanos nas necessidades contextualizadas

Para além da perspectiva aqui adotada de dignidade como processo, adquirida no contexto social onde os sujeitos estão inseridos, trata-se de chamar a atenção para a fundamentação da Dignidade da Pessoa Humana nas necessidades, as quais, para além de materiais, são também valorações sociais.

Nessa direção, conforme Herrera Flores, a escola de Budapeste teve contribuição significativa nessa conceituação, na medida em que, desde uma tradição marxista, em um primeiro momento, constituiu a necessária crítica à abstração dos direitos, introduzindo a perspectiva antropológica ao tema, com importantes contribuições como as de György Lukács e, principalmente, de Agnes Heller. De acordo com a teoria crítica propagada por Herrera Flores, os direitos são os próprios bens necessários para a Dignidade da Pessoa Humana. A satisfação de necessidades está nos bens e não nos direitos. Não se trata, assim, da efetividade de direitos de forma abstrata, mas do acesso aos bens, para satisfazer necessidades, ou dos meios para satisfazer as mesmas. Por isso, Direitos Humanos são produtos culturais, não *a priori* dados para todos. São processos de luta para satisfação de necessidades, as quais adquirem sentido ou significado aos humanos.[308]

Para Perez Luño, a contribuição de Agnes Heller esteve em dimensionar a fundamentação intersubjetiva das necessidades, na medida em que, conforme a autora, as necessidades humanas são eticamente relevantes, enquanto existência interpessoal. Assim, entende o autor, que os valores que formam o conteúdo dos Direitos Humanos não podem ser pensados desde um sistema fechado e estático, independente da experiência objetiva. Tampouco, tal fundamentação seria baseada em interesses individuais de caráter subjetivista. Elege, assim, como alternativa, a

---

[307] HONNETH, Axel. *Luta pelo Reconhecimento*, p. 57.
[308] HERRERA FLORES, Joaquín. A proposito de la fundamentacion de los derechos humanos y de la interpretación de los derechos. *Revista de Estudios Políticos (Nueva Época)*, Madrid, n. 45, Mayo/junio 1985, p. 195.

fundamentação intersubjetiva, a qual parte da compreensão de que é possível chegar-se a um consenso, aberto e revisitável, sobre tal fundamento, o qual deve ter seu conteúdo de referência nas necessidades básicas e radicais, constituídas desde o suporte antropológico.[309]

Logo, se o suporte que fundamenta Direitos Humanos e, por conseguinte, a Dignidade da Pessoa Humana, são as necessidades concretas, definidas desde a perspectiva dos valores relevantes para cada contexto cultural, há que se pensar acerca da existência ou não de necessidades de todos, em todos os contextos.

Nessa direção, Heller, em uma produção mais contemporânea,[310] contribui com a problematização da reflexão. Afirma a autora: "Como todas as pessoas são únicas, não podem ser equalizadas, e assim a satisfação de todas as necessidades de todas as pessoas não pode se basear em comparação e classificação". Portanto, em substituição ao princípio de justiça "a cada um segundo suas necessidades", seria mais adequado, segundo a autora, a utilização do princípio "a cada um segundo sua unicidade". O problema estaria na condição de abstração gerada pela padronização das necessidades. "A cada um o mesmo", não corresponde a possibilidade de compreender especificidades, ou a valorar situações específicas em que surgem determinadas necessidades.[311]

O conceito de necessidade, no entanto, entendido como algo objetivo, não se resume ao desejo arbitrário. Necessidade, tampouco, pode ser confundida com falta, ou carência. Essa é uma definição tradicional, mas, via de regra, necessita-se além do que aquilo que faz falta. Peláez exemplifica tal reflexão referindo-se ao fato de que necessitamos de ar e não sentimos falta dele, em princípio. Uma necessidade que nunca chega a manifestar-se em forma de privação, não deixa de ser uma necessidade.[312]

Sendo assim, embora a noção de necessidade, como fundamento dos Direitos Fundamentais, parta da ideia de atendimento a demandas concretas ou materiais, sua conceituação é mais ampla. "Habriá que rechazar todo o intento de reducción de las necesidades a carencias, ues el hecho

---

[309] PÉREZ LUÑO, Antonio Enrique. *Derechos Humanos, Estado de Derecho y Constitución*. 9. ed. Madrid: Tecnos, 2005, p. 173-183.

[310] Agnes Heller possui uma vasta obra de origem na escola marxista de Budapesse. No entanto, sua produção mais contemporânea caracteriza-se pela crítica, pela busca de conceituações de justiça no contexto contemporâneo a partir de vários outros referenciais teóricos. Tal atualização de pensamento pode ser observada na obra HELLER, Agnes; FEHÉR, Ferenec. *A condição Política Pós-moderna*. Trad. Marcos Santarrita. Rio de Janeiro: Civilização brasileira, 1998.

[311] HELLER, Agnes; FEHÉR, Ferenec. Op. cit., p. 176.

[312] PELAÉZ, Francisco J. Contreras. *Derechos Sociales*: Teoria e Ideologia. Madrid: Editorial Tecnos, 1994, p. 44-50.

de su remisión a la acción y actividades humanas implica que se refieren a algo más que un estado de vacío primigenio".[313]

Trata-se de algo mais do que o sentimento de vazio gerado pela falta, ou, ainda, é mais amplo do que a privação não compreendida como tal pelo sujeito a ela vinculado. Trata-se de um misto entre as necessidades valoradas pelo sujeito, desde sua unicidade, e aquelas assim consideradas pela comunidade de valores onde está inserido.

As necessidades são definidas, portanto, a partir de processos pessoais e coletivos. Em meio à dinâmica definição do que sejam necessidades a serem atendidas, como fundamento de Dignidade da Pessoa Humana, o critério normativo estabelece um catálogo possível entre as que são consideradas básicas. De outra parte, os desejos e as preferências são, em princípio, estados mentais decorrentes de necessidades objetivas, muito embora as necessidades possam ser atribuídas, independentes dos desejos. E, inclusive, podem estar em contradição com as declarações psicológicas do indivíduo.[314]

Nesse sentido, dialoga Barroso quando afirma que, do ponto de vista da doutrina tradicional, a Dignidade Humana encontra dois fundamentos: o fundamento da heteronomia, ou imposição social para proteger direitos considerados fundamentais, desde a perspectiva da coletividade onde o sujeito está inserido; e o fundamento na autonomia, ou seja, a garantia de dignidade a partir da possibilidade de assegurar a autonomia da vontade do sujeito.[315]

Trata-se de tema controvertido do ponto de vista doutrinário, que, em última instância, lida com a mesma dificuldade que pode ser observada entre os conceitos de universalismo e particularismo, de igualdade e diferença, como princípios. Em outra dimensão, a contradição pode expressar-se entre a abstração da vontade individual frente à coletividade, ou a extrema valoração do indivíduo frente aos valores coletivos.

Nessa direção, Herrera Flores afirma que a polêmica em torno dos Direitos Humanos no mundo contemporâneo está situada entre duas visões: em primeiro lugar, uma visão abstrata, vazia de conteúdo e referências às circunstâncias reais das pessoas, centrada na concepção ocidental do Direito; em segundo lugar, está uma visão localista, em que predomina o próprio, centrada em torno da ideia particular de cultura e no valor da diferença. As duas visões são defendidas a partir de seus argumentos coerentes. O problema é quando essas visões se autodefinem e tendem a

---

[313] HERRERA FLORES, Joaquín. *Los Derechos Humanos ...*, p. 67.

[314] PELAÉZ, Francisco J. Contreras. Op. cit., p. 50-55.

[315] BARROSO, Luís Roberto; MARTEL, Letícia de Campos Velho Mar. A morte como ela é: Dignidade e Autonomia Individual no Final da Vida. *Panóptica* 19, ano 3, p. 69-104, jul./out. 2010, p. 84.

considerar inferior o que a outra propõem. Na perspectiva proposta pelo autor, é relevante construir uma cultura dos Direitos Humanos que tenha em seu desenho a universalidade das garantias e do respeito ao diferente. Isto pressupõe uma visão complexa dos Direitos Humanos.[316]

Tal contradição pode ser observada mais a fundo quando o fundamento dos direitos serve de justificativa para o estabelecimento de obrigações. Se não se tem o direito de imputar ao sujeito necessidades que ele não tem, também não cabe ao Estado a garantia de necessidades que só possam ser assim valoradas desde a perspectiva individual, não levando em consideração a coletividade. Caberia, assim, ao Estado o atendimento ao mínimo de necessidades, portanto estar-se-ia diante do modelo de Estado Liberal Clássico.

De outra parte, o modelo de Estado social, ou socioambiental democrático de direito,[317] pressupõe o compromisso coletivo com o atendimento de direitos mais amplos, aos quais correspondem necessidades concretas de maior amplitude do que o mínimo necessário para a sobrevivência. Contribui Pelaéz afirmando que a defesa do Estado social e dos direitos sociais só pode empreender-se pressupondo um conceito de necessidades objetivas. O critério para a definição de tais necessidades, entretanto, não deve ser só quantitativo, mas qualitativo, a partir de um padrão público, e não ditado pelo mercado privado.[318]

Sob outra perspectiva, será difícil a definição de tais necessidades em uma sociedade de consumo, como Bauman caracteriza a contemporaneidade, onde as necessidades individuais e coletivas são geradas pelo mercado. O apelo de consumo e a busca pelo reconhecimento, a partir da condição de consumidor, são motivadores das atitudes dos indivíduos. Em tal contexto, se o coletivo não serve de referência para o estabelecimento de necessidades básicas, também a autonomia individual está condicionada pela coletividade.[319] Até que ponto existe a possibilidade de autonomia da vontade?

Partindo-se da constatação da complexidade da realidade, vê-se que o exercício da liberdade individual pressupõe condições sociais de autonomia, as quais serão viabilizadas a partir da garantia de direitos sociais, portanto, obrigações e responsabilidades coletivas. De outra parte, o coletivo, ou seu instrumental desde a perspectiva do Estado, só encontra legitimidade na medida em que sua finalidade é a garantia da dignidade

---

[316] HERRERA FLORES, Joaquín. Hacia una vision Compleja de los Derechos ..., p. 52-61.

[317] MOLINARO, Carlos Alberto. *Direito Ambiental – Proibição de Retrocesso*. Porto Alegre: Livraria do Advogado, 2007, p. 104-106.

[318] PELAÉZ, Francisco J. Contreras. Op. cit., p. 58.

[319] BAUMAN, Zigmunt. *O mal-estar da pós-modernidade*, p. 50-54.

do sujeito, desde seu ponto de vista individual. De acordo com Sarlet, a Dignidade da Pessoa Humana não implica apenas liberdade, mas recursos materiais para uma existência digna.[320]

O fato é que liberdade e condições materiais, em decorrência de direitos sociais, não são antagonismos. Nessa direção, afirma Pisarello que o princípio da dignidade se fundamenta tanto na condição de vida com integridade física e psíquica como na ideia de maximização da autonomia do sujeito, ou livre desenvolvimento da própria personalidade. As duas ideias não são contraditórias, considerando-se que a eliminação da opressão é precondição para o livre desenvolvimento da personalidade e para a participação política.[321]

Pelaéz contribui afirmando que as necessidades são instrumentos para determinados fins, não sendo um fim em si mesmas. Tendo como fim a conduta livre, as necessidades objetivas são precondições para a autonomia. Necessidades, como precondição da conduta livre, são uma via racional para estabelecer-se o catálogo objetivo de necessidades.[322] Partindo-se do caráter instrumental das necessidades, o debate que se desenvolve incide sobre o desenho dos fins cuja realização está condicionada. Avançando-se na reflexão proposta, a questão seria definir se existem necessidades que sejam meios para além de um fim determinado, mas para diferentes fins. Estas, então, seriam necessidades efetivamente objetivas.

Herrera Flores afirma que é possível definir um mínimo comum, denominador moral, compatível com diversas culturas, ideologias e formas de vida, a partir do conceito de "riqueza humana":

> [...] el desarrollo de las capacidades humanas en su totalidad y complejidad [...] así como el conjunto de condiciones que es necesario superar para permitir la apropiación de estas capacidades y de toda la riqueza de la especie por todos y cada uno de los individuos-fines que componen la idea reguladora de humanidad.[323]

Logo, a universalização possível, desde o ponto de vista do autor, é a busca do desenvolvimento das potencialidades. As necessidades que fundamentariam a Dignidade da Pessoa Humana e seus diretos correspondentes não se reduzem às condições para buscar sua própria satisfação, mas são os pressupostos capazes de desenvolver suas potencialidades como seres humanos.

---

[320] SARLET, Ingo Wolfgang. Direitos Fundamentais sociais, mínimo existencial e direito privado. *Revista de Direito do Consumidor*, local, ano 16, n. 61, p. 91-125, jan./mar. 2007, p. 100.

[321] PISARELLO, Gerardo. *Los Derechos Sociales y sus garantias*. Elementos para una reconstruccíon. Madrid: Trotta, 2007, p. 39.

[322] PELAÉZ, Francisco J. Contreras. Op. cit., p. 77-79.

[323] HERRERA FLORES, Joaquin. *La ilusion del acuerdo absoluto*. La riqueza humana como criterio de valor. Er, n. 7 e 8, inverno de 1988, verano de 1989, p. 143.

Fariñas Dulce, dando continuidade ao diálogo teórico aqui estabelecido, propõe que o critério unificador do respeito à dignidade e à autonomia de todos os seres humanos deve ser o rechaço a todo o tipo de repressão ou dominação.[324] A solução, pleiteada pela autora, seria buscar um novo "universalismo" não abstrato e formal da modernidade, mas intercultural de reconhecimento recíproco. A que se desconstruir o sujeito formal e abstrato e reconstruir um ser humano imerso em raízes comunitárias, em uma intersubjetividade plural. Buscando, portanto, a superação de qualquer forma de opressão que o atinja.[325]

A constituição de critérios para o estabelecimento de necessidades generalizáveis relaciona-se à forma como tal escolha será feita pela coletividade, bem como na busca da integração entre a teoria das necessidades e a teoria dos consensos. Peréz Luño afirma que o consenso deve ter como pressuposto a garantia de que as necessidades que o fundamentem possam ser generalizáveis em uma determina coletividade. Ou seja, intersubjetivamente.[326]

Diante de tais reflexões, pode-se afirmar que a generalização não é possível de ser feita senão em aberto. Isto porque, ao estabelecer-se qualquer critério valorativo para necessidades, parte-se de uma determinada perspectiva, e isto significa a desconsideração das especificidades, de âmbito individual, ou de âmbito cultural. De outra parte, é no processo intersubjetivo, utilizando-se como pressuposto metodológico o diálogo intercultural, que poderá ser estabelecido o padrão desejável de Dignidade Humana a ser garantido pela coletividade. O modelo de Estado que irá adotar-se, a partir de então, legitima-se na possibilidade de garantia do pleno desenvolvimento de potencialidades humanas.

3.1.2. Dignidade da pessoa humana adolescente

A conceituação aqui desenvolvida requer ser complementada com a perspectiva da dignidade da pessoa humana, desde o ponto de vista dos adolescentes, cujos direitos são objeto específico em análise neste livro. Faz-se necessário, portanto, conceituar a Dignidade da Pessoa Humana adolescente, visto que se trata de especificidade que diz respeito à etapa de vida, mas, de outra parte, também é determinada pela contextualização sociocultural.

---

[324] FARIÑAS DULCE, María José. Op. cit., p. 24.

[325] Idem, p. 41-42.

[326] PEREZ LUÑO, Antonio Enrique. *Derechos Humanos, Estado de Derecho y Constitucion*. 9. ed. Madrid: Tecnos, 2005, p. 169.

Durante a etapa da vida da infância e, em sequência, com especial importância, na adolescência, as pessoas constroem, em interação intersubjetiva, suas identidades.[327] Como contribui Molinaro:

> A criança apercebe a dignidade na medida em que pela qual lhe são dispensados os cuidados e o tratamento, na medida em que é respeitada pelos seus pais ou responsáveis; mais tarde apreende igual dignidade para com os outros na medida em que é ensinada a respeitar e a partilhar os limites dos outros.[328]

A condição de construir a identidade sociocultural, como possibilidade do desenvolvimento de sua personalidade, caracteriza-se como uma das mais importantes expressões do princípio da Dignidade Humana.[329] Em complemento, o desenvolvimento da personalidade é a faceta específica que caracteriza não só a peculiar condição do sujeito em desenvolvimento, como a peculiaridade da dignidade que se busca afirmar ao referir-se aos sujeitos adolescentes. De acordo com Machado, a condição de dignidade específica desse público está relacionada ao direito à personalidade, na medida em que as crianças e adolescentes ainda não têm a personalidade completamente formada.[330]

Nessa direção, existem necessidades específicas na adolescência que vêm sendo afirmadas a partir do crescimento histórico de sua importância no contexto ocidental.[331] A adolescência constituiu-se em categoria social na medida em que foi crescendo a sua necessidade de controle. Conforme aborda Foucault, os elementos distintivos constituem-se nas bases para a "microfísica do poder".[332] Contraditoriamente, a disposição social de intervenção junto aos sujeitos adolescentes possibilitou, ao longo do século XX, a abertura de caminhos para reconhecer suas especificidades e direitos.

Desde a perspectiva interativa e intersubjetiva, os adolescentes têm respeitada sua dignidade quando são reconhecidos na sua especificidade.[333] Ou, para além disso, quando a diferença que caracteriza a etapa da vida em que se encontram não tem o significado de sua inferiorização ou

---

[327] Esse assunto foi tratado com mais detalhamento no 1º capítulo deste livro.

[328] MOLINARO, Carlos Alberto. Dignidade e Interculturalidade. Breve comunicação preparada para o Seminário *"Dignidade da Pessoa Humana: Interlocuções"* FADIR/PPGP/PUCRS setembro, 2008, p. 5.

[329] SARLET, Ingo Wolfgang. *A Eficácia dos Direitos Fundamentais*. 8. ed. Porto Alegre: Livraria do Advogado, 2007, p. 122.

[330] MACHADO, Martha de Toledo. *A Proteção Integral das Crianças e Adolescentes e os Direitos Humanos*. Barueri: Manole, 2003, p. 108-121.

[331] ARIÈS, Philippe. Op. cit., p. 46.

[332] FOULCAULT, Michel. *Vigiar e Punir* – História da Violência nas Prisões. 12. ed. Petrópolis: Vozes, 1995, p. 136.

[333] HONNETH, Axel. *Luta pelo Reconhecimento*, p. 198-199.

de sua discriminação.[334] Assim, reconhecer sua dignidade requer a superação do lugar estereotipado social e de invisibilidade, seja no que se refere à necessidade de afirmação de seus direitos ou de sua visualização enquanto pessoa por inteiro.[335]

A visibilidade da pessoa por inteiro requer a consideração de sua individualidade. Como afirma Texeira, dignidade significa "reconhecimento do outro por cada pessoa, na sua particularidade e singularidade, com tudo aquilo que é próprio de sua individualidade, enquanto ser único".[336] Cada adolescente tem suas próprias necessidades, afirmadas intersubjetivamente, mas vistas desde o seu respectivo ponto de vista. Assim, a afirmação da individualidade é uma condição para o respeito da dignidade e para a possibilidade da plena formação da personalidade.

A individualidade afirma-se, em um primeiro momento, no âmbito familiar, através da relação intersubjetiva constituída no contexto das relações mais íntimas. Em sequência, passa a afirmar-se na coletividade social, a partir de suas qualificações enquanto pessoa. No entanto, como afirma Arendt, as esferas privada e pública estão em inter-relação. Diz a autora que, desde a Antiguidade, o homem só tinha a liberdade de participação na *polis* na medida em que na esfera privada possuísse bens. A liberdade de participação e de reconhecimento público estava relacionada à condição familiar.[337] Nessa direção, pode-se aferir que a valoração dos sujeitos no âmbito familiar dá-se no contexto da valoração atribuída na coletividade ou a partir do que é valorado socialmente. Outrossim, a valoração dos sujeitos na coletividade tem relação com a condição dos mesmos na família.

Portanto, o reconhecimento do sujeito em sua individualidade ocorre desde a perspectiva social. E a desconsideração das especificidades do sujeito, da mesma forma, dá-se em decorrência do desvalor social a ele atribuído.[338] Sob a definição negativa, a ausência de tal reconhecimento gera humilhação, opressão e violência. O sujeito que não consegue ser reconhecido no plano social, ou familiar, enquanto pessoa especial, particular desde sua especificidade e características socioculturais, sofre pela humilhação social, pela dificuldade de ver-se reconhecido na coletividade.[339]

---

[334] SANTOS, Boaventura de Souza. Poderá o Direito ser emancipatório?. *Revista Crítica de Ciências Sociais*, N. 65, 2003, p. 29-31.

[335] HONNETH, Axel. *Luta pelo Reconhecimento*, p. 147-149.

[336] TEXEIRA, Ana Carolina Brochado. *Família, Guarda e Autoridade Parental*. Rio de Janeiro: Renovar, 2005, p. 72.

[337] ARENDT, Hannah. *A Condição Humana*. 10. ed. Rio de Janeiro: Forense Universitária, 2009, p. 37-41.

[338] SOUZA, Jessé (Org.). *A Invisibilidade da Desigualdade Brasileira*. Belo Horizonte: UFMG, 2006, p. 77.

[339] HONNETH, Axel. Observações sobre a Reificação. *Civitas*, Porto Alegre, v. 8, n. 1, p. 68-79, jan./abr. 2008, p. 78.

A falta de valoração social passa a ser componente, assim, da construção da personalidade do sujeito, e a ausência de respeito a sua dignidade é fator constituidor das relações sociais em que estiver inserido. O respeito à dignidade de adolescentes é condição para a definição de patamares adequados de convivência social.

3.2. ESTADO, DIREITOS FUNDAMENTAIS E O RECONHECIMENTO DAS PESSOAS

Desde o surgimento do Estado moderno, sua justificativa social foi a garantia de direitos. Em primeiro lugar, seu fundamento esteve na garantia dos direitos individuais e políticos, fundados nas noções de liberdade e igualdade formais. No decorrer dos séculos XIX e XX foram acrescidos conteúdos e tarefas ao Estado, que migrou de uma noção de Estado Liberal Clássico para Estado Social e Democrático de Direito.[340]

Pérez Luño afirma que na contemporaneidade existe uma interdependência genética e funcional entre Estado de Direito e Direitos Fundamentais, já que o Estado de Direito, para sê-lo assim considerado, necessita garantir Direitos Fundamentais. Prossegue o autor afirmando que está relacionada à compreensão acerca de poder público que se adote, a concepção de fundamentalidade de direitos que se tenha. Assim, a organização de Estado irá efetivar-se conforme a visão que se tenha do que sejam os Direitos Fundamentais a serem assegurados.[341]

A autorização social para intervenção do Estado na defesa e promoção de direitos individuais e coletivos, portanto, está relacionada com a concepção social e política, presente em cada contexto histórico, acerca de quais direitos devem ser objeto de garantia, bem como corresponde à concepção de quem sejam os sujeitos de direitos reconhecidos como titulares perante o respectivo Estado.

3.2.1. Natureza dos Direitos Fundamentais frente ao Estado

Os Direitos Fundamentais têm caráter interdependente. O direito à vida está relacionado ao direito à saúde, ao direito à informação; a liberdade de expressão depende de estruturas comunicativas plurais e do direito à educação. Um modelo de Estado que se proponha garantir tais direitos deve pautar-se pela interdependência e avançar em estratégias

---

[340] VILLEY, Michel. *A Formação do Pensamento Jurídico Moderno*. Trad. Cláudia Berliner. São Paulo: Martins Fontes, 2005, p. 752-753.

[341] PÉREZ LUÑO, Antonio Enrique. *Los Derechos Fundamentales* – Temas Claves de la Constitución Española. 8ª ed. Madrid:Tecnos, 2004. p. 19-20.

para que a democracia ultrapasse o limite da formalidade e seja um espaço de construção política para a garantia de outros direitos.

A ideia de que os direitos sociais perseguem a igualdade e os direitos civis e políticos, a liberdade perde consistência quando se classifica o direito à liberdade como liberdade negativa e liberdade positiva. De acordo com Pisarello, liberdade negativa seria a ausência de interferência arbitrária por parte do Estado; já a liberdade positiva seria a possibilidade de definir planos de vida próprios e participar da construção dos assuntos públicos.[342] Portanto, trata-se de um conceito mais amplo de liberdade real e fática, cujo núcleo está na proteção dos direitos sociais.

Nesse sentido, a ampliação da liberdade e da autonomia, em contraponto à arbitrariedade, está relacionada à redistribuição igualitária da autonomia aos grupos menos autônomos da sociedade, reprimindo e sancionando o exercício abusivo de direitos e poderes.

Ocorre que a igualdade é um princípio relacional.[343] Sendo assim, seu conteúdo exige definição do sujeito e do conteúdo de bens jurídicos que deve proteger. De outra parte, o princípio da Dignidade da Pessoa Humana fundamenta-se tanto na condição de vida com integridade física e psíquica como na ideia de maximização da autonomia do sujeito, ou livre desenvolvimento da própria personalidade. As duas ideias não são contraditórias, pois a eliminação da opressão, em decorrência da desigualdade social, é precondição para o livre desenvolvimento da personalidade e para a participação política.[344]

Não existe, por conseguinte, contraposição entre direitos civis e políticos e direitos sociais. Os direitos sociais seriam instrumentos indispensáveis para dar à liberdade um conteúdo real. De outra parte, os direitos civis e políticos também podem ser concebidos como direitos com fim de igualdade. Trata-se da diferenciação entre igualdade formal e igualdade material, ou substancial. Entendida esta última como o direito e as condições materiais que permitem o exercício e a participação da vida social.

De outra parte, os direitos sociais podem adquirir a condição de liberdades sociais e a condição de prestações,[345] o que depende da natureza

---

[342] PÉREZ LUÑO, Antonio Enrique. *Los Derechos Fundamentales*, op. cit., p. 43.

[343] HERRERA FLORES, Joaquín. La Construccíon De Las Garantias. Hasta Una Concepcíon Antipatriarcal De La Liberdad Y La Igualdad. In: PIOVESAN, Flávia; SARMENTO, Daniel; IKAWA, Daniela (Org.). *Igualdade, Diferença e Direitos Humanos*. 2. tiragem. Rio de Janeiro: Lumen Juris, 2010, p. 139.

[344] PISARELLO, Gerardo. *Los Derechos Sociales y sus garantias*. Elementos para una reconstruccíon. Madrid: Trotta, 2007, p. 38-39.

[345] SARLET, Ingo Wolfgang. *Direitos Fundamentais ...*, p. 116.

da posição jurídica subjetiva reconhecida ao titular do direito e de sua relação com o dever estatal correspondente.[346]

Os direitos prestacionais positivos dizem respeito à garantia da condição de mínimos sociais para o desenvolvimento saudável de toda e qualquer pessoa; já os direitos defensivos negativos dizem respeito à não intervenção na liberdade pessoal e dos bens, ou seja, têm a função de estabelecer limites para a intervenção do Estado e de terceiros na vida das pessoas. Tais direitos também têm dimensão positiva na medida em que necessitam de atuação do Estado e da sociedade para a garantia da sua não violação, visto que é necessário que sejam prestados serviços de fiscalização e de gestão, mesmo nos casos em que o direito a ser protegido é negativo.

Para Novais, a questão em abordagem diz respeito à natureza dos direitos e sua possibilidade de exigência perante o Estado, que de sua parte, possui deveres a satisfazer – respeitar, proteger e promover –, impostos pela constitucionalização dos Direitos Fundamentais, seja no caso dos direitos relativos à liberdade, ou no caso dos direitos sociais. Em se tratando dos dois grupos de direitos, existem reservas de ponderação necessárias frente a outros bens também importantes na situação concreta, que o autor denomina "reserva geral imanente de ponderação",[347] mais especificamente vinculada à dimensão negativa dos direitos e a "reserva do politicamente adequado ou oportuno", que se aplica na definição da condição do Estado, em cada momento, de priorizar a prestação de serviços públicos destinados a garantir direitos.[348]

Sendo assim, vê-se que os direitos que ensejam prestações materiais, de liberdade ou sociais, assumem faceta defensiva, pois geram direitos subjetivos de respeito e abstenção de violações. De outra parte, também os dois grupos de direitos possuem dimensão prestacional. Assim, as dimensões negativas e positivas referem-se em igual medida aos deveres estatais. O fato é que a diferença quanto à natureza das obrigações decorrentes dos Direitos Fundamentais ganha relevância apenas em caráter contextualizado. Nas palavras de Sunstein, "se as preocupações centrais

---

[346] Conforme PONTES DE MIRANDA, "O dever jurídico é correlativo de todo o direito". Existe uma relação jurídica básica, como possibilidade para a eficácia. "Quem está no lado ativo da relação jurídica é sujeito do direito, quem está no lado passivo é o que deve, o devedor." No entanto, na correlação entre direitos e deveres, pode ser que o direito esteja mais presente que o dever, na medida em que esse último dilui-se em relação a várias pessoas. In: PONTES de MIRANDA. *Tratado de Direito Privado*. V. 5 Campinas: Bookseller, 2000, p. 471-472.

[347] NOVAIS, Jorge Reis. *Direitos Sociais* – Teoria Jurídica dos Direitos Sociais, enquanto Direitos Fundamentais. Coimbra: Coimbra Editora, 2010, p. 169.

[348] Idem, p. 172.

são a cidadania e a democracia, a linha divisória entre direitos positivos e negativos é difícil de ser mantida".[349]

Torna-se oportuno o questionamento sobre a natureza de tais obrigações para a identificação, caso a caso, de quem é o devedor dos direitos previstos e de como deva ser assegurado tal direito. Ao que parece, não há como se isolar Direitos Fundamentais, ou isolar a responsabilidade de garantia dos mesmos, em especial quando tal responsabilidade é compartilhada pela família, pela sociedade e pelo Estado, portanto, em caráter horizontal e vertical.

3.2.2. O reconhecimento dos sujeitos perante o Estado

Ao longo da História moderna, nem sempre o Estado foi garantidor de direitos, seja com fundamento na igualdade e na liberdade, seja enquanto prestações, ou em caráter negativo. As experiências autoritárias de gestão estatal, com ou sem respaldo da legalidade, tiveram em comum a ausência de reconhecimento da totalidade de sujeitos como titulares de direitos, submetendo-os a arbitrariedades.

De acordo com Agamben, o totalitarismo moderno é a instalação, por meio do "estado de exceção", de uma guerra civil legal, que elimina inimigos políticos e os cidadãos considerados não integráveis ao sistema político. Na visão do autor, "O estado de exceção tornou-se regra", apresentou-se muito mais como prática de governos do que como uma medida excepcional.[350]

Tendo como pano de fundo diferentes justificativas, em muitos momentos históricos, como por exemplo durante a Segunda Guerra Mundial, o Estado de Direito foi afastado, sendo instalado, em caráter excepcional, o estado de exceção, em nome do qual se violaram direitos sociais e políticos. Tal situação "atípica" não está restrita à exceção e, mais do que isso, convive com o modelo de "Estado Democrático de Direito".

O fundamento ou a justificação do estado de exceção, para o autor, seria a "necessidade".[351] A necessidade não reconhece lei, cria sua própria lei. Torna lícito o ilícito, age como justificativa para a transgressão, por

---

[349] SUNSTEIN, Cass. Direitos Sociais e Econômicos? Lições da África do Sul. In: SARLET, Ingo Wolfgang (Coord.) *Jurisdição e direitos fundamentais*: anuário 2004/2005 / Escola Superior da Magistratura do Rio Grande do Sul – AJURIS. T. 2. Porto Alegre: Livraria do Advogado, 2006, p. 4.

[350] AGAMBEN, Giorgio. *Estado de* ..., p. 13-19.

[351] Aqui se utiliza o temo necessidade não como fundamento dos Direitos Fundamentais, como referido no título anterior do presente capítulo, mas no sentido utilizado pelo autor Georgio Agamben, ou seja, como justificativa subjetiva utilizada para o exercício do autoritarismo. Por isso, empregar-se-á tal expressão entre aspas, pois não se tratam de necessidades da vida das pessoas, assim definidas intersubjetivamente.

meio de uma exceção. Como base na "necessidade", em um caso particular, dispensa-se a obrigação de observância da Lei. "Necessidade" não é fonte de lei, mas um juízo subjetivo, em nome do qual se subtrai, em um caso particular, a aplicação da lei. O estado de "necessidade", tanto sob a forma de estado de exceção como de revolução, como uma zona ambígua e incerta, transforma-se em direito.[352]

O problema agrava-se pelo fato de que a exceção tornou-se a regra, como justificativa para a não garantia dos direitos sociais e individuais de determinas parcelas da população. Trata-se da desconsideração, ou falta de reconhecimento, de determinados sujeitos por parte do Estado, enquanto sujeitos e titulares de direitos a serem efetivados.

Isso aconteceu com judeus, negros, ciganos, homossexuais, entre outros grupos considerados minoritários durante a Segunda Guerra Mundial;[353] com os presos políticos nas ditaduras militares latinoamericanas; com os presos sob acusação de terrorismo, como na base americana de Guantânamo; com os presos comuns, no caso das prisões brasileiras; com as populações em situação de rua; com os imigrantes ou "sem papéis"; com os pobres em geral. São grupos de pessoas que estão em um limbo social e cultural a tal ponto que não são consideradas sujeitos. Não são público-alvo de políticas públicas prestacionais que lhes garantam direitos sociais, e também não têm o direito de exercer sua liberdade, a qual está limitada em razão de alguma justificativa, baseada em uma "necessidade" a ser provida pelo Estado.

Como afirma Agamben, "aquele que foi banido não é, na verdade, simplesmente posto fora da lei e indiferente a esta, mas é abandonado por ela, ou seja, exposto e colocado em risco no limiar em que a vida e direito [...]".[354] Existem, na medida em que estão vivos, e sua existência expõe as contradições presentes no conjunto da sociedade, mas não são reconhecidos pelo Estado, enquanto devedor dos direitos de que seriam titulares, de acordo com o pacto previsto desde o Estado moderno.

De acordo com Arendt, durante muitos anos da História da Humanidade, o que fez os homens ingressarem na esfera pública – espaço público como predominantemente masculino – foi o desejo que algo próprio fosse mais permanente do que suas vidas. Aquilo obscuro, como os escra-

---

[352] AGAMBEN, Giorgio. *Estado de ...*, p. 40-45.
[353] ARENDT, Hannah. *As origens do ...*, p. 300-301.
[354] AGAMBEN, Giorgio. *Homo Sacer*. O Poder Soberano e a Vida Nua I. Trad. Henrique Burigo. 2. reimpressão. Belo Horizonte: UFMG, 2007, p. 36.

vos, as mulheres, as crianças ou os animais, morreriam sem deixar vestígios de ter existido.[355]

Na sequência de tal pensamento, pode-se dizer que a consideração das pessoas por parte do Estado, enquanto expressão da organização social, é condição de sobrevivência, na medida em que significa reconhecimento social intersubjetivo. Conforme refere Honneth, trata-se do reconhecimento da individualidade.[356] Assim, as pessoas, por fazerem parte de uma coletividade sem importância perante o social mais amplo, passam a não ser reconhecidas em sua individualidade.

Agamben resgata a figura do *homo sacer*, presente no direito romano arcaico, que se encontrava incluída no ordenamento jurídico com uma única possibilidade, ou seja, sua "matabilidade". Tal figura poderia ser morta por qualquer um impunemente, mas não poderia ser sacrificada conforme os ritos previstos. Possuía "vida nua", encontrava-se na zona de indiferença, entre o sacrifício e o homicídio.[357] Alguém que estava no limbo da inexistência, ou existência enquanto vida biológica, mas não como vida social.

A partir de tal resgate, prossegue o autor justificando a inexistência dos sujeitos perante o Estado, corporificada na possibilidade de intervenção em suas vidas e na desconsideração de seus direitos. Exemplifica sua afirmação referindo-se aos dos campos de concentração de judeus, durante a Segunda Guerra Mundial, afirmando que existiam espaços fora da sociedade onde tudo era permitido fazer com os sujeitos, "um híbrido entre direito e de fato, no qual os dois termos tornam-se indiscerníveis".[358]

A questão está em como o Estado de Direito, fundado nas noções de igualdade e liberdade, ainda nos dias de hoje, deixa de reconhecer alguns sujeitos como parte da cidadania coletiva? Ou, ainda, como, sob várias justificativas fundadas em "necessidades", excetua a aplicação da lei a esses sujeitos, seja enquanto reconhecimento dos limites para intervenção, ou no que se refere ao não provimento de condições para a sua vida com dignidade?

Para Agamben, o campo de concentração é a materialização do estado de exceção, na medida em que "delimita na realidade um espaço no qual de fato o ordenamento jurídico é suspenso, e que aí se cometem ou não atrocidades, que não dependem do Direito [...]".[359] Nos dias con-

---

[355] ARENDT, Hannah. *A Condição Humana*. Trad. Roberto Raposo. 10. ed. Rio de Janeiro: Forense, 2005, p. 68.
[356] HONNETH, Axel. *Luta pelo Reconhecimento*, p. 198-199.
[357] AGAMBEN, Giorgio. *Homo Sacer ...*, p. 91.
[358] Idem, p. 177.
[359] Idem, p. 181.

temporâneos, em que o estado de exceção começa a se tornar a regra, vários são os "campos de concentração", os quais são habitados por vários grupos de seres humanos. São espaços sociais, nos quais são depositadas pessoas, privadas da liberdade, ou não, nos quais a norma que vigora não é a mesma do Estado de Direito, mas do de exceção.

A positivação de Direitos Fundamentais, como justificativa para a existência do Estado Democrático e Social de Direito, impõe a necessidade de reconhecimento de tal realidade. Trata-se da situação de vulnerabilidade absoluta de seres humanos pelas condições de miséria em que vivem nas periferias das grandes cidades ou nas zonas rurais esquecidas. Ou da situação das instituições prisionais, em que sobrevivem resilientes pessoas, cujo universo e perspectiva de vida, muitas vezes, não ultrapassa os muros de sua segregação. Falar em direitos, portanto, pressupõe reconhecer a situação de muitas crianças e adolescentes brasileiros que vivem e morrem sem que sejam "contados", enquanto cidadãos do País. Ou crianças e adolescentes que têm seus direitos positivados ignorados, seja pelas condições de miséria, de exploração sexual, de violência física, ou de trabalho infantil. Falar de direitos a serem garantidos pelo Estado pressupõe, ainda, considerar e reconhecer os adolescentes como sujeitos de direitos e de especificidades, o que não tem servido no contexto contemporâneo para a promoção de seus projetos de vida, visto que compõem a faixa etária alvo de maior número de mortes por homicídios decorrentes de violência.[360]

Em sentido contrário ao reconhecimento dos sujeitos, de suas diferenças e de suas situações de vida difíceis, está a atuação do Estado através de estratégias de controle social. Desde a perspectiva política, Arendt analisa que as estratégias de controle, especialmente durante o século XX, foram voltadas às populações consideradas minoritárias ou diferentes de uma maioria.[361]

Zaffaroni desenvolve a noção de controle social a partir do pressuposto de que em todas as sociedades há relações de poder e grupos mais próximos e mais distantes dos espaços de detenção de maior poder social. Em meio ao emaranhado de poder social, a sociedade vai delimitando o âmbito da conduta das pessoas. Compreendendo tais estruturas de poder, encontra-se o caminho para a explicação dos mecanismos informais e formais de controle social. Conforme o autor, todas as instituições sociais

---

[360] Dados sobre homicídios contra adolescentes foram apresentados no primeiro capítulo deste livro.

[361] ARENDT, Hannah. *As origens do ...*, p. 306.

têm função de controle, e o caráter de maior ou menor explicitação de tal controle estará relacionado ao grau de autoritarismo de cada sociedade.[362]

Portanto, a conceituação de controle social aqui adotada, para além do sistema prisional, volta-se aos comportamentos considerados socialmente como negativos ou positivos, mas que também são alvo de controle e merecem sanções ou valorações favoráveis. Como decorrência, as estratégias de controle classificam as pessoas em vários graus, entre piores e melhores, inclusive definindo sua separação no espaço. Nessa direção, aborda Foucault, quando descreve a técnica da disciplina adotada na modernidade: "A penalidade perpétua que atravessa todos os pontos e controla todos os instantes das instituições disciplinares compara, diferencia, hierarquiza, homogeneíza, exclui. Em uma palavra, ela normaliza".[363]

Nesse raciocínio, o autor afirma que a penalidade moderna não se origina na justiça criminal, mas tem seu ponto de formação na técnica disciplinar que criou os mecanismos internos de sanção normalizadora. Portanto, as estratégias de controle estão muito além do sistema penal, espalham-se pelo conjunto das instituições sociais, sob várias e diferenciadas justificativas.

Muitas vezes, o discurso justificador da intervenção na vida das pessoas, deixando de reconhecer limites e, portanto, afastando a lei em nome da exceção, funda-se na "necessidade" e na condição de proteção de que os próprios sujeitos alvo de tal controle necessitariam. É como se a visibilidade da existência de pessoas alvo de controle estivesse relacionada à justificação de sua desconsideração como pessoas, titulares de direitos perante as estruturas de controle.

Méndez aprofunda tal reflexão ao tratar da relação entre a democracia e as estratégias de "controle sociopenal da infância na América Latina". Afirma o autor que é uma característica histórica das leis de menores nesse continente o caráter discricionário e informal, o qual abriu espaço para estratégias de controle com "o nome de social", mas com conteúdo penal repressivo. O Estado, sem limites, exerce controle com maior autoritarismo. A informalidade gera mais violência, quando se trata do espaço de intervenção do Estado.[364]

O Estado de Direito fundando na noção de igualdade e liberdade, cuja justificativa de existência é a garantia de direitos, supostamente a

---

[362] ZAFFARONI, Eugenio Raúl; PIERANGELI, José Henrique. *Manual de Direito Penal Brasileiro*. 5. ed. São Paulo: RT, 3003, p. 60- 61.

[363] FOULCAULT, Michel. *Vigiar e Punir* ..., p. 168.

[364] MÉNDEZ, Emílio Garcia. *Infância e Cidadania na América Latina*. São Paulo: HUCITEC, Instituto Ayrton Senna, 1998, p. 57-65.

todos, reveste-se em instrumento de poder, ou de manutenção das estruturas de poder existentes na sociedade. No caso das crianças e, de modo especial, dos adolescentes, tal relação evidencia-se quando se observa a dificuldade de reconhecimento de sua condição de sujeitos de direitos, o que expressa a dificuldade de seu reconhecimento como pessoas.

Reconhecimento de direitos tem direta relação com a noção de democracia vigente. Também o grau de reconhecimento social pode ser associado ao maior ou menor autoritarismo presente no contexto social, ou à valorização social de alguns segmentos, ou grupos populacionais, em detrimento de outros. O olhar positivo sobre todo esse quadro permite observar, com a ajuda de Santos, que, ao mesmo tempo em que o Direito é instrumento de poder e controle, também pode ser estratégia de emancipação, em um processo dialético e contraditório.[365] No espaço da indeterminação, avanços e retrocessos constituem as circunstâncias com as quais se pode dialogar.

3.3. O DIÁLOGO COMO POSSIBILIDADE DE LEGITIMIDADE DA INTERVENÇÃO ESTATAL, DESDE UMA PERSPECTIVA CONSTITUCIONAL

O estabelecimento de um espaço de diálogo é necessário na busca de uma maior efetividade dos direitos, desde a perspectiva das necessidades das pessoas. Tal proposição também pode ser compreendida enquanto interpretação constitucional dos direitos.

Guastini define a interpretação como a atribuição de significado a um texto normativo. Ou seja, a norma é o produto da interpretação. Norma, para o autor, não é o texto legal em si, mas o enunciado que constitui sentido ou significado a uma disposição ou combinação de disposições, ou, ainda, à combinação de fragmentos de disposições.[366]

Portanto, o processo de interpretação é uma atividade de transformação de um do texto normativo em norma. Trata-se de uma atividade eminentemente prática, feita a partir do contato do intérprete com o texto e com a situação em concreto.

A partir de tal conceituação, evolui o autor afirmando que a cada disposição correspondem várias normas dissociadas, sendo que o resultado da interpretação depende das escolhas feitas pelo intérprete, em

---

[365] SANTOS, Boaventura. *A Gramática do tempo*. Para uma nova cultura política. Porto: Afrontamento, 2006, p. 401-401.

[366] GUASTINI, Riccardo.Teoria e Ideologia da Interpretação Constitucional. *Revista de Interesse Público*, Belo Horizonte, n° 40, 2007, p. 219.

processos de justificação internos ao ordenamento jurídico, ou justificação externa. Nesse sentido, tanto o legislador como o intérprete partiriam de distintas premissas ao depararem-se com o texto normativo, ou por tratar-se de sujeitos sociais diversos, ou em razão do descompasso temporal em que se encontram frente ao texto.[367]

Zagrebelsky afirma que a natureza das constituições democráticas em uma época de pluralismo é de uma plataforma aberta que, por tal razão, garante sua legitimidade para cada um dos setores da sociedade.[368] Assim, sua aplicação pressupõe a concretização de tais direitos, desde diálogos em concreto. Trata-se, conforme as palavras do autor, da necessidade de "una convivencia 'dúctil', construída sobre el pluralismo y las interdependencias y enemiga de cualquier ideal de imposición por la fuerza".[369]

Assim, se o pluralismo social e jurídico faz parte da complexidade da sociedade contemporânea e a Constituição reflete o acordo possível em dado momento histórico, as divergências ou contradições culturais e normativas não desaparecem a partir da síntese política concretizada no texto positivado. A cada momento interpretativo ou de aplicação da norma constitucional, novamente os interesses em questão reaparecem, de acordo com a valoração que tais posicionamentos possam adquirir no novo contexto social e histórico.

Em direção convergente, afirma Pisarello que o caráter aberto de uma constituição não significa neutralidade. Uma constituição que reconhece direitos sociais, ou que, em nome do Estado Social, impõe deveres negativos e positivos ao poder público e aos poderes de mercado, não pode ser considerada neutra em termos econômicos ou ideológicos. Portanto, a atuação dos tribunais na garantia de tais direitos também deve ser no sentido da implantação do modelo constitucional definido de modo democrático.[370]

Constituição em aberto significa não uma ausência de conteúdo ou uma suposição de neutralidade. A abertura constitucional deve representar a possibilidade de construções de soluções nos casos concretos, a partir dos diálogos entre as diferentes realidades convergentes ou divergentes. Também pode significar o necessário diálogo entre normatividades divergentes entre si, mas não, necessariamente, contrárias aos princípios fundamentais norteadores de tal Constituição.

---

[367] GUASTINI, Riccardo. Teoria e Ideologia ..., p. 220.
[368] ZAGREBELSKY, Gustavo. Op. cit., p. 13.
[369] Idem, p. 15.
[370] PISARELLO, Gerardo. Op. cit., p. 53.

Nesse contexto, cabe afirmar que a Constituição Federal brasileira de 1988 expressa o projeto de sociedade fruto do acordo político possível no período histórico de sua elaboração, notadamente no momento em que o Brasil saía de uma ditadura militar, e muitos segmentos sociais viam no texto constitucional a possibilidade de afirmar direitos individuais, coletivos e difusos. Trata-se de um texto "pluralista compromissado"[371] que estabelece como fundamento do Estado à pessoa humana.[372] Em seu artigo 3º estabelece, como objetivos fundamentais, a construção de uma sociedade livre, justa e solidária; a erradicação da pobreza, da marginalização e das desigualdades sociais e a promoção do bem de todos, sem preconceitos de origem, raça, sexo, cor e idade.

Portanto, o projeto de sociedade expresso na Constituição, ainda que frente a situações em concreto expresse divergências, não é neutro ao afirmar sua posição por um Estado Democrático de Direito, com ênfase em uma instrumentalidade de incidência na realidade social, seja reduzindo desigualdades, seja reconhecendo as diferenças ou especificidades.

Também é possível a existência de normas (fruto da interpretação), sem disposição normativa específica. Tais normas seriam derivadas de disposições implícitas, e sua interpretação decorreria do processo de integração de outras disposições (regras ou princípios) explícitas dentro do sistema.[373] Nessa direção, princípios como "democracia participativa", "igualdade", "equidade", entre outros presentes no texto constitucional, podem justificar a interpretação de disposições implícitas, como a necessidade de diálogo.

Interpretação, portanto, é um ato de dar sentido ao texto normativo que é realizado desde o contexto de observação do intérprete. A Constituição, por sua vez, é um conjunto normativo, fruto de um acordo social e político de certo momento histórico, mas com preceitos em aberto, a serem aplicados no caso em concreto, desde uma perspectiva sistemática e de acordo com a hierarquização axiológica feita pelo intérprete.

Tendo como ponto de partida tais conceituações e analisando-se a possibilidade de interpretação constitucional de Direitos Fundamentais, vê-se que não há contradição com a possibilidade de reconhecimento de espaços de normatividade não estatais, identificados desde o ponto de vista da realidade onde a decisão estatal irá produzir efeitos. Trata-se de

---

[371] SARLET, Ingo Wolfgang. *A Eficácia dos Direitos ...*, p. 77.

[372] Idem, p. 115.

[373] GUASTINI, Riccardo. *Distinguiendo* – Estúdios de teoria y metateoría del derecho. Barcelona: Gedisa, 1999, p. 155.

considerar as realidades sociais ou espaços sociais concretos,[374] onde as necessidades são constituídas em inter-relação subjetiva.

Como meio de concretização de tal procedimento, entende-se que é oportuna a reflexão proposta por Santos sobre a aplicação do Direito a partir do que chama de "hermenêutica diatópica",[375] que nada mais é do que a possibilidade do diálogo entre sistemas culturais e jurídicos. Portanto, o objetivo da hermenêutica diatópica é o diálogo entre os *topoi* – premissas de argumentação em cada cultura – dos diferentes sistemas na aplicação do Direito.[376] Trata-se da necessidade da busca de uma linguagem comum, que permita a efetiva compreensão das realidades sociais, etárias e culturais diversas.

Constatada a existência de uma normatividade jurídico não estatal, do qual fazem parte os adolescentes, e demonstrada a ausência do reconhecimento pleno de sua condição de pessoa titular de direitos por parte do conjunto da sociedade; trata-se da criação de estratégias para uma sistemática de diálogo na interpretação e aplicação normativa, como requisito procedimental e material necessário à efetividade concreta de tais direitos.

Desde a perspectiva aqui proposta, entende-se importante salientar a estratégia hermenêutica, enquanto interpretação que considera como caso concreto a realidade da cultura, onde a decisão irá produzir efeitos; ou a hermenêutica diatópica, enquanto procedimento de compreensão e consideração das diferenças culturais e jurídicas.

Cabe considerar a possível incompatibilidade das soluções apresentadas entre as diversas normatividades. Nesse sentido, é possível buscarem-se "pontes de transição", que sirvam como "racionalidades transversais entre ordens jurídicas". Existem alguns contextos sociojurídicos que não estão dispostos a colaborar na solução dos problemas, a partir do reconhecimento da intervenção estatal como legítima para atuação em tal conflito. Ou ainda, a situação ganha complexidade quando se tratam de ordens normativas avessas ao propósito de efetivação de Direitos Fundamentais. Tal situação exige tolerância.[377]

Tolerância, no sentido aqui proposto, não quer dizer omissão na busca de avanços em relação à afirmação de Direitos Fundamentais, mas

---

[374] Conforme FREITAS, Juarez, "Interpretação sistemática deve ser concebida como uma operação que consiste em atribuir, topicamente, a melhor significação, dentre as várias possíveis, aos princípios, às normas estritas". In: FREITAS, Juarez. *Interpretação Sistemática do Direito*. 4. ed. São Paulo: Malheiros Editores, 2004, p. 91.

[375] SANTOS, Boaventura. *A Gramática do ...*, p. 414.

[376] Idem, p. 414-421.

[377] NEVES, Marcelo da Costa Pinto. Op. cit., p. 114.

relativização de pontos de divergência que não sejam essenciais em relação aos objetivos a serem atingidos.[378] Sendo assim, entende-se que se trata da adoção de uma metodologia de diálogo e tolerância por parte das estruturas estatais, com o objetivo da efetivação de Direitos Fundamentais.

Tolerância também não se está utilizando no sentido de "tolerar", ou seja, de suportar alguma coisa que se considera ruim. Conforme compreende Molinaro, é necessário desenvolver um processo de "tradução", entre diferentes realidades, sendo que, para a construção de qualquer mecanismo de tradução, exige-se do tradutor o reconhecimento do outro como igual, ainda que considerando suas qualificações naturais e culturais distintas.[379]

Tolerância, portanto, pressupõe a compreensão de que o papel a ser desempenhado pela ordem jurídica estatal é de estabelecer formas de diálogo construtivo com as realidades "antropológico-culturalmente diferentes", em vez de simplesmente impor sua ordem jurídica. "Medidas nesta direção tendem a ter consequências destrutivas sobre mentes e corpos, sendo contrárias ao próprio conceito de Direitos Humanos".[380]

Nessa direção, entende-se que a legitimidade da intervenção estatal está relacionada com a possibilidade de interpretação constitucional, desde uma perspectiva aberta e disposta a construir soluções para os casos concretos com diálogo. Tal legitimidade depende do reconhecimento do outro e de sua realidade social e normativa.

Trata-se, portanto, mais uma vez, da necessária consideração da alteridade. Para tanto é preciso dispor-se à reconstrução permanente da própria identidade, não apenas como uma disposição intersubjetiva, mas também cognitiva e normativa, que considere outras normatividades, que se entrelaçam a partir de situações concretas e problemas comuns.

Efetivar direitos no cotidiano da vida das pessoas, em especial dos adolescentes, reduzir desigualdades, respeitar diferenças e, ao mesmo tempo, combater a invisibilidade, são desafios que fazem parte de uma estratégia de resistência à tendência predominante de fragmentação, de relativização e de desconsideração das pessoas, suas produções culturais e suas especificidades. O mundo globalizado parece seguir seu rumo, indiferente aos reclamos aqui expressos. No entanto, as consequências de tal processo fazem parte de seu conteúdo.[381] De nada adianta afirmar igualdade e direitos em planos normativos, se tal abstração não é posta

---

[378] SANTOS, Boaventura. *A Gramática* ..., p. 420.

[379] MOLINARO, Carlos Alberto. *Dignidade e Interculturalidade* ..., p. 8.

[380] NEVES, Marcelo da Costa Pinto. Op. cit., p. 191.

[381] GAUER, Ruth Maria Chittó. *Sistema Penal e Violência*. Rio de Janeiro: Lumen Juris, 2006, p. IX-XI.

em xeque no contexto contraditório e complexo das sociedades contemporâneas. Assim, torna-se importante promover a escuta, garantir a fala, amplificar a voz, de quem é invisível desde a perspectiva de muitos olhos sociais. Como afirma Santos, "Nos tempos que correm o importante é não reduzir a realidade apenas ao que existe".[382]

---

[382] SANTOS, Boaventura. *A Gramática do ...*, p. 435.

4. O reconhecimento dos direitos dos adolescentes no sistema constitucional brasileiro

> *Se trata ahora de contraponer los conceptos de igualdad y desigualdad. En este nivel abandonamos (...) el esfuerzo tendente a potenciar la igualdad, la cual conceptualmente no se opone a "diferencia", si no la desigualdad. En esta sede ya no hablamos de ausencia de discriminación de las ciudadanas y ciudadanos ante la ley, si no de las diferentes condiciones sociales, económicas y culturales que hacen que unos tengan menos capacidades para actuar que otros. (...)*[383]

Neste capítulo, apresenta-se o subsistema normativo dos direitos das crianças e adolescentes,[384] o qual tem como referencial a normativa internacional adotada na área, em especial a Convenção Internacional dos Direitos da Criança e do Adolescente. E ainda fundamenta-se na própria concepção de Dignidade Humana, o que o torna coerente e integrado ao sistema constitucional pátrio.

---

[383] HERRERA FLORES, Joaquín. La Contruccíon De Las Garantías. Hacia una Concepción Antipriarcal de la Liberdad y la Igualdad. In: PIOVESAN, Flávia; SARMENTO, Daniel; IKAWA, Daniela (Org.). *Igualdade, Diferença e Direitos Humanos*. 2ª tiragem. Rio de Janeiro: Lumen Juris, 2010, p. 116.

[384] Utiliza-se a ideia de sistema como "sistema normativo", ou um conjunto de normas pertencentes ao ordenamento jurídico estatal, integradas ao seu conjunto, que têm entre si uma lógica de organização própria destinada à aplicação em determinadas circunstâncias específicas. O sistema normativo constitucional não é fechado e nem sempre coerente. Está organizado de forma a atender a necessidades sociais, assim consideradas no determinado momento histórico em que foram produzidas, mas, quando aplicado nos casos concretos, está sujeito à interpretação e a escolhas de hierarquização axiológica, por parte do intérprete. Conforme FERRAZ JUNIOR, "sistema é um complexo que se compõe de uma estrutura e de um repertório. [...] Um ordenamento jurídico como sistema contém um repertório, contém também uma estrutura. Elementos normativos e não-normativos que guardam relação entre si". Ainda cabe esclarecer, que se adota a conceituação de subsistema dos direitos da criança e do adolescente, não como outrora a nomenclatura de subsistema foi utilizada para designação de subsistemas específicos e "independentes" em relação ao Código Civil, notadamente antes da Constituição Federal de 1988. O subsistema dos direitos da criança e do adolescente é aqui utilizado de forma integrada ao sistema constitucional e sempre interpretado a partir da Constituição Federal. In: FERRAZ JUNIOR, Tércio Sampaio. *Introdução ao Estudo do Direito. Técnica, Decisão, Dominação*. São Paulo: Atlas, 1991, p. 165.

A Doutrina da Proteção Integral, base jurídica das convenções internacionais de que o Brasil é signatário, tem seus desdobramentos em um conjunto de direitos, cujos titulares são os adolescentes brasileiros, em sua generalidade e especificidade. Como fonte de interpretação de tais direitos, tanto a doutrina internacional quanto o Direito pátrio adotam princípios específicos, os quais serão abordados, justificados e problematizados no decorrer deste capítulo.

Considerando o conjunto normativo descrito, vê-se que os direitos dos adolescentes positivados no ordenamento jurídico brasileiro não encontram grandes limites para eficácia normativa. De outra parte, a realidade da adolescência em questão ainda não reflete tal normatividade, ou seja, longe se está de considerarem-se atingidos os objetivos programáticos adotados pelo Brasil. Vê-se, portanto, que o limite de efetividade está para além da norma, encontra-se no plano social. Talvez esse limite esteja no campo das dificuldades de reconhecimento, em especial da condição peculiar de desenvolvimento dos respectivos sujeitos, portanto, de sua especificidade e diferença, em relação à coletividade social. Assim, a proposta deste capítulo está em problematizar a realidade normativa, refleti-la e confrontá-la, desde o olhar crítico de sua contextualização social.

4.1. PROTEÇÃO INTEGRAL DA CRIANÇA E DO ADOLESCENTE: ALGUNS PRESSUPOSTOS

A Constituição Federal brasileira, assim como a maioria das constituições dos países ocidentais identificados com o constitucionalismo contemporâneo, reconhece a especificidade dos diferentes sujeitos de direitos. Entre seus objetivos está a redução de desigualdades, mas, sobretudo, o respeito à equidade ou às diferenças que constituem a realidade social, enquanto expressão de origem, raça, sexo, cor e idade. Assim, o projeto de sociedade expresso na Constituição afirma a opção por um Estado Democrático de Direito de caráter horizontalizado, com ênfase na redução de desigualdades, desde o reconhecimento das diferenças e especificidades.

No que se refere aos direitos das crianças e adolescentes, o texto constitucional buscou sua fundamentação no princípio da Dignidade da Pessoa Humana, mas incorporou também diretrizes dos Direitos Humanos no plano internacional, especificamente, seguindo os caminhos traçados na elaboração da Convenção Internacional dos Direitos da Criança.

No contexto latino-americano, a partir do início da década de oitenta do século passado, começou a difundir-se o processo de discussão da Convenção Internacional dos Direitos da Criança. Observou-se, de modo particular, a atuação e a influência dos movimentos sociais emergentes na construção de textos jurídicos da área dos direitos da infância. Na situação específica do Brasil, tal movimento coincidiu com os debates que antecederam a convocação da Assembleia Nacional Constituinte e que prosseguiram durante a elaboração da Constituição. Assim, a situação das crianças e dos adolescentes foi um dos temas das lutas populares por assegurar a positivação de direitos.[385]

Toda essa mudança legislativa somente pode ser compreendida desde a perspectiva histórica, na medida em que representou a superação de um modelo de tratamento jurídico da infância e juventude, que já vigorava há cerca de um século na maioria dos países ocidentais. Trata-se das "legislações de menores", fundamentadas na "doutrina da situação irregular" – como ficou conhecida na América Latina –, que se caracterizava pela legitimação jurídica da intervenção estatal discricional. Entre o final do Século XIX e quase final do século XX, as legislações fundadas nesses preceitos doutrinários foram a manifestação objetiva do pensamento considerado avançado em relação à situação anterior.[386] Assim, em um período não superior a vinte anos, todas as leis latino-americanas adotavam a concepção tutelar, tendo por objetivo central o "sequestro social" de todos aqueles em "situação irregular", também do ponto de vista jurídico.

O enfoque principal da referida doutrina estava em legitimar a potencial atuação judicial indiscriminada sobre crianças e adolescentes em situação de dificuldade. Tendo como foco o "menor em situação irregular", deixava-se de considerar as deficiências das políticas sociais, optando-se por soluções individuais que privilegiavam a institucionalização.[387] Em nome dessa compreensão individualista, biologista, o juiz aplicava a lei de menores sempre a partir de uma justificação positiva, a qual transitava entre o dilema de satisfazer um discurso assistencialista e uma necessidade de controle social.

A partir da contribuição de Beloff, podem-se resumir as características da "doutrina da situação irregular":

As crianças e os jovens eram considerados como objetos de proteção, tratados a partir de sua incapacidade. As leis não eram para toda infân-

---

[385] Uma comissão popular, conhecida como "Comissão Nacional Criança e Constituinte", reuniu 1.200.000 assinaturas que buscavam a inclusão na Constituição do art. 227. Nesse sentido relata PEREIRA, Almir Rogério. *Visualizando a Política de Atendimento*. Rio de Janeiro: Kroart, 1998, p. 33.

[386] Antes do final do Século XIX não havia tratamento jurídico específico para a infância e para a adolescência; alguns doutrinadores, que fundamentam tal análise histórica, entendem tratar-se da fase de "Pré-história dos direitos da infância". MÉNDEZ, Emílio Garcia. Adolescentes e Responsabilidade Penal: um debate latino-americano. In: *Por uma reflexão sobre o Arbítrio e o Garantismo na Jurisdição Socioeducativa*. Porto Alegre: AJURIS, Escola Superior do Ministério Público, FESDEP, 2000, p. 7-10.

[387] MÉNDEZ, Emílio Garcia. *Infância e Cidadania América Latina*. São Paulo: HUCITEC, 1996, p. 88-96.

cia e adolescência, mas para uma categoria específica, denominada de "menores". Para designá-los eram utilizadas figuras jurídicas em aberto, como "menores em situação irregular", em "perigo moral ou material", "em situação de risco", ou "em circunstâncias especialmente difíceis". Ainda, prossegue a autora, configurava-se do ponto de vista normativo uma distinção entre as crianças e aqueles em "situação irregular", entre crianças e menores, de sorte que as eventuais questões relativas àquelas eram de competência do Direito de Família e desses dos Juizados de Menores. As condições em que se encontravam individualmente convertiam as crianças e adolescentes em "menores em situação irregular" e, por isso, objeto de uma intervenção estatal coercitiva, tanto em relação a eles como em suas famílias.[388]

Diante do conceito de incapacidade, a opinião da criança fazia-se irrelevante, e a "proteção" estatal frequentemente violava ou restringia direitos, na medida em que não era concebida desde a perspectiva dos Direitos Fundamentais. O juiz de menores não era uma autoridade de quem se esperava uma atuação tipicamente judicial, deveria identificar-se com um "bom pai de família", em sua missão de encarregado do "patronato" do Estado sobre esses "menores em situação de risco ou perigo moral ou material". Disso resulta que o juiz de menores não estava limitado pela lei e tinha faculdades ilimitadas e onipotentes de disposição e intervenção sobre a família e a criança, com amplo poder discricionário.[389]

De outra parte, não havia distinção em relação ao tratamento das políticas sociais e de assistência destinadas às crianças e adolescentes que cometiam delitos ou outros, em situação geral de pobreza. Tratava-se, conforme a autora, de "sequestro e judicialização dos problemas sociais". Como consequência, desconheciam-se todas as garantias reconhecidas pelos diferentes sistemas jurídicos no Estado de Direito, e a medida com maior frequência adotada pelos Juizados de Menores, tanto para os infratores da lei penal quanto para as "vítimas" ou "protegidos", era a privação de liberdade, sendo esta imposta por tempo indeterminado, não sendo aplicada em decorrência de qualquer processo judicial que respeitasse garantias individuais.[390]

Em síntese, pode-se dizer que, segundo as legislações fundamentadas na doutrina da situação irregular, a centralização do poder de decisão estava no Estado, através da figura do juiz, com competência ilimitada e

---

[388] BELLOFF, Mary. Modelo de la Proteción Integral de los derechos del niño y de la situación irregular: un modelo para armar y outro para desarmar. In: *Justicia y Derechos Del Niño*. Santiago de Chile: UNICEF, 1999, p. 13-15.

[389] BELLOFF, Mary. Modelo de la Proteción ..., p. 15.

[390] Idem, p. 16.

discricional, sem praticamente nenhuma limitação legal. Nesse contexto, buscava-se a judicialização dos problemas vinculados à infância empobrecida e a patologização dos conflitos de natureza social, portanto, a criminalização da pobreza.[391]

A partir do advento da Convenção Internacional dos Direitos da Criança, de acordo com o critério proposto por Méndez, caracterizou-se uma nova fase dos direitos da criança e do adolescente.[392] No caso brasileiro, essa nova etapa expressou-se através da Constituição Federal e, em 1990, no Estatuto da Criança e do Adolescente, Lei 8.069/90, bem como, no mesmo ano, confirmou-se com a ratificação da Convenção Internacional pelo Congresso Nacional. Tratava-se da consolidação na legislação internacional, com influência gradativa nas Constituições dos vários países, da "Doutrina das Nações Unidas de Proteção Integral à Criança".

A Doutrina da Proteção Integral[393] é a base valorativa que fundamenta os direitos da infância e da juventude. Parte do reconhecimento normativo de uma condição especial, ou peculiar, das pessoas desse grupo etário (zero a 18 anos), que devem ser respeitadas enquanto sujeitos de direitos. Crianças e adolescentes, a partir de então, ainda que no texto normativo, foram reconhecidos em sua dignidade, pessoas em desenvolvimento, que necessitam de especial proteção e garantia dos seus diretos por parte dos adultos: Estado, família e sociedade.

Logo, são os adultos, no desempenho de seus papéis sociais, que devem viabilizar as condições objetivas para que os sujeitos "crianças" e, em especial – no caso deste livro –, "adolescentes" possam crescer de forma plena, ou seja, desenvolver suas potencialidades. Proteção integral, nesse sentido, nada mais é a responsabilização dos adultos pelo cuidado[394] e garantia de condições para que crianças e adolescentes possam exercer sua cidadania, com dignidade.

---

[391] MÉNDEZ, Emílio Garcia. *Infância e Cidadania na ...*, p. 26.

[392] MÉNDEZ, Emílio Garcia. Adolescentes e Responsabilidade Penal: um debate latino-americano. In: *Por uma reflexão sobre o Arbítrio e o Garantismo na Jurisdição Socioeducativa*. Porto Alegre: AJURIS, Escola Superior do Ministério Público, FESDEP, 2000, p. 7-10.

[393] MACHADO, Martha de Toledo. *A Proteção Constitucional de Crianças e Adolescentes e os Direitos Humanos*. São Paulo: Manole, 2003, p. 47-54 (entre os vários autores que tratam o tema).

[394] A compreensão do "cuidado" como valor jurídico, tem sido desenvolvida por alguns autores e identifica-se com a idéia, protegida pelo ordenamento jurídico brasileiro, notadamente de inspiração constitucional, que envolve, além de circunstâncias materiais, a especificidade da proteção, que significa defesa, socorro, ajuda, ter aos cuidados os interesses de alguém. Portanto, cuidado e proteção aqui estão inseridos em dispositivos de ordem imaterial, mas que podem ser identificados racionalmente na medida em que se evidencia sua existência. COLTRO, Antonio Carlos Mathias; OLIVEIRA e TELLE, Marília Campos. O Cuidado e a Assistência como Valores Jurídicos Imateriais. In: PEREIRA, Tânia da Silva; OLIVEIRA, Guilherme de (Orgs.). *O Cuidado como Valor Jurídico*. Rio de Janeiro: Forense, 2008, p. 112.

Vê-se que está em questão o reconhecimento da condição de titularidade de direitos dessa parcela da população, cujo tratamento histórico e legislativo foi sempre de indiferença em relação a sua peculiaridade, ou de consideração como objeto do poder e da decisão dos adultos, com o intuito de tutela ou controle. Crianças e adolescentes, titulares de direitos, são considerados sujeitos autônomos, mas com exercício de suas capacidades limitadas em face de sua etapa de vida. Titulares de direitos e também de obrigações ou responsabilidades, as quais são graduais na medida de seu estágio de desenvolvimento.

Trata-se do reconhecimento de diferenças, que constituem a identidade de determinados grupos de sujeitos em relação ao contexto mais amplo da sociedade. Como contribui Piovesan, o reconhecimento é condição para a viabilização das condições necessárias ao pleno desenvolvimento das potencialidades das pessoas:

> A garantia da igualdade, da diferença e do reconhecimento de identidades é condição e pressuposto para o direito à autodeterminação, bem como para o direito ao pleno desenvolvimento das potencialidades humanas, transitando-se da igualdade abstrata e geral para um conceito plural de dignidades concretas.[395]

A Doutrina da Proteção Integral tem nesses pressupostos seus fundamentos e é complementada a partir de princípios jurídicos positivados na Convenção Internacional e na Constituição Federal. Entre os quais, destacam-se: princípio da prioridade absoluta; princípio do melhor interesse; princípio da brevidade e excepcionalidade; princípio da condição peculiar de desenvolvimento; e princípio da livre manifestação, ou direito de ser ouvido. Todos serão abordados de forma mais aprofundada na continuidade desse trabalho.

Essa Doutrina encontra-se presente nos seguintes documentos e tratados internacionais: Convenção Internacional sobre os Direitos da Criança, de 1989; Regras Mínimas das Nações Unidas para a Administração dos Direitos dos Menores, Regras de Beijing, de 1985; Regras das Nações Unidas para a Proteção dos Menores Privados de Liberdade, de 1990; Diretrizes das Nações Unidas para a Prevenção da Delinquência Juvenil, Diretrizes de Riad, de 1990; Regras Mínimas das Nações Unidas para a elaboração de Medidas Não Privativas de Liberdade, Regras de Tóquio, também de 1990.

O conjunto de documentos internacionais superou, portanto, no âmbito normativo, a antiga concepção tutelar, trazendo a criança e o adolescente para a condição de sujeitos de direitos perante o Estado e a

---

[395] PIOVESAN, Flávia. Igualdade, Diferença e Direitos Humanos: perspectivas regional e global. In: ——; SARMENTO, Daniel; IKAWA, Daniela (Org.). *Igualdade, Diferença e Direitos Humanos*. Rio de Janeiro: Lumen Juris, 2010. Tiragem 2 p. 76.

sociedade; estabelecendo a esses, por conseguinte, obrigações e limites de intervenção. A positivação de direitos destinados ao público infanto-juvenil, em consonância com a base doutrinária, tem especial significado na medida em que rompeu com o tratamento jurídico destinado a esse público, até então: o "direito do menor".

Logo, a Doutrina da Proteção Integral, tem significado e sentido contextualizado e deve ser entendida como proteção especial aos direitos da pessoa em desenvolvimento, e não das pessoas em si. Caso contrário, continuar-se-ia a considerar a pessoa como se objeto fosse, o que fez parte da tradição histórica do tratamento de crianças e adolescentes pela sociedade e pelo Estado. "Lo que se protege son precisamente derechos y no directamente a la persona, pues de esta última forma pasa a ser ella el objeto protegido".[396]

Nesse contexto, as alterações normativas no plano internacional, com forte influência nos Estados nacionais, em especial no caso brasileiro, significaram um importante avanço. De outra parte, tal compreensão histórica e contextualizada ajuda no entendimento acerca das razões pelas quais, no contexto de complexidade dos dias de hoje, ainda se observam intervenções sobre a vida de crianças e adolescentes como se estivesse vigente a "situação irregular". Na percepção de Méndez, trata-se da predominância de uma cultura que faz parte da "epiderme ideológica", que perpassava o conteúdo de tais leis, sendo superada no plano internacional e constitucional da maioria dos Estados nacionais democráticos, e que, no entanto, continua presente na "epiderme" institucional e judicial, ao menos no caso brasileiro, em muitos momentos e circunstâncias.[397] Nesse plano, subliminar, situa-se, em alguma medida, a dificuldade de reconhecimento, em especial do público de adolescentes, como sujeitos de direitos.

4.2. OS DIREITOS DA CRIANÇA E DO ADOLESCENTE NO SISTEMA CONSTITUCIONAL BRASILEIRO

No Brasil, uma coincidência histórica fez com que o momento político internacional de formulação da Convenção Internacional dos Direitos da Criança fosse paralelo à elaboração da primeira Constituição Federal posterior ao período de abertura política, permitindo que fossem incluí-

---

[396] MORALES, Julio Cortés. El Concepto de Protección y su Relación con los Derechos Humanos de la Infancia. In: GONZALÉZ, Helena Hidalgo (Org.). *Infancia y Derechos Humanos:* Discurso, Realidad y Perspectivas. Santiago do Chile: Corporacion Opcion, 2001, p. 119.

[397] MÉNDEZ, Emílio Garcia. Infância, Lei e Democracia: Uma Questão de Justiça. In: —— e BELOFF, Mary (Orgs.). *Infância, Lei e Democracia na América Latina.* V. 1. Blumenau: Edifurb, 2001, p. 42.

dos, na Constituição de 1988, os artigos 227 e 228, que positivaram princípios básicos contidos na Convenção Internacional, mesmo antes que essa fosse aprovada em 1989.

A Constituição brasileira estabelece, portanto, como sistema máximo de garantias, direitos individuais e sociais, dos quais são titulares todas as crianças e adolescentes, independente de sua situação social, pessoal, ou mesmo de sua conduta. É dever da família, da comunidade, da sociedade em geral e do Estado a efetivação desses direitos, assegurando as condições para o desenvolvimento integral de quem se encontra nessa faixa etária.[398] Portanto, o estágio de desenvolvimento humano do público infanto-juvenil, em razão de suas peculiaridades, justifica um tratamento especial.

Trata-se, assim, do reconhecimento constitucional de um conjunto de direitos destinados a tal parcela da população brasileira, os quais correspondem aos valores estabelecidos a partir do modelo de Estado Democrático de Direito. São Direitos Fundamentais que podem ser observados em vários momentos do texto constitucional, como, por exemplo, nos capítulos destinados à educação, à saúde, à assistência social, entre outros.

Conforme Sarlet, Direitos Fundamentais são aqueles previstos no ordenamento jurídico nacional, dotados de suficiente relevância e essencialidade, logo, de "fundamentalidade material". Previstos no art. 5º da CF, ou não, estão sujeitos à lógica de eficácia direita.[399]

De modo específico, os artigos 227 e 288 da CF tratam da proteção especial das crianças e adolescentes. Logo, além do reconhecimento da condição peculiar, como pessoas em desenvolvimento, ao positivar tais direitos, o texto constitucional busca a efetivação de outra realidade social para essa parcela da população. Trata-se de uma estratégia de efetivação também dos objetivos constitucionais, em especial no que se refere à redução das desigualdades, pois, à medida que a sociedade brasileira conseguir efetivar direitos desde a infância, a tendência social é de se atingir melhores condições de acesso de todos a oportunidades, o que deve contribuir com uma melhor condição de igualdade material.

De acordo com Saraiva, o sistema constitucional estabelece Direitos Fundamentais destinados a crianças e adolescentes em três níveis, ou subsistemas de garantias, todos inter-relacionados entre si e parte integrante da constitucionalidade como um todo:

---

[398] Constituição Federal, art. 227.

[399] SARLET, Ingo Wolfgang. *A Eficácia dos Direitos*. 8. ed. Porto Alegre: Livraria do Advogado, 2007, p. 281.

- o primeiro nível de garantias define como direito de todas crianças e adolescentes os Direitos Fundamentais, como vida, educação, saúde, habitação, convivência familiar e comunitária, cultura, esporte, lazer, entre outros;
- o segundo nível de garantias caracteriza-se pelo direito de proteção especial para todas as crianças e adolescentes que sejam vítima de violência, negligência e maus-tratos;
- o terceiro nível de garantias diz respeito à responsabilização e destina-se a adolescentes que cometem atos infracionais.[400]

A cada um desses níveis de garantias de direitos correspondem políticas públicas a serem ofertadas por parte do Estado, em caráter vertical. De outra parte, a responsabilidade de efetivação de tais direitos é também da família e da sociedade em caráter horizontal.[401]

4.2.1. Direitos de caráter universal

No que se refere aos direitos destinados a todas as crianças e adolescentes, o Estado deve dar conta de sua efetivação por meio de políticas públicas de caráter universal. Assim, todas as crianças e adolescentes devem ter acesso universal à educação, à saúde, à profissionalização, ao esporte, ao lazer, à convivência familiar e comunitária, entre outros direitos e seus desdobramentos. Nesse caso, cabe a referência ao princípio da subsidiariedade,[402] ou seja, na medida em que a família não tenha condições de garantir a efetividade de tais direitos, cabe ao Estado o suporte necessário a sua concretização. Para tanto, além da simples oferta da respectiva política pública setorial, quando necessário, devem ser viabilizadas as condições de acesso e permanência, ou seja, de efetivo exercício dos direitos correspondentes a tais políticas públicas.

No caso dos adolescentes, com tratamento específico neste livro, cabe destacar que cada um dos Direitos Fundamentais de que são titulares exige também políticas públicas que atendam às suas especificidades e necessidades. Nessa direção, cabe destaque o direito à profissionalização,

---

[400] SARAIVA, João Batista Costa. *Desconstruindo o Mito da Impunidade:* Um Ensaio de Direito Penal Juvenil. Brasília: Saraiva, 2002, p. 50-51.

[401] SARLET, Ingo Wolfgang. *A Eficácia dos Direitos ...*, p. 339.

[402] Por princípio da subsidiariedade entende SARLET, Ingo, a partir de J. Neuner, que se trata do dever das pessoas de zelar pelo seu próprio sustento e de sua família, assegurando um espaço de liberdade pessoal e também de responsabilidade. A compreensão dos autores sobre esse princípio, não deixa de reconhecer a obrigação do Estado na satisfação dos Direitos Fundamentais. In: SARLET, Ingo Wolfgang; FIGUEIREDO, Mariana Filchtiner. Reserva do Possível, mínimo existencial e direito à saúde: algumas aproximações. In: ——; TIMM, Luciano Benetti (Orgs.). *Direitos Fundamentais, orçamento e Reserva do Possível.* Porto Alegre: Livraria do Advogado, 2008, p. 36.

como especificidade do direito à educação, o qual deve respeitar aptidões e possibilidades de desenvolvimento de habilidades e competências profissionais adequadas aos seus interesses e necessidades de seu contexto social. Também são importantes os direitos ao esporte e à cultura, bens jurídicos que ganham relevância e significado específico nessa etapa da vida. O direito à saúde, de outra parte, deve contemplar as especificidades das mudanças físicas e psicológicas que ocorrem nesta etapa da vida, e as condições de enfrentamento de problemáticas que atingem de forma intensa os adolescentes, como a dependência psicoativa, a gravidez precoce, ou as doenças sexualmente transmissíveis. Ou ainda, cabe referir o direito à convivência familiar e comunitária, visto que as famílias costumam sofrer abalos, em razão das transformações que tendem a ocorrer em seus contextos, a partir do adolescer de um de seus membros, provocando mudanças nos papéis familiares diante dos desafios enfrentados.[403]

Com tais exemplos, busca-se chamar a atenção para o fato de que a especificidade etária exige materializações diferenciadas de direitos. Um adolescente, no contexto brasileiro contemporâneo, não tem apenas direito à educação, mas a uma educação de qualidade, que contemple a profissionalização necessária ao desenvolvimento de suas potencialidades. O mesmo pode-se dizer em relação ao direito à cultura, ao esporte, à saúde e à convivência familiar e comunitária. O conteúdo dos direitos, e o decorrente dever do Estado de materializá-los em políticas públicas, requer atenção às especificidades e necessidades. Caso contrário, estar-se-ia considerando que a simples oferta de serviços voltados para a população em geral seria suficiente, não reconhecendo a condição de pessoas com especificidades em razão da etapa da vida que atravessam e do contexto sociocultural em que estão inseridos.

4.2.2. Direitos de Proteção Especial

O segundo nível de direitos aqui abordado tem como correspondente as redes de proteção especial integradas por várias políticas públicas, como saúde, assistência social, educação e segurança. Nesse caso, como se trata da tarefa de garantir às crianças e adolescentes proteção em situações de violações de direitos, ou risco de tal violação, devem ser acionados os serviços do Estado voltados para a intervenção protetiva. Enquanto porta de entrada para a denúncia e atendimento a violações de

---

[403] SUDBRAK, Maria de Fátima Oliver. *O Papel da Família e da Escola na formação do Adolescente*. Texto produzido para fins didáticos do Curso Extensão Universitária no Contexto da Educação Continuada do Sistema Socioeducativo do Distrito Federal. Universidade de Brasília, 2009, p. 4.

direitos, a legislação prevê a atuação dos Conselhos Tutelares,[404] os quais, entre outras funções, têm como competência a aplicação de medidas de proteção.[405] Em sequência, quando não atingidos os objetivos iniciais, ou em caso de agravamento da violação de direitos em questão, devem atuar outros órgãos estatais, como, o Ministério Público e o Poder Judiciário.

Ainda que contextualizadas em um âmbito social mais amplo, sabe-se que a maior parte das violações de direitos sofridos por crianças e adolescentes, de caráter específico (violência física, psicológica, abuso sexual e negligência), ocorre dentro da família, sendo os agentes violadores as pessoas de convivência direta, como pais, mães, padrastos, tios, avós, irmãos mais velhos, entre outros.[406] Sendo assim, a atuação protetiva do Estado acaba constituindo-se, na maioria das vezes, em intervenção no âmbito familiar. Para tais situações, a legislação contempla vários estágios de intervenção, como as medidas protetivas aplicadas pelos Conselhos Tutelares, ou pelos juízes da infância e juventude, o procedimento para destituição do poder familiar, as alternativas de colocação em famílias substitutas, em regime de guarda, tutela e adoção, entre outras de caráter complementar.

Do ponto de vista histórico, nesse campo encontra-se a maior tradição de atuação estatal, no que se refere ao público de crianças e adolescentes em circunstâncias de dificuldade. O "Direito do Menor" voltava-se para a autorização de atuação indiscriminada do Estado no contexto de determinadas famílias, em especial as de "menores" considerados "em situação irregular". Tal intervenção, tradicionalmente, caracterizava-se pela institucionalização e afastamento do contexto social e familiar. Nessa direção, colaboram Rizzini e Rizzini, ao realizarem a análise histórica da documentação sobre assistência à infância no Brasil, entre os séculos XIX e XX, revelando que crianças pobres, em famílias com dificuldades,

---

[404] Conforme art. 131, do Estatuto da Criança e do Adolescente. Lei 8.069/90, o Conselho Tutelar é órgão permanente autônomo, não jurisdicional, encarregado pela sociedade de zelar pelo cumprimento dos direitos de crianças e adolescentes.

[405] Tendo como fato gerador, a violação, ou ameaça de direitos, por ação, ou omissão do Estado, da sociedade, ou da família, cabe ao Conselho Tutelar aplicar medidas de proteção (art. 98 da Lei 8.069/90), as quais estão dispostas no art. 101 da mesma Lei, e desde o inciso I até o inciso VI, são de competência do Conselho Tutelar. No caso dos incisos VII, VIII e IX do mesmo artigo, os quais se referem especificamente às medidas de proteção de colocação em instituição de acolhimento, famílias acolhedoras e em família substituta, a competência de aplicação cabe à autoridade judicial, conforme parágrafo 2º do art. 101 (Lei 8.069/90, com as alterações trazidas pela Lei 12.010, de 2009).

[406] Segundo o Ministério da Saúde, 58% das situações envolvendo violência contra crianças e 50% contra adolescentes, segundo os locais de ocorrência de violências atendidos nos serviços de referência de municípios selecionados, segundo ciclo etário, 2006-2007, (foram) aconteceram nas residências. In: BRASIL. Ministério da Saúde. *Impacto da violência na Saúde das Crianças e adolescentes – Prevenção da Violência e Cultura da Paz*. VIVA/SVS/MS 2006/2007, p. 5.

quando buscavam apoio do Estado, tinham destino quase certo: institucionalização, como órfãos, ou abandonados.[407]

Logo, a afirmação dos direitos de proteção à integridade física e psicológica requer também a afirmação de conteúdos. Desde a Convenção Internacional, os documentos normativos afirmam o direito da criança e do adolescente à convivência familiar e comunitária como um direito de fundamentalidade e relevância. Assim, na medida em que colidem direitos, como a integridade física e a convivência na família, a intervenção protetiva do Estado deve pautar-se pela observância de princípios gerais como brevidade, excepcionalidade e intervenção mínima.

Trata-se, pois, da necessidade de estabelecer-se relação nesse ponto com o modelo de família acolhido pela Constituição Federal de 1988. A família que, do ponto de vista sociocultural, já não corresponde ao modelo patriarcal, unificada pelo casamento como valor em si mesmo, passa a ter contornos de maior horizontalidade, de igualdade entre os cônjuges, entre os filhos e do necessário respeito à diversidade. Essa nova família, acolhida pelo modelo constitucional, não é protegida pelo Direito pátrio como um fim em si mesmo, mas como um meio, instrumento para constituição da Dignidade Humana de cada um dos seus membros. Nesse contexto situa-se o limite de poder dos adultos sobre as crianças e adolescentes, levando-se em consideração as relações intersubjetivas no âmbito familiar, conforme refere Tepedino:

> [...] a família, embora tenha ampliado seu prestígio constitucional a partir da Constituição Federal de 1988, deixa de ter valor intrínseco, como instituição capaz de merecer tutela jurídica, pelo simples fato de existir, passando a ser valorada de maneira instrumental, tutelada na medida em que – e somente na exata medida em que – se constitua em um núcleo intermediário de desenvolvimento da personalidade dos filhos e de proteção da igualdade humana.[408]

Consequentemente, tanto o Estado tem limites para a intervenção familiar, considerando o direito de convivência familiar e comunitária como parâmetro limitador; como, de outra parte, tal convivência familiar não é absoluta, ou não tem fim em si mesma. Será preservada na medida em que for instrumental para o desenvolvimento da pessoa humana, no caso dos adolescentes.

Sarlet, ao analisar o caráter aberto do catálogo de Direitos Fundamentais adotado pela Constituição brasileira, questiona a existência de definições prévias de hierarquia entre direitos, que eventualmente coli-

---

[407] RIZZINI, Irene; RIZZINI, Irma. *A Institucionalização de Crianças no Brasil* – percurso histórico e desafios do presente. Rio de Janeiro: PUC/Rio; São Paulo: Loyola, 2004, p. 13.

[408] TEPEDINO, Gustavo. *A disciplina civil-constitucional*. Temas de Direito Civil-constitucional. Rio de Janeiro: Renovar, 1998, p. 50.

dem. Afirma o autor não existirem positivados critérios constitucionais normativos para a ponderação entre Direitos Fundamentais, como é o caso de outras constituições da atualidade. Tais critérios poderiam dizer respeito à preservação do núcleo essencial dos Direitos Fundamentais, ao princípio da proporcionalidade, ou à restrição de direitos vinculada apenas à reserva legislativa. Como essa opção não foi adotada na Constituição brasileira, a que se considerar que nenhum direito é absoluto em si, mas que há regras normativas que permitem certa hierarquização axiológica, sem a necessidade de exclusão total de um ou outro direito. Dentre tais regras está a consideração da Dignidade da Pessoa Humana, como princípio reitor da sociedade brasileira, e as diferentes relações com tal princípio que irão ter cada um dos Direitos Fundamentais positivados.[409]

Nesse sentido, pode-se dizer que a intervenção do Estado no contexto familiar encontra fundamento na garantia da dignidade das crianças ou adolescentes. De outra parte, tal intervenção encontrará seus limites se ela própria não reconhecer tal contexto como espaço de liberdade e de desenvolvimento da Dignidade da Pessoa Humana.

4.2.3. Direitos e deveres de responsabilização

O terceiro nível de direitos e de deveres tem enfoque correspondente ao tratamento a ser dispensado pelo Estado aos adolescentes autores de atos infracionais. De acordo com a norma constitucional vigente, cabe aos adolescentes que cometem atos infracionais se responsabilizarem por sua prática. Esta responsabilidade não lhes é imputada frente à legislação penal comum, mas, com base nas normas do Estatuto próprio, devem submeter-se a medidas socioeducativas de caráter penal especial.

O fato é que o Brasil, como a maioria dos países ocidentais, conta em seu ordenamento jurídico com dois sistemas para a responsabilização daqueles que cometem crimes (ou atos infracionais): o sistema penal adulto, destinado à responsabilização das pessoas com mais de dezoito anos; e um sistema de responsabilização juvenil, destinado a responsabilizar os adolescentes, de doze a dezoito anos de idade, por seus atos.

Conforme análise doutrinária realizada por Cirello Bruñol, existem duas grandes teorias que justificam a diferença de tratamento de crianças e adolescentes quanto à responsabilidade. As "doutrinas de imputabilidade em sentido estrito", que igualam a condição do adolescente à do doente mental, fundamentando a exceção no fato de que o primeiro não teria plenas faculdades para compreender o caráter ilícito de sua conduta, atuando, portanto, segundo sua capacidade de compreensão. E as "dou-

---
[409] SARLET, Ingo Wolfgang. *A Eficácia dos Direitos* ..., p. 83-88.

trinas político-criminais", que entendem a idade penal como uma barreira entre os sistemas de responsabilidade diante do delito, seja o sistema adulto, seja o sistema juvenil.[410]

A concepção doutrinária fundada na ideia de que a definição da idade de responsabilização criminal se trata de uma opção de política criminal, segundo o autor acima, divide-se em outros dois grupos: os "modelos de proteção", que declaram irresponsável o adolescente e a ele destinam medidas de proteção e de segurança; e os "modelos de responsabilização especial para adolescentes", que contemplam sanções especiais e reconhecem em seus destinatários uma capacidade de culpabilidade especial.[411]

Essa última possibilidade apresentada foi adotada pela Constituição Federal brasileira, em seu art. 228. Define-se, portanto, um período etário, que vai até o limite superior de dezoito anos, para que os sujeitos, que estão em uma fase de desenvolvimento diferenciada dos adultos, respondam por um sistema de responsabilidade também diferenciado do dos adultos. São, assim, imputáveis perante seu próprio sistema de responsabilidade. No caso brasileiro, são imputáveis perante o Estatuto da Criança e do Adolescente.[412]

O nível dos direitos e deveres destinados à responsabilização previsto na Constituição Federal está regulado nos dispositivos do Estatuto da Criança e do Adolescente destinados à matéria, onde estão previstas medidas socioeducativas.[413] A natureza jurídica de tais medidas é sancionatória, no sentido de que são aplicadas aos seus destinatários em decorrência de ato infracional (crime ou contravenção) praticado. Também pelo fato de que são impostas aos adolescentes, após a apuração da responsabilidade desses mediante um procedimento judicial, no qual cabe ao Estado, através do Ministério Público, demonstrar a sua autoria e, ao juiz, aplicar a medida cabível, proporcional à prática cometida e ao envolvimento de seu autor.

A compreensão da natureza jurídica das medidas socioeducativas, especialmente durante o processo judicial que resultará em sua aplicação,

---

[410] CIRELLO BUÑOL, Miguel. O Interesse superior da Criança no Marco da Convenção Internacional Sobre os Direitos da Criança. In: MÉNDEZ, Emílio Garcia e BELOFF, Mary (Orgs.). *Infância, Lei e Democracia na América Latina*. V. 1. Blumenau: Edifurb, 2001, p. 70-71.

[411] Esse tema foi abordado em maior profundidade pela autora em trabalho anterior. Vide: COSTA, Ana Paula Motta. *As Garantias processuais e o Direito Penal Juvenil*. Porto Alegre: Livraria do Advogado, 2005.

[412] De acordo com o art. 228 da Constituição Federal, "São penalmente inimputáveis os menores de dezoito anos, sujeitos às normas da legislação especial".

[413] Conforme art. 112, da Lei 8.069/90, verificada a prática de ato infracional (crime ou contravenção penal, conforme art. 103 da mesma Lei), a autoridade competente poderá aplicar medidas socioeducativas, as quais são elencadas nos incisos do artigo, partem de advertência até medidas socioeducativas de internação.

tem por finalidade, ou estratégia, estabelecer limites concretos e legais para sua imposição pelo Poder Judiciário, visto que as sanções somente podem ser impostas aos adolescentes nas situações autorizadas pela Lei, considerando os limites e circunstâncias previstas.[414] Trata-se, portanto, de limites jurídicos para a intervenção do Estado na vida e na liberdade dos sujeitos, logo, nesse aspecto, direitos de natureza negativa, cabendo ao Estado respeitar tais barreiras.

Os adolescentes que violam direito de outros devem ser responsabilizados por tais fatos de acordo com seu estágio de desenvolvimento e situação peculiar. No entanto, essa situação não afasta a condição de titulares dos outros níveis de direitos, ou seja, tem os mesmos direitos de todas as crianças e adolescentes, sejam aqueles universalizáveis, sejam os demais, voltados para assegurar que estejam a salvo de toda a forma de violência, quando for o caso.

A responsabilização dos adolescentes, enquanto nível de direitos e deveres a serem garantidos por políticas públicas de caráter especial, deve estar interligada com os demais níveis referidos. É como se a responsabilização estivesse em conexão com a proteção social especial, na medida das necessidades dos sujeitos. Ambos os níveis devem contar como pano de fundo com as políticas públicas de caráter universal. Assim, um adolescente que comete um ato infracional não deixa de ser titular de Direitos Fundamentais.

4.2.4. Interdependência entre os níveis de direitos e os deveres do Estado[415]

A diferenciação entre os níveis de direitos previstos na Constituição Federal destinados às crianças e aos adolescentes foi aqui desenvolvida com a finalidade de melhor explicá-los. No entanto, nas situações em concreto, a efetividade da garantia dos direitos pressupõe compreendê-los em caráter interdependente. Sendo assim, a família, o Estado e a sociedade, enquanto responsáveis por respeito, promoção, proteção,[416] ainda que estejam diante de determinada situação, com o dever específico de proporcionar o acesso a bens que correspondam a um dos níveis de direitos, a efetiva garantia desses depende da sua compreensão contextualizada em relação ao conjunto dos direitos.

---

[414] AMARAL e SILVA, Antônio Fernando. O mito da inimputabilidade penal e o Estatuto da Criança e do Adolescente. In: *Revista da Escola Superior de Magistratura do Estado de Santa Catarina*. v. 5. Florianópolis: AMC, 1998, p. 263- 264.

[415] O tema da "natureza dos Direitos Fundamentais frente ao Estado", foi abordado em maior profundidade no capítulo 3° deste livro.

[416] NOVAIS, Jorge Reis. Op. cit., p. 257-264.

Machado destaca como diferencial da disposição constitucional dos Direitos Fundamentais da infância e da adolescência o necessário caráter prestacional. Diz a autora que as expressões adotadas pelo legislador constitucional no texto do artigo 227 da Carta Magna "garantir", "assegurar" e "colocar a salvo" estabelecem o dever, necessariamente, prestacional, seja do Estado, seja dos particulares.[417]

Embora sendo legítima a reflexão apresentada pela autora, entende-se que, ainda que predominantemente prestacionais, visto que ensejam obrigações ao Estado, correspondentes à oferta de políticas públicas, de fiscalização, de proteção, entre outras, também alguns dos Direitos Fundamentais individuais das crianças e adolescentes, assim como os dos adultos, têm sua parcela defensiva.

Como exemplo, pode-se referir o direito à convivência familiar e comunitária, que estabelece obrigações aos adultos diretamente responsáveis pelos adolescentes e ao Estado, na ausência daqueles – no sentido da garantia de encaminhamento para instituição de acolhimento e colocação em família substituta. No entanto, de outra parte, a previsão constitucional tem, em seu conteúdo, o dever do Estado de abster-se da intervenção nas relações familiares para a suspensão ou perda do poder familiar, quando a causa for ausência de recursos econômicos para o sustento da criança.[418]

Ainda, sob outro enfoque, o mesmo dever de não intervenção estatal também tem sua faceta prestacional, na medida em que a Lei especial estabeleceu, para fins de garantia do direito à convivência familiar e comunitária, que o Estado deve oportunizar às famílias, quando necessário, sua inclusão em programa de apoio sociofamiliar, com a concessão de benefícios monetários, se for o caso. Sendo assim, a classificação aqui referida, dimensão prestacional ou negativa dos direitos, tem função analítica, e não de restrição ou isolamento dos direitos e seus correspondentes deveres de garantia.

Cabe a reflexão de que um dos principais deveres decorrentes dos direitos das crianças e adolescente, contextualizados no projeto constitucional em que estão inseridos, é a obrigação negativa de não adotar medidas de regressividade. Ou seja, tendo em vista o objetivo constitucional de redução de desigualdades e de promoção do bem de todos, sem discriminações,[419] a centralidade do dever estatal está em incidir na realidade social, promovendo direitos, de forma a que progressivamente se

---

[417] MACHADO, Martha Toledo. *A Proteção Constitucional de Crianças e Adolescentes e os Direitos Humanos*. São Paulo: Manole, 2003, p. 380.

[418] Art. 23 do Estatuto da Criança e do Adolescente, Lei 8.069/90.

[419] Art. 3º da Constituição Federal.

altere o quadro de violação de direitos do em questão. Nesse sentido, entende Pisarello que o princípio da não regressividade está diretamente relacionado ao princípio da progressividade, o qual autoriza o poder público a desenvolver a política pública destinada à satisfação do direito de maneira gradual, o que não quer dizer, por outra parte, postergar de maneira indefinida a satisfação do direito em questão.[420] Portanto, não regredir é também uma postura negativa, com o objetivo de satisfazer direitos.

O conteúdo constitucional dos direitos de crianças e adolescentes abrange o necessário reconhecimento da Dignidade Humana do público em questão, ou seja, o reconhecimento de sua condição de sujeitos de direitos.[421] Isso tem como consequência o dever do Estado de prestação de serviços públicos destinados à garantia de direitos sociais e individuais; e o dever do Estado de omissão de intervenção no âmbito privado e familiar de crianças e adolescentes, ou no campo da liberdade dos adolescentes.

Em outras palavras, como a Dignidade da Pessoa Humana é o princípio reitor e unificador da Constituição Federal e, no caso específico, tratando-se da efetivação dos Direitos Fundamentais de que são titulares crianças e adolescentes, o objetivo deve ser a concretização da dignidade e a promoção da condição de pessoa de tais sujeitos.[422] Assim, a divisão dos Direitos Fundamentais em catálogo normativo, ou para fins didáticos, como aqui proposto, não autoriza sua aplicação nos casos concretos de forma fragmentada.

Em síntese, cabe afirmar que o conteúdo constitucional dos direitos das crianças e adolescentes enseja responsabilidade pela sua efetivação, a qual é da família, do Estado e da sociedade. O dever de efetivar tais direitos é interdependente, ou de corresponsabilidade, e o enfoque de sua efetivação deve ser de valoração do sujeito, em todas as suas dimensões.

Entretanto, como afirma Lévinas:

> A perspectiva inter-humana pode subsistir, mas também pode perder-se na ordem política da cidade em que a Lei estabelece as obrigações mútuas entre os cidadãos. O inter-humano propriamente dito está numa não-indiferença de uns para com os outros, numa responsabilidade de uns para com os outros [...].[423]

---

[420] PISARELLO, Gerardo. Op. cit., p. 66.

[421] Para PONTES DE MIRANDA, "A incidência da regra jurídica, que dá a alguém o poder de ser sujeito de direitos, cria a capacidade de direito, o direito de personalidade." Ainda, afirma o autor, na sequência: "A incidência da regra jurídica de ordinário é indiferente à capacidade civil." In: PONTES DE MIRANDA. *Tratado de Direito ...*, p. 271-272.

[422] SARLET, Ingo Wolfgang. *Dignidade da Pessoa Humana e Direitos Fundamentais na Constituição de 1988*. 3. ed. Porto Alegre: Livraria do Advogado, 2004, p. 84-96.

[423] LÉVINAS, Emmanuel. *Entre Nós. Ensaios sobre a Alteridade*. 4. ed. Petrópolis: Vozes, 2009, p. 141.

Para além da perspectiva normativa da responsabilidade, portanto, a efetividade dos direitos depende da consideração de tal responsabilidade em uma perspectiva inter-humana. É no âmbito das relações intersubjetivas que se criam as condições de reconhecimento dos sujeitos e de sua importância social, a ponto de que é nesse plano que a responsabilidade específica dos devedores de direitos pode ganhar significado.

De outra parte, a explicitação dos princípios normativos que orientam a aplicação dos direitos nos casos concretos tem função instrumental em relação à efetividade de direitos pretendida. O reconhecimento jurídico dos sujeitos depende de seu reconhecimento social, porém o avanço na efetividade dos direitos no plano social, depende da instrumentalidade dogmática, propiciada pela fundamentação necessária a sua interpretação e aplicação.

4.3. PRINCÍPIOS FUNDAMENTAIS DO SISTEMA DE DIREITOS DA CRIANÇA E DO ADOLESCENTE

Antes da abordagem específica acerca dos princípios que fundamentam o Direito da Criança e do Adolescente, cabe referir o conceito adotado sobre "princípios" e sua função no sistema jurídico como um todo. Tal reflexão é realizada na busca de uma conceituação preliminar que servirá de base para a construção teórica aqui proposta.

A distinção entre princípios e regras – expressões de uso corriqueiro na linguagem jurídica – requer maior explicitação quanto aos significados adotados. Para Alexy, várias distinções são feitas, dependendo do significado atribuído aos próprios conceitos. Adota o autor a conceituação de que regras e princípios são espécies do gênero normas, ou disposições normativas, porque "ambos dizem o que deve ser". São, portanto, disposições textuais passíveis de interpretação.[424]

Existem, assim, diferentes critérios para a distinção entre princípios e regras. Entende o autor que o critério mais coerente deva ser o dos diferentes graus de densidade.[425] Princípios são considerados normas com um grau de generalização alto, enquanto que as regras têm grau de generalização mais baixo, sendo mais específicas.

Para Freitas, no entanto, a diferenciação entre princípios e regras faz-se, principalmente, pela qualidade argumentativa superior dos primeiros e, ainda, pelo reconhecimento de um diferencial substancial de

---

[424] ALEXY, Robert. *Teoria dos Direito dos Fundamentais*. Trad. Virgílio Afonso da Silva. São Paulo: Malheiros, 2008, p. 87.
[425] Idem, p. 87.

grau hierárquico entre ambos, no contexto do ordenamento jurídico em questão. Princípios, conforme o autor, são critérios ou diretrizes basilares do ordenamento jurídico, e regras estão em hierarquia valorativa inferior aos princípios e visam à eficácia da rede de princípios.[426]

A conceituação adotada pelos dois autores referidos remete à concepção de "interpretação tópico sistemática" do Direito, em que se busca aplicar o Direito ao caso concreto a partir de uma hierarquização axiológica entre regras e princípios, a ser feita pelo intérprete em seu processo de constituição de normas sobre cada caso em concreto.

> Interpretação sistemática deve ser concebida como uma operação que consiste em atribuir, topicamente, a melhor significação, dentre as várias possíveis, aos princípios, às normas estritas (regras) e aos valores jurídicos, hierarquizando-os num todo aberto, fixando-lhes o alcance e superando as antinomias em sentido amplo, tendo em vista bem solucionar os casos sob apreciação.[427]

Cabe, ainda, abordar o tema do conflito entre princípios. Bobbio parte do conceito de que ocorre uma antinomia quando normas de igual âmbito de validade, dentro do ordenamento jurídico, entram em conflito, pois poderiam ser aplicadas ao caso concreto. Para a solução de tal conflito, o autor refere a utilização dos seguintes critérios: cronológico (norma mais recente prevalece sobre a anterior); hierárquico (norma superior prevalece sobre a inferior); e da especialidade (norma especial prevalece sobre a geral).[428]

Nenhum desses critérios, entretanto, é adequado para a solução do conflito entre princípios, quando os mesmos estão em hierarquia constitucional. Entre tais princípios não existe, em regra, prevalência cronológica, visto que, se de origem constitucional, foram validados em mesma data; prevalência hierárquica, visto que estão no mesmo posto dentro do ordenamento jurídico. De outra parte, também, não é possível a aplicação do critério da especialidade, por não se mostrar adequado frente à característica intrínseca dos princípios, que não permitem uma simples eliminação de um sobre outro.[429]

A solução encontrada para as antinomias jurídicas e normatizada em vários ordenamentos jurídicos, embora possível de ser aplicada em casos concretos, encontra certa limitação frente à concepção tópico sistemática, na medida em que, sempre que há conflitos entre regras, estão implícitos conflitos entre princípios. De outra parte, a solução de tais conflitos deve

---

[426] FREITAS, Juarez. *Interpretação Sistemática ...*, p. 228-229.

[427] Idem, p. 91.

[428] BOBBIO, Norberto. Op. cit., p. 81-96.

[429] GUASTINI, Riccardo. *Distinguiendo ...*, p. 168.

dar-se pela hierarquização axiológica e pela preservação da unidade e da coerência do ordenamento jurídico como um todo.[430]

Portanto, para a solução de um conflito de princípios, deve-se utilizar a ponderação e justificar as escolhas das premissas adotadas axiologicamente. Ou seja, cabe ao aplicador das normas, nos casos concretos, fundamentar as escolhas feitas, demonstrando as premissas de onde parte para a interpretação sistemática do Direito.

Na mesma direção, afirma Guastini que o juiz sobrepõe sua própria valoração à valoração do legislador, estabelecendo solução para o conflito dos princípios a partir do caso concreto e como regra para aquele único caso em particular.[431]

A tarefa de interpretar e aplicar o sistema normativo, como fonte de solução nos casos concretos, é realizada cotidianamente pelo conjunto dos operadores jurídicos. É o que ocorre na atuação do administrador público, quando elege prioridades de gestão e viabiliza a oferta de políticas públicas. Também cabe ao juiz, que decide sobre situações individuais, intervindo como Estado na vida dos sujeitos, ou quando decide em demandas coletivas, judicializadas como estratégia de garantia de efetividade de direitos coletivos.

Em síntese, pode-se dizer que princípios constitucionais, ou de hierarquia constitucional, são normas com conteúdo mais amplo que outras normas de hierarquia inferior, que representam caminhos a serem seguidos na interpretação do Direito nos casos concretos. Quando, eventualmente, entram em conflito com outros princípios, sua não aplicação com maior preponderância deve ser justificada, na medida em que não é por acaso que fazem parte do ordenamento jurídico. Têm, portanto, força normativa e conteúdo axiológico.

4.3.1. Princípio da prioridade absoluta

O princípio da prioridade absoluta faz parte do sistema de garantias,[432] voltado ao público infanto-juvenil, previsto de forma expressa no artigo 227 da Constituição Federal, que estabelece:

---

[430] FREITAS, Juarez. *Interpretação Sistemática* ..., p. 91.

[431] GUASTINI, Riccardo. *Distinguiendo* ..., p. 170-171.

[432] Entende-se por garantias: "Técnicas criadas pelo Ordenamento Jurídico para reduzir a divergência estrutural entre normatividade e efetividade e, portanto, para realizar a máxima efetividade dos Direitos Fundamentais, em coerência com a sua estruturação constitucional". No contexto aqui utilizado, pode-se dizer que as garantias são princípios, ou seja, normas de caráter fundamental constitucional. FERRAJOLI, Luigi. Direito como Sistema de Garantias. In: OLIVEIRA JUNIOR, José Alcebíades de (Org.). *O Novo em Direito e Política*. Porto Alegre: Livraria do Advogado, 1997, p. 100,

É dever da família, da sociedade e do Estado, assegurar à criança e ao adolescente, *com absoluta prioridade*, o direito à vida, à saúde, à alimentação, à educação, ao lazer, à profissionalização, à cultura, à dignidade, ao respeito, à liberdade, à convivência familiar e comunitária, além de colocá-los a salvo de toda a forma de negligência, discriminação, exploração, violência, crueldade e opressão.[433]

No Estatuto da Criança e do Adolescente (Lei 8.069/90), tal princípio foi regulamentado com a redação transcrita a seguir:

Art. 4º [...] Parágrafo único: A garantia de prioridade corresponde:
1. primazia de receber proteção e socorro em quaisquer circunstâncias;
2. precedência de atendimento nos serviços públicos ou de relevância pública;
3. preferência na formulação e na execução de políticas sociais públicas;
4. destinação privilegiada de recursos públicos nas áreas relacionadas com a proteção à infância e à juventude.

Não há dúvidas quanto à intencionalidade do legislador pátrio no que se refere ao significado a ser atribuído ao princípio da prioridade absoluta, tanto em âmbito Constitucional, e especialmente quando da elaboração do Estatuto da Criança e do Adolescente. Até mesmo porque, em sentido literal, prioridade quer dizer, efetivamente, primazia, precedência, preferência e privilégio. Assim, parece evidente que o objetivo da positivação constitucional deste princípio é de que a sociedade, o Estado e a família se responsabilizem pela garantia dos direitos previstos para as crianças e adolescentes com tal prioridade, frente a outros direitos e necessidades, seja no campo social mais amplo, seja nas relações horizontais.

De acordo com Facchini, o legislador constituinte de 1988 observou a regra de redação dos textos legislativos de parcimônia no uso de adjetivos, tanto é que utilizou uma só vez, em todo o texto constitucional, a expressão "prioridade absoluta". Nas palavras do autor: "Parece não haver dúvidas, que o constituinte, ao estabelecer os princípios fundantes e reitores da sociedade brasileira, dentre suas preocupações, deliberou escolher uma delas como sendo a principal [...]".[434]

É estabelecida, portanto, a prioridade ou primazia de atendimento aos interesses de crianças e adolescentes por parte de todas as esferas e âmbitos, seja familiar, comunitário, social mais amplo e estatal. De acordo com Amin, a primazia revela o objetivo claro de fazer concretizar a proteção integral através da efetivação dos Direitos Fundamentais.[435]

---

[433] Grifo aqui realizado. Art. 227 da Constituição Federal.

[434] FACCHINI NETO, Eugênio. *Premissas para a Análise da Contribuição do Juiz para a Efetivação dos Direitos da Criança e do Adolescente*. Disponível em: <http://jij.tj.rs.gov.br/jij_site/docs/DOUTRINA>. Acessado em: 29 nov. 2010, p. 14.

[435] AMIN, Andréa Rodrigues. Princípios Orientadores do Direito da Criança e do Adolescente. In: MAIEL, Kátia (Org.). *Curso de Direito da Criança e do Adolescente*. 3. ed. Rio de Janeiro: Lumen Juris, 2009, p. 20.

De outra parte, para a interpretação do que seja a "prioridade absoluta", é necessário que se leve em consideração o sistema normativo dos direitos da criança e do adolescente em seu conjunto. Ou seja, sua aplicação deve buscar romper com a noção de que cabe ao magistrado, ou a outro aplicador da Lei, a avaliação subjetiva do que seja "o melhor para o adolescente". Tal avaliação, ao contrário, deve levar em conta a alternativa concreta capaz de melhor garantir o conjunto de direitos que cabem ao sujeito em questão.

Mesmo com a clareza expressa no texto normativo, como foi já observado, a interpretação dá-se a partir da leitura da regra, ou princípio, e em face do caso em concreto. Portanto, o tema da interpretação e aplicação do princípio da prioridade absoluta não encontra tranquilidade de abordagem, especialmente porque cabe ao intérprete analisar, nas situações em concreto, o que entende seja "a prioridade a ser garantida" às crianças e adolescentes.

Como forma de exemplificação, cabe referir que, na abordagem jurisprudencial do Supremo Tribunal Federal, o tema da prioridade absoluta é evocado com frequência, especialmente nas demandas que tratam da condenação do Estado à realização de políticas públicas nesse campo.[436] Analisando-se o comportamento da Suprema Corte brasileira sobre o tema, identifica-se que não há uniformidade de conteúdo. A aplicação de princípios como prioridade absoluta segue vários caminhos, resultando em decisões diversas. Essa constatação leva à conclusão de que, salvo

---

[436] Entre as decisões individuais e coletivas do Supremo Tribunal Federal que tratam da matéria dos Direitos da Criança e do Adolescente, em várias delas há a referência ao princípio da prioridade absoluta. No entanto, raras vezes observa-se na fundamentação utilizada a referência a um significado doutrinário adotado, ou mesmo uma justificação do significado atribuído pelo julgador. A utilização da expressão costuma ser a repetição do preceito constitucional. Esta situação foi contatada ao analisar-se o total de 59 decisões judiciais proferidas pelo STF entre o ano de 2008 e 2009, por meio de pesquisa quantitativa que esteve focada na identificação dos posicionamentos daquela corte sobre a Doutrina da Proteção Integral. Observa-se a tendência referida no fragmento da decisão a seguir: "Entendo inexistente a ocorrência de grave lesão à ordem pública, por violação ao art. 2º da Constituição. A alegação de violação à separação dos Poderes não justifica a inércia do Poder Executivo estadual do Rio Grande do Sul em cumprir seu dever constitucional de garantia do direito à educação e dos direitos da criança e do adolescente, com a absoluta prioridade reclamada no texto constitucional (art. 206, VII, art. 208, II e §§ 1º e 2º, art. 211, § 3º, e art. 227). Da mesma forma, não vislumbro a ocorrência de grave lesão à economia pública. Cumpre ressaltar que o Estatuto da Criança e do Adolescente, em razão da absoluta prioridade determinada na Constituição, deixa expresso o dever do Poder Executivo de dar primazia à consecução daquelas políticas públicas, como se apreende do seu art. 4º. [...] Não se pode conceber grave lesão à economia do Estado do Rio Grande do Sul, diante de determinação constitucional expressa de primazia clara na formulação de políticas sociais nesta área, bem como na alta prioridade de destinação orçamentária específica, concretamente delineada pelo ECA. [...]". *STA 318 / RS – RIO GRANDE DO SUL – SUSPENSÃO DE TUTELA ANTECIPADA – Relator(a): Min. PRESIDENTE – Julgamento: 20/04/2009.* COSTA, Ana Paula Motta. A Perspectiva Constitucional Brasileira da proteção Integral de Crianças e Adolescentes e o Posicionamento do Supremo Tribunal Federal. In: SARMENTO, Daniel; SARLET, Ingo Wolfgang (org.). *Direitos Fundamentais no Supremo Tribunal Federal: Balanço e Crítica.* Rio de Janeiro: Lumen Juris, 2011 (p. 855-887)

exceções, o conteúdo doutrinário não tem sido aprofundado, e a utilização dos preceitos legais tem sido feita como forma de justificação da posição do julgador sobre o que entende, ele próprio, ser a prioridade a ser estabelecida, considerando a situação da criança e do adolescente em questão.

Para o juiz, por exemplo, pode ser prioridade a construção de uma escola pelo poder público, ou pode sê-lo a concessão de um medicamento. Para os familiares de uma criança, pode significar tratar com prioridade o atendimento de todos os seus anseios. Em outro contexto familiar, pode ser compreendido que tratar com prioridade as crianças seja estabelecer limites, ainda mais em uma sociedade consumista como se está inserido.

Portanto, ainda que claramente definido no texto normativo, o significado social e contextual do princípio da prioridade absoluta é passível de várias interpretações.

Agrava-se tal problemática quando se refere às políticas públicas, em que o administrador conta com restritos recursos para o atendimento de todas demandas sociais sobre sua responsabilidade, o que tem sido a regra na gestão pública brasileira. Diga-se, por exemplo, que tal administrador esteja entre atender várias demandas, todas elas, direta ou indiretamente, contemplando direitos de crianças e adolescentes, como escolas, serviços de saúde, segurança pública, ou moradia. Qual a escolha que cabe ao administrador, na medida em que deva levar em consideração o princípio da prioridade absoluta?

Sarlet aborda a questão a partir da análise da expressão desenvolvida pela doutrina de "reserva do possível", como limite do poder do Estado de concretizar efetivamente Direitos Fundamentais a prestações. Parte do pressuposto que existe um limite de recursos, embora tal limitação objetiva não justifique em todas as circunstâncias o não atendimento a Direitos Fundamentais.[437] Novais, ao tratar o tema, considera a existência de uma "reserva geral imanente de ponderação", que afeta o conjunto dos direitos constitucionais, como um limite externo a esses, que justifica a ocorrência de restrições – se não limitadas pela própria Constituição –, em razão da garantia de outro direito também de mesma importância.[438]

Considerando a existência de tal limite, é preciso fazer escolhas e motivá-las.[439] Assim, devem ser estabelecidos e publicizados os critérios

---

[437] SARLET, Ingo Wolfgang; FIGREREDO, Mariana Filchtiner. Reserva do possível, mínimo existencial e direito à saúde: algumas aproximações. In: ——; TIMM, Luciano Benetti. *Direitos Fundamentais, orçamento e reserva do possível*, Porto Alegre: Livraria do Advogado, 2008, p. 37.

[438] NOVAIS, Jorge Reis. Op. cit., p. 103-107.

[439] FREITAS, Juarez. *Discricionariedade Administrativa e o Direito Fundamental à Boa Administração Pública*, São Paulo: Malheiros, 2007, p. 127-128.

adotados, seja para controle por parte da população, ou para que o Poder Judiciário, no momento do julgamento de demandas envolvendo Direitos Fundamentais, possa também utilizá-los como parâmetro.

Vê-se que a justificativa para o não atendimento aos Direitos Fundamentais baseada na ausência de recursos estabelece, *a priori*, a condição de ônus da prova. Cabe, assim, ao poder público o ônus da comprovação da falta efetiva de recursos indispensáveis à satisfação da prestação.[440]

Entende-se, portanto, que, nessas e em outras circunstâncias enfrentadas pelas administrações públicas e pelo Poder Judiciário, são aplicados critérios para as escolhas entre as prioridades. Cabe a análise sobre quais são os melhores critérios, ou que melhor justificam a ponderação adotada entre as alternativas concretas. Seja quando há colisões entre compreensões do que deva ser a prioridade, ou quando o que está em questão é o conflito entre prioridades.

O princípio da prioridade absoluta é um critério a ser utilizado e aplica-se com maior facilidade na medida em que o conflito esteja entre atender aos direitos do público de crianças e adolescentes e aos direitos de outra parcela da população. Nesses casos, conforme Facchini, está-se em uma circunstância em que a discricionariedade é reduzida frente à previsão de prioridade absoluta expressa pelo legislador constituinte.[441]

Como exemplo ilustrativo, pode-se referir que, entre construir uma escola infantil e uma escola para adultos, deve ser priorizada a escola infantil. Ambos os grupos têm direito à Educação, mas os primeiros devem ser contemplados na medida em que devem ser atendidos com prioridade absoluta pelo Estado.

Assim, no momento em que esteja, efetivamente, em questão a colisão entre direitos a serem atendidos, devem o administrar público ou o juiz aplicar o critério da ponderação entre tais direitos. Deve-se levar em conta também o princípio da proporcionalidade em sentido estrito,[442] ou seja, a avaliação sobre custo, benefício, e razoabilidade da demanda pretendida. A pretensão em questão, no caso concreto, deve ser razoável, considerando-se o estágio da efetivação do conjunto dos Direitos Fundamentais em certa sociedade. Um pleito hipotético na área de saúde de uma criança, por exemplo, que exige um tratamento fora do País, que é ofertado em caráter experimental e que não conta garantia de eficácia, pode não compor o rol dos pleitos razoáveis frente às demais necessidades do Estado.

---

[440] SARLET, Ingo Wolfgang e FIGUEREDO, Mariana Filchtiner. Reserva do possível, ..., p. 32-33.
[441] FACCHINI NETO, Eugênio. Op. cit., p. 15.
[442] ALEXY, Robert. Op. cit., p. 593-595.

O princípio da prioridade absoluta pode estar utilizado como critério, em combinação com outros princípios. Nesta direção, Sarlet relaciona os Direitos Fundamentais ao "mínimo existencial", enquanto um conjunto de bens a serem garantidos pelo Estado, necessário à existência digna de todas as pessoas, portanto, para além de mera garantia de sobrevivência. Logo, a ponderação entre direitos deve ser realizada, desde que sejam asseguradas por parte do Estado as condições para que os sujeitos possam desenvolver plenamente a personalidade.[443] Assim, o mínimo existencial constitui um critério para o afastamento da reserva do possível e, até mesmo como matéria de defesa do administrador público, não há que haver dúvidas entre a satisfação de obrigações que digam respeito à satisfação do mínimo existencial, e a destinação de recursos para outras necessidades.

Em última instância, não é possível a consideração do princípio da prioridade absoluta sem a consideração dos casos em concreto e sem o envolvimento do seu aplicador, responsável pela decisão em questão, com o contexto em que a decisão irá produzir seus efeitos. Tal operador jurídico precisa estar inserido na comunidade, conhecer sua história de tratamento dos direitos das crianças e adolescentes, suas prioridades e sua forma de organização. Deve conhecer o processo de construção dos sistemas de políticas públicas em seu território, para ser capaz de compreender os efetivos limites de recursos existentes frente às necessidades apresentadas.

A aplicação do princípio da prioridade absoluta na realidade brasileira contemporânea depende da gradual construção das condições para a efetivação do conjunto do sistema normativo voltado para essa parcela da população. Por sua vez, tal efetividade depende do "reconhecimento" da condição de pessoa em situação (fase) especial de desenvolvimento, portanto sujeito, cidadão de direitos. Não objeto do direito e do poder dos adultos.

Respeito e prioridade absoluta, no contexto aqui proposto, em relação aos adolescentes, podem ser entendidos como respeito à condição de pessoa, que vê o mundo a partir do seu ponto de vista etário e sociocultural. Em última instância, respeito aos seus Direitos Fundamentais.

4.3.2. Princípio do melhor interesse da criança e do adolescente

O Princípio do superior (ou melhor) interesse[444] da Criança e do Adolescente tem íntima relação com o já abordado princípio da priori-

---

[443] SARLET, Ingo Wolfgang; FIGUEREDO, Mariana Filchtiner. Reserva do possível, ..., p. 18-20.

[444] Utiliza-se o conceito de interesse não como algo individualista, que diz respeito ao interesse individual, em oposição aos direitos de outros. Para PONTES de MIRANDA, interesse entende-se no

dade absoluta. A doutrina e a jurisprudência pátria costumam abordar os dois princípios, ora como sinônimos, ora como autônomos. Pode-se dizer, todavia, que é corriqueiro encontrar decisões de âmbito do Direito de Família, ou que decorram de processos que tratam da suspensão ou destituição do poder familiar, que tenham como fundamento o princípio do melhor interesse da criança e do adolescente. Portanto, constitui relação mais íntima com esse campo do Direito.

O "princípio do interesse superior da criança" está positivado na Convenção Internacional dos Direitos da Criança, em seu art. 3º, 1, com a seguinte redação: "Todas as ações relativas às crianças, levadas a efeito por instituições públicas e privadas de bem-estar social, tribunais, autoridades administrativas ou órgãos legislativos, devem considerar, primordialmente, o melhor interesse da criança".

Mesmo sem estar previsto de forma explícita no texto constitucional – acompanhando a corrente doutrinária majoritária nacional –, entende-se que tal dispositivo tem força de norma fundamental interna, em razão de que os tratados internacionais de Direitos Humanos, ratificados pelo Brasil, adquirem tal estatura em obediência ao disposto no artigo 5º, §§ 1º e 2º, da Constituição.[445]

A origem histórica do princípio do melhor interesse remonta ao direito anglo-saxônico, em razão da necessidade de o Estado outorgar para si a guarda de indivíduos juridicamente limitados (menores e loucos). No século XVIII, no entanto, conforme Amin, o instituto foi cindido, separando-se a proteção dos dois públicos, sendo incorporado com tal característica no sistema jurídico Inglês em 1836. Foi adotado na Convenção Internacional dos Direitos da Criança, em 1959, e era referido nas legislações de menores sob o enfoque da "doutrina da situação irregular". Assim, em nome do "melhor interesse do menor", muitas ações foram realizadas, provocando graves injustiças. Isto ocorreu, especialmente porque, em face de sua indeterminação, possibilitava a prevalência da

---

sentido da concretização de direitos objetivos. In: PONTES de MIRANDA. *Tratado de Direito Privado.* v. 5 Campinas: Bookseller, 2000, p. 265-267.

[445] Cabe esclarecer que, embora a posição doutrinária sobre tal tema seja dominante, o Supremo Tribunal de Justiça possui entendimento parcialmente diverso sobre a incorporação de tratados internacionais com forma normativa constitucional, sustentando que atualmente há duas espécies de tratamento normativo interno, quanto a tais tratados. Aqueles aprovados pelo rito especial previsto no art. 5, § 3º da Constituição Federal, anteriores ou não à Emenda 45, teriam incorporação com força e estatura constitucional. Já os tratados não submetidos ao rito próprio previsto no art. 5, § 3º da Constituição, como é o caso da Convenção Internacional dos Direitos da Criança, teriam força supra legal (entre a Constituição e o conjunto de leis vigentes no País). Nesse sentido, pode ser aprofundado o assunto em RAMOS, André de Carvalho. O Supremo Tribunal Federal e o Direito Internacional dos Direitos Humanos. In: SARMENTO, Daniel; SARLET, Ingo Wolfgang (org.). *Direitos Fundamentais no Supremo Tribunal Federal: Balanço e Crítica.* Rio de Janeiro: Lumen Juris, 2011 (3-36). P. 9-15.

visão dos adultos sobre o que seria o melhor interesse daqueles que, em tais circunstâncias, estariam em situação irregular.[446]

Posteriormente, modificado em seu conteúdo, em busca de coerência com a "Doutrina da Proteção Integral", o princípio do melhor interesse veio a integrar a Convenção Internacional dos Direitos da Criança, sendo-lhes atribuído um significado diferente, limitado ao conjunto dos direitos previstos às crianças e adolescentes.[447]

De acordo com Cirello Buñol, o princípio do melhor interesse da criança evoluiu em conjunto com o crescente reconhecimento histórico dos direitos da criança e do adolescente. Nesse sentido, para sua compreensão, é necessário que se leve em consideração o sistema normativo dos direitos da criança em seu conjunto. Ou seja, sua aplicação deve buscar romper com a noção subjetiva de que cabe ao magistrado – ou a outro aplicador da Lei –, a avaliação do que seja "o melhor para a criança". Tal avaliação deve levar em conta a alternativa concreta capaz de melhor garantir o conjunto de direitos que cabem ao sujeito em questão.[448] O melhor interesse ganha conteúdo na medida em que contempla a alternativa que garante o conjunto mais amplo direitos, em maior harmonia.

Vê-se que o melhor interesse só pode ser identificado, no caso em concreto, levando-se em consideração sua interpretação sistemática, ou seja, em consonância com o conjunto do sistema normativo, em geral, e os direitos das crianças e adolescentes, em particular. Nesse contexto, o princípio do melhor interesse pode atuar como limitador do exercício do poder e dever dos adultos sobre as crianças. É certo que cabe à família, ao Estado e à sociedade a garantia dos direitos de crianças e adolescentes, entretanto o desempenho de tais deveres deve ocorrer observando-se o limite do interesse da criança e do adolescente. A liberalidade dos adultos no exercício de suas funções está limitada à efetivação de direitos, os quais constituem, em última instância, o interesse de crianças e adolescentes.

Sob outro ponto de vista, pode-se dizer que a Convenção Internacional representa uma síntese em plano abstrato de diferentes culturas e sistemas jurídicos da humanidade sobre o tema. Frente a tal universalidade, o princípio do melhor interesse "poderia operar como um ponto de encontro entre o direito da criança e a diversidade cultural, permitindo

---

[446] SARAIVA, João Batista da Costa. *Compêndio de Direito Penal Juvenil*. Adolescente e Ato Infracional. 3. ed. Porto Alegre, 2006, p. 42.

[447] AMIN, Andréa Rodrigues. Op. cit., p. 27-28.

[448] CIRELLO BUÑOL, Miguel. Op. cit., p. 100.

interpretar as regras relativas aos direitos de acordo com os significados que adquirem em cada cultura em particular [...]".[449]

Nessa direção, vê-se que se trata de um princípio importante para o exercício de aplicar o direito aos casos em concreto, realizando um diálogo entre o corpo normativo, universal em seu conteúdo e forma, e a realidade sociocultural do público em questão.

Como já foi abordado em capítulo anterior, no campo do Direito da Criança e do Adolescente, esse exercício torna-se fundamental, na medida em que a incidência de tais direitos ocorre em uma sociedade "adultocêntrica", em que a ordem social contemporânea tem uma perspectiva de ver o mundo desde o ponto de vista adulto. Assim, o comportamento e as necessidades infantis e juvenis são sempre identificados a partir de parâmetros do mundo adulto, e a visão da infância, enquanto um projeto de adulto, ainda é uma realidade nas sociedades, com maior ou menor ênfase, dependendo dos contextos socioculturais.

Considerando que um dos pontos cruciais, limitadores da efetivação de direitos, em especial dos adolescentes brasileiros, está na ausência de reconhecimento das pessoas em questão, desde sua perspectiva e enquanto sujeito de direitos, a definição de limites para a intervenção dos adultos e a necessidade de consideração de seu contexto sociocultural, enquanto especificidade da realidade, ganha dimensão de importância. Do ponto de vista normativo, o princípio do melhor interesse pode ser instrumental em tal perspectiva.

4.3.3. Princípios da brevidade e excepcionalidade

O princípio da brevidade e excepcionalidade, enquanto expressão unitária, ou quando evocado como dois princípios em separado, "princípio da brevidade" e "princípio da excepcionalidade", é referido em muitos momentos no sistema de direitos da criança e do adolescente pátrio, em consonância com a Convenção Internacional dos Direitos da Criança. Na Constituição Federal está expressamente previsto no inciso V do § 3º do art. 227, com a seguinte redação: "obediência aos princípios da brevidade, excepcionalidade e respeito à condição peculiar de pessoa em desenvolvimento, quando da aplicação de qualquer medida privativa de liberdade".

Em uma leitura sistêmica, vê-se que faz parte do conteúdo normativo em geral do campo do Direito da Criança e do Adolescente a utilização do princípio da brevidade e da excepcionalidade, enquanto limitador do poder de intervenção do Estado, seja na liberdade dos adolescentes, seja

---

[449] CIRELLO BUÑOL, Miguel. Op. cit., p. 95.

no contexto familiar. Essa disposição foi prevista considerando o histórico tutelar e de institucionalização da infância, que caracterizou por longo período a intervenção do Estado brasileiro – e ainda caracteriza –, bem como a morosidade que tem sido a realidade da atuação dos vários órgãos estatais na solução de situações que envolvem crianças e adolescentes. Em muitas circunstâncias, a atuação do Estado, ainda que em nome "da proteção", acaba por provocar a inviabilização do retorno à convivência familiar, a colocação em famílias substitutas, a socialização dos adolescentes afastados do convívio social, entre outros aspectos.

Sabe-se que há circunstâncias em que se torna necessária a intervenção do Estado em caráter protetivo ou sancionatório. No entanto, nem sempre iniciativas nessa direção têm produzido melhores efeitos do que o faria a omissão de atuação. Tal afirmação pode parecer contundente, entretanto, faz parte da realidade da institucionalização da infância a observação de situações em que os prejuízos inerentes geram significativas consequências. O tempo é um dos fatores que atuam na constituição de tais prejuízos. O tempo do processo judicial, o tempo de espera na fila de adoção, o tempo na espera de um atendimento familiar qualificado, o tempo da medida socioeducativa de internação, o tempo de aguardar o acesso a um defensor, o tempo até o dia da visita familiar, o tempo até o dia da audiência...

O tempo não é uma categoria independente do contexto social. Conforme afirma Gauer, "As comunidades humanas vivem a diferentes velocidades, com níveis muito diferentes de experiência social são lançadas de encontro umas às outras sem aviso ou mediação".[450] Ainda mais tratando-se da sociedade contemporânea, em que, muitas vezes, as pessoas em interlocução encontram-se em tempos desconexos, o que faz com que as expectativas de uns em relação aos outros sejam distintas e com difícil comunicação.

Como afirma OST, "o tempo institui...", ou seja "estreita o elo social e oferece aos indivíduos os pontos de referência necessários a sua identidade". O tempo nas instituições reguladas pelo Direito, separado da vida real, permite que seus efeitos sejam instituintes. Ou seja, mesmo na inércia, mesmo sem decidir, o Estado, através de suas instituições jurídicas, decide sobre a vida das crianças e dos adolescentes, enquanto crescem e aguardam "a decisão" sobre seu destino. Tal decisão depende do ato de rever o passado, em linguagem do presente, permitindo sua regeneração, quiçá fosse elaboração... Como afirma o autor, buscando referência na lei da entropia física: "Quanto mais o tempo passa, mas a energia se dissipa

---

[450] GAUER, Ruth Maria Chittó. A Ilusão Totalizadora e a Violência da Fragmentação. In: ——— (Org.). *Sistema Penal e Violência*. Rio de Janeiro: Lumen Juris, 2006, p. 17.

e mais a desordem aumenta". Seria possível reverter a ampulheta do tempo? Não para parar o tempo, mas para defini-lo como mais humano? Esta é uma das perguntas do autor, que, em última instância, está a questionar se é possível ser o Direito mais humano.[451]

Nessa direção, buscando a humanização do tratamento estatal da infância e adolescência, é que se constitui o princípio da brevidade e da excepcionalidade. Que seja excepcional tal intervenção só em último caso, diante de uma necessidade imperiosa. Que seja breve, no menor tempo possível, para que esse tempo não seja instituinte de uma realidade, sem intencionalidade de ninguém, mas também que sobre seus efeitos ninguém torne-se simplesmente "a realidade".

O problema é que ser breve e excepcional é uma diretriz principiológica que atua contra a corrente do que é instituído já há tempos. Por mais que o legislador constituinte tenha diagnosticado a importância de restringir a intervenção do Estado na vida das crianças, adolescentes e famílias, frente ao que a História ensinou em relação aos efeitos que tal falta de limitação provocou, é difícil consolidar outras e novas práticas. Ou seja, frente aos mesmos e novos problemas, como a incidência de violência familiar, de adolescentes envolvidos com atos de violência, de processos de destituição e poder familiar, entre outros, parece que a realidade justifica, ainda que superficialmente, a não observação da brevidade e excepcionalidade.

Enquanto isso, o tempo na infância e, em especial, na adolescência, passa muito rápido. Muito mais rápido do que para os adultos. Como afirma Gomes da Costa, o tempo passa diferente em cada etapa da vida, porque ele sempre é medido em proporção ao tempo de vida já vivido. Um ano na vida de uma pessoa de cinquenta anos de idade corresponde a 2% da vida já vivida. Se a pessoa estiver com 20 anos, 12 meses representarão pouco menos do que 5% da vida. Com menos idade, tal representação crescerá, a ponto de 12 meses na vida de um adolescente de 12 anos significar 10% de toda a vida vivida. Por tal razão, afirma o autor, o tempo passa diferente na infância e, em especial na adolescência, fase peculiar da vida, em que muitas transformações acontecem, muitos coisas são aprendidas e a intensidade da vida define a relação com o tempo.[452]

Na mesma direção, reflete Saraiva, quando lembra quantas transformações acontecem na vida de um adolescente durante as férias escolares, por exemplo. Como volta diferente de quando se separou do grupo de colegas, em novembro, ou dezembro do ano anterior. Em março, muitas

---

[451] OST, François. *Le temps du ...*, p. 14-16.

[452] GOMES DA COSTA, Antônio Carlos. A velha Senhora. *Revista Juizado da Infância e Juventude*, Porto Alegre, v.11, p. 41, jan. 2008.

emoções foram vividas e transformações operaram-se, a ponto de parecer que a vida toda transformou-se: não é mais a mesma pessoa.[453]

Em diálogo com tal realidade, o princípio da brevidade e excepcionalidade faz parte do conteúdo que atribui sentido às medidas de proteção, ou socioeducativas, previstas no subsistema de direitos das crianças e adolescentes, em especial quando tal previsão pressupõe o afastamento do adolescente da família e da comunidade, com a determinação de institucionalização. De acordo com Buñol Cirello, a intervenção do Estado deve buscar "a satisfação do máximo de direitos possíveis e a menor restrição dos mesmos". Tal afirmação justifica, portanto, que a intervenção com recursos penais sobre a vida do adolescente e o seu afastamento do entorno familiar, medidas que obstaculizam o exercício de vários direitos, devem ser excepcionais e de último recurso.[454]

Considerando que essas medidas destinam-se a circunstâncias de significativa dificuldade, em que o sujeito por elas afetado está em importante risco, seja da própria vida, seja em razão da conduta que tem adotado, atingindo bens jurídicos considerados graves ao contexto social. Considerando que tal intervenção, por mais necessária que seja, provoca danos ao desenvolvimento saudável das crianças e adolescentes afetados, afastando-os do convívio social, segregando, uniformizando etc., ela deve ter caráter excepcional e de duração mais breve possível.

Nessa direção, o sistema de direitos prevê vários outros dispositivos legais a serem acionados antes das medidas de institucionalização, consideradas extremas e excepcionais. No caso do encaminhamento da criança ou do adolescente para instituição de acolhimento – em especial após as modificações inseridas pela Nova Lei de Adoções (Lei 12.010/09) – tal disposição compete exclusivamente ao juiz da infância e juventude e é a última a ser adotada, quando as demais medidas de proteção já não surtirem efeito.[455] Da mesma forma, opera a lógica do sistema de responsabilização: a medida socioeducativa de internação deve ser aplicada quando outra não for mais adequada e em situações de maior gravidade.[456]

Brevidade e excepcionalidade, assim, acrescentam conteúdo ao modelo gradativo de intervenção previsto no sistema normativo dos direitos da criança e do adolescente. Quando a intervenção estatal tiver conteúdo segregador, deve ser breve e utilizada como último *ratio*. Portanto, se

---

[453] SARAIVA, João Batista da Costa. *A medida do tempo*: considerações sobre o princípio da brevidade. Disponível em: <http://www.jbsaraiva.blog.br/blog/index.php/2010/07/30/a-medida-do-tempo-consideracoes-sobre-o-principio-da-brevidade/>. Acessado em: 28 fev. 2011, p. 3.

[454] BRUÑOL CILLERO, Miguel. Op. cit., p. 108.

[455] Art. 101, VIII, do ECA.

[456] Art.122, § 2º, do ECA.

estiver justificada tal intervenção, em razão da necessidade de garantir direitos das crianças e adolescentes, ou em razão dos interesses da sociedade em conflito com aqueles, devem ser constatados os efeitos negativos de tal intervenção, cabendo agir o mais rápido possível visando reduzir danos inerentes.

4.3.4. Princípio da condição peculiar de desenvolvimento

De modo geral, as pessoas, desde o lugar de adulto, sempre lembram de algo que tenham feito na adolescência, que representa que "naquele tempo" tinham uma condição diferenciada de maturidade, de conhecimento, de compreensão da realidade, ou de dimensão das consequências. Logo, comparando atitudes que tiveram nesse período da vida, com suas próprias atitudes como adultos, identificam as diferenças em relação a si mesmas.

Nessa etapa da vida, como já foi abordado no primeiro capítulo deste livro, existem especificidades que caracterizam uma identidade coletiva, ou um conjunto de situações, relacionadas ao processo de vivência e construção da identidade na adolescência, que identificam entre si os sujeitos nessa etapa da vida, as quais justificam a atenção especial estabelecida pelo ordenamento jurídico, enquanto condição peculiar de desenvolvimento.

O processo de desenvolvimento, que é contínuo ao longo da vida de cada sujeito, durante a infância e, de modo especial, na adolescência, é de maior intensidade e fundamental para a garantia de pleno exercício da vida desde o presente vivenciado, em tal fase, até a fase adulta. O reconhecimento dessa condição de especificidade, ou do sujeito nessa faixa etária, considerando sua realidade geracional e cultural, é condição singular para seu pleno exercício de cidadania e de convivência social.

De acordo com Machado, o respeito à condição peculiar de desenvolvimento trata-se de um direito de personalidade. Crianças e adolescentes são pessoas que ainda estão desenvolvendo sua personalidade. Respeitar tal condição, significa respeitar a possibilidade da personalidade adulta ser desenvolvida gradativamente.[457] Compreender as peculiaridades de tal processo é pré-requisito para a noção jurídica de personalidade. Portanto, o direito de desenvolver e formar sua própria personalidade faz parte dos Direitos Fundamentais de todas as pessoas. Afirma, no entanto, a autora que não se trata de considerar a condição peculiar da criança em

---

[457] MACHADO, Martha de Toledo. Op. cit., p. 109.

razão do adulto que irá se tornar. Trata-se de reconhecer a peculiaridade como integrante da pessoa diferenciada: criança ou adolescente.[458]

O princípio da condição peculiar de desenvolvimento foi positivado na Constituição Federal, portanto, como justificativa do tratamento diferenciado, ou tendo como fundamento a necessária equidade em relação aos adultos. De outra parte, trata-se da busca da garantia de igualdade, na medida em que reconhecer as pessoas nessa fase da vida como sujeito de direitos, é reconhecê-las como capazes no exercício desses, de acordo com seu respectivo processo de maturidade.[459] Conforme Piovesan, torna-se insuficiente tratar o indivíduo de forma genérica, geral e abstrata. "Faz-se necessária a especificação do sujeito de direitos, que passa a ser visto em sua peculiaridade e particularidade".[460]

Cabe refletir acerca da seguinte questão: se está previsto na Constituição Federal que todas as crianças e adolescentes são pessoas, e a Dignidade da Pessoa Humana é princípio reitor da sociedade brasileira, por que é necessário positivar direitos especiais para tal público? Tal medida justifica-se desde o reconhecimento da condição peculiar de desenvolvimento ou etapa da vida em que se encontram esses sujeitos. Ou ainda, justifica-se como instrumental de intervenção social, visando a uma mudança de realidade, a qual se faz necessária frente ao histórico de violação e direitos a que estiveram submetidos as crianças e adolescentes.

Tal condição diferenciada não se equipara à noção de objeto ou de falta de capacidade para o exercício de direitos e responsabilidades. A capacidade pode ser compreendida no âmbito objetivo do exercício dos direitos, mas também no plano subjetivo dos sujeitos. Esse último deve ser considerado em perspectiva normativa constitucional.[461] Ou seja, sabe-se que, para o aprendizado das regras sociais de convivência, é necessário o gradual exercício de responsabilidades e direitos. Ser sujeito pleno, nas escolhas e realizações, em busca da satisfação de suas próprias necessidades e da convivência coletiva, depende do gradual aprendizado dos limites e regras sociais. Portanto, faz parte do rol de direitos de crianças e adolescentes, em especial desses últimos, o direito de construir e internalizar limites. Trata-se do necessário exercício da liberdade, com respeito à diversidade e com a observância das regras de convívio social.

---

[458] MACHADO, Martha de Toledo. Op. cit., p. 118.
[459] PIOVESAN, Flávia. Op. cit., p. 47-50.
[460] PIOVESAN, Flávia. Op. cit., p. 49.
[461] TEIXEIRA, Ana Carolina Brochado; NEVARES, Ana Luiza Maia; VALADARES, Maria Goreth; MEIRELES, Rose Melo Venceslau. O Cuidado do Menor de Idade na Observância de sua Vontade. In: PEREIRA, Tânia da Silva; OLIVEIRA, Guilherme de (Orgs.). *O Cuidado como Valor Jurídico*. Rio de Janeiro: Forense, 2008, p. 345.

Em seu preâmbulo, bem como em muitos dos seus artigos, a Convenção dos Direitos da Criança define os direitos da criança,[462] tendo como referência o direito a uma proteção especial: "a criança tem necessidade de uma proteção especial e de cuidados especiais, notadamente de uma proteção jurídica, antes e depois de seu nascimento". A Convenção, em sequência, avança e acresce à necessidade de cuidados especiais outros tipos de direitos, que só podem ser exercidos pelos próprios beneficiários: o direito à liberdade de opinião (art. 12), à liberdade de expressão (art. 13), à liberdade de pensamento, de consciência e de religião (art. 14), à liberdade de associação (art. 15). Direitos que pressupõem certo grau de capacidade e de responsabilidade, ou seja, a Convenção considera os sujeitos como titulares de direitos. As crianças e os adolescentes são seres essencialmente autônomos, mas com capacidade limitada de exercício da sua liberdade e dos seus direitos.[463]

Trata-se de uma estratégia utilizada pela Convenção Internacional e, posteriormente, pelo legislador constituinte e estatutário,[464] para estabelecer a necessidade da proteção especial de um segmento de sujeitos que ainda não conseguem exercer sua completa autonomia, considerando a etapa da vida em que estão, mas que precisam exercitá-la gradualmente, com o objetivo de alcançar o pleno desenvolvimento de sua personalidade. O desenvolvimento pleno depende da sua consideração como pessoa – sujeito de direitos –, por parte do conjunto da sociedade, mas, de outra parte, credor dos direitos, cuja responsabilidade pelo atendimento é dos adultos, como garantia de condições para tal desenvolvimento.

A noção de responsabilidade, portanto, é fator evidente a partir da própria leitura dos textos normativos aqui referidos. Para a garantia dos direitos individuais e sociais das crianças e adolescentes, pressupõe-se a responsabilidade dos adultos, através do Estado, da sociedade e da família. A efetivação dos direitos é condição para o desenvolvimento saudável, assim como o é a referência ética dos adultos, sendo, ambos, fatores necessários para a constituição da personalidade, como sujeitos responsáveis. A possibilidade do exercício gradual de autonomia, depende do aprendizado das regras de convivência social, desde a perspectiva da responsabilidade consigo mesmo e com os outros.

---

[462] De acordo com a o art. 1º da Convenção Internacional dos Direitos da Criança, criança é a pessoa compreendida entre zero e dezoito anos de idade.

[463] TEPEDINO, Gustavo. A Tutela Constitucional da Criança e do Adolescente. In: PIOVESAN, Flávia; SARMENTO, Daniel; IKAWA, Daniela (Org.). *Igualdade, Diferença e Direitos Humanos*. 2. ed. Rio de Janeiro: Lumen Juris, 2010, p. 874-876.

[464] Na Constituição Federal brasileira, o princípio da condição peculiar de desenvolvimento está positivado no art.227, § 3º, V e no Estatuto da Criança e do Adolescente, nos art. 6º, 15 e 121.

De outra parte, a afirmação de uma identidade própria da adolescência e de sua peculiaridade é uma construção cultural e social, como identificado anteriormente. A adolescência, assim como a infância, é uma categoria social construída e situada historicamente. Assim, no plano social e cultural, reconhecer tal diferença significa vislumbrar as relações de poder existentes na sociedade adultocêntrica contemporânea. Para além de uma etapa da vida de maior vulnerabilidade, a instrumentalidade normativa busca afirmar uma outra realidade social, frente ao histórico de inferiorização e desvalia.

Herrera Flores faz um contraponto entre os princípios de igualdade e diferença, concluindo que, em oposição à ideia de igualdade, não está a diferença, mas sim a desigualdade. Ou seja, as desiguais condições sociais, econômicas e culturais fazem com que alguns tenham menos capacidade para atuar do que outros, sendo que tal dificuldade está relacionada à desvalorização social com que determinados grupos contam, os quais são identificados como diferentes.[465] As dificuldades, portanto, de quem se situa no campo da diferença, referem-se às suas necessidades reais e concretas, não ao reconhecimento abstrato e normativo.

Com outras palavras, Molinaro postula a indiferença, enquanto possibilidade da superação dos preconceitos sociais que impedem o relacionamento entre os sujeitos sociais em condição de igualdade:

> Postular o direito à indiferença revela uma *adiaforia* positiva, não se trata da *adphoron morale* de que trata Kant, no sentido de ações julgadas moralmente indiferentes, trata-se sim de um direito ao reconhecimento do outro como igual, trata-se de um passo do direito à diferença para a diferença de direito, que relativiza a identidade cultural ao afirmar a materialidade de igual dignidade para todos os seres humanos.[466]

Nesse contexto, a "pessoa humana adolescente" encontra dificuldade de ver efetivada sua dignidade, na medida em que depende do seu reconhecimento pelos adultos – dimensão intersubjetiva –,[467] seja por parte do Estado, seja no âmbito das relações privadas. A dificuldade de reconhecimento do sujeito e de sua condição peculiar, ou especial, em processo de desenvolvimento, é um limite para que ocorra a eficácia vertical e horizontal dos direitos.

Vê-se que tal dificuldade situa-se, entre outros aspectos, em identificar a condição de responsabilidade, visto que, na sociedade desses dias, em que a velocidade move a todos, os adolescentes têm acesso a informações e acabam por exercerem comportamentos diferentes daqueles pra-

---

[465] HERRERA FLORES, Joaquín. La Contruccíon De Las Garantías. Hacia una Concepción Antipriarcal de la Liberdad y la Igualdad..., p. 116.

[466] MOLINARO, Carlos Alberto. Se Educação é a resposta, p. 129.

[467] SARLET, Ingo Wolfgang. As dimensões da Dignidade ..., p. 22-26.

ticados por gerações anteriores. Tais fatores, aliados às diferenças entre contextos sociais e experiências culturais (uma criança que vive nas ruas tem habilidades diferentes daquelas que vivem sob a proteção dos pais, no contexto das classes média e alta), dificultam a identificação por parte dos adultos da condição de responsabilidade compatível com o estágio de desenvolvimento dos adolescentes.

Por outro lado, a identificação do sujeito como adolescente, depende, em certa medida, do lugar social que ocupa tal sujeito. Saraiva relata a experiência de ter presenciado um momento de muitas críticas por parte da imprensa, quando participava de um evento que abordava o tema dos direitos de adolescentes autores de atos infracionais, o qual ocorria em uma conjuntura de várias rebeliões em unidades de internação de São Paulo. Em tal situação, uma respectiva autoridade responsável pelo assunto teria se referido "aos meninos" e às suas reivindicações. A crítica do respectivo jornal era contundente, afirmando "não se tratarem de meninos". No entanto, no mesmo periódico estava publicada uma outra matéria valorizando a conquista da seleção brasileira de voleibol, a qual contava com a manchete: "Meninos de Ouro do Brasil". No caso desta última matéria, os protagonistas eram todos maiores de idade, adultos, alguns distantes da adolescência.[468]

De acordo com Fraser, os padrões institucionalizados de valor em cada cultura constituem alguns sujeitos como inferiores, excluídos, "completamente outros", "invisíveis". Esses não são considerados parceiros de interação social, portanto, desconsiderados como iguais. Trata-se de não reconhecimento, ou de "subordinação de *status*", nas palavras da autora.[469] Prossegue afirmando que as injustiças no campo distributivo afetam a esfera de reconhecimento social, e as questões culturais, por sua vez, acabam refletindo-se na posição econômica dos sujeitos. Não são, portanto, esferas separadas.[470]

No que se refere à realidade dos adolescentes em estudo neste livro, pode-se constatar que a sua condição peculiar tem dificuldade de ser identificada em geral, observada em maior ou menor medida em todos os contextos sociais. No entanto, quando se trata de adolescentes pobres, de contextos sociais das periferias, envolvidos com violência, a sua condição peculiar, em razão da etapa da vida que atravessam, torna-se ainda mais difícil de ser reconhecida. Sendo assim, mesmo se tratando de uma etapa

---

[468] SARAIVA, João Batista da Costa. *Compêndio de Direito* ..., p. 34.

[469] FRASER, Nancy. Redistribuição, Reconhecimento e Participação: por uma concepção integrada de justiça. In: PIOVESAN, Flávia; SARMENTO, Daniel; IKAWA, Daniela (Org.). *Igualdade, Diferença e Direitos Humanos*. 2. tiragem. Rio de Janeiro: Lumen Juris, 2010, p. 179.

[470] FRASER, Nancy. Redistribuição, Reconhecimento ..., p. 186.

da vida a que todos atravessam, não é possível universalizar os padrões de dificuldade de reconhecimento.

O tratamento jurídico dos adolescentes também não foge à regra de ausência de reconhecimento pleno. Como ponto de partida, pode-se dizer que existe muito pouca formação jurídica nesse respectivo ramo do Direito, seja em seu enfoque civil, penal ou processual. A doutrina produzida na área é restrita, e as poucas pesquisas acadêmicas que são realizadas – em geral em nível de pós-graduação –, também são consideradas de caráter secundário em relação a outras áreas do conhecimento jurídico. A fragilidade teórica reflete-se na fragilidade do tratamento judicial dos temas envolvendo os direitos dos adolescentes, assunto que, embora presente em todas as realidades das instâncias de primeiro grau do Poder Judiciário, em âmbito estadual, em regra, conta com restrita jurisprudência. Beloff, ao tratar o tema, refere-se à debilidade da jurisprudência no campo judicial internacional e relaciona o tratamento jurídico à debilidade teórica ainda presente na área.[471]

Portanto, o tratamento institucional, social ou jurídico não costuma considerar o sujeito adolescente e seus direitos na dimensão de sua realidade e necessidades. Essa ausência de visibilidade está, em certa medida, relacionada à ausência de consideração sobre sua peculiaridade geracional e cultural. Embora exista reconhecimento normativo do princípio da condição peculiar de desenvolvimento, que se caracteriza como a afirmação legal da diferença a ser considerada na aplicação do Direito, este reconhecimento, em grande medida, é abstrato, formal e longe das necessidades concretas, especialmente tratando-se da parcela de adolescentes dos contextos sociais de maior pobreza.

Colaborando com a reflexão aqui proposta, Honneth analisa o processo de reconhecimento e considera o conceito de "pessoa" como o indivíduo que "recebe sua identidade primariamente do reconhecimento subjetivo de sua condição jurídica";[472] "pessoa por inteiro", de outra parte, diz respeito à obtenção de identidade, sobretudo do reconhecimento de sua particularidade por parte da comunidade de valores da coletividade.[473]

É necessário, portanto, "reconhecimento" – da condição de pessoa em situação (fase) especial de desenvolvimento –, dos sujeitos, como cidadãos de direitos e não como objeto do poder dos adultos. O reconheci-

---

[471] BELOFF, Mary. Reforma Legal y Derechos Económicos y Sociales de Niños: las paradojas de la ciudadanía. In: PIOVESAN, Flávia; SARMENTO, Daniel; IKAWA, Daniela (Org.). *Igualdade, Diferença e Direitos Humanos*. 2. tiragem. Rio de Janeiro: Lumen Juris, 2010, p. 906.

[472] HONNETH, Axel. *Luta pelo Reconhecimento*, p. 147-149.

[473] Idem, p. 221.

mento da diferença nada mais é, como afirma Fraser, do que a busca pelo direito de ser tratado como igual, entre pares sociais. A diferença é o meio do caminho, a forma de estabelecer a peculiaridade, para justificar um tratamento diferenciado rumo à igualdade, ou ao tratamento paritário.[474] Em complementação, refere Silva Filho: "todos são iguais enquanto espécie, e todos são diferentes, enquanto subjetividade".[475]

A peculiaridade é uma especificidade, que reconhecida, permite a consideração do sujeito desde o seu lugar de fala, desde o seu mundo, de sua realidade cultural. Reconhecer o sujeito nessa dimensão de pessoa por inteiro significa considerá-lo cidadão em condição de igualdade e, portanto, conquistar a *indiferença*.

4.3.5. Princípio da livre manifestação e direito de ser ouvido

A liberdade para a livre manifestação de opiniões, vontades e outras formas de expressão é um princípio instituinte do Estado Democrático de Direito desde sua versão primeira, em que a garantia da liberdade individual foi a justificativa para a existência do Estado, e seu fundamento estava na possibilidade do exercício de tal liberdade.

A liberdade de livre manifestação, de outra parte, é a própria expressão do reconhecimento intersubjetivo da Dignidade da Pessoa Humana em sua dimensão comunicativa,[476] na medida em que se constitui em garantia de desenvolvimento da própria personalidade, em comunicação e interação com os outros, no contexto social a que os sujeitos pertencem. Para Koatz, a perspectiva substantiva do princípio da liberdade de manifestação exige o reconhecimento de que não há vida digna sem a liberdade de expressão. Nesse sentido, as pessoas não só devem ser respeitadas em suas mais variadas formas de expressão – direito negativo em relação ao Estado e aos particulares –, como também devem ter a possibilidade de acesso às diversas formas de manifestação do pensamento que circulam em seu meio social.[477]

---

[474] FRASER, Nancy. Redistribuição, Reconhecimento ..., p. 182.

[475] SILVA FILHO, José Carlos Moreira da. Direitos Humanos, Dignidade da Pessoa Humana e a questão dos Apátridas: da identidade à diferença. *Direito e Justiça*, Porto Alegre, v. 34, n. 2, p. 67-81, jul./dez. 2008, p. 80.

[476] SARLET, Ingo Wolfgang. As dimensões da Dignidade da Pessoa Humana: construindo uma compreensão jurídico-constitucional necessária e possível. In: —— (Org.). *Dimensões da Dignidade –* Ensaios de Filosofia do Direito e Direito Constitucional. Porto Alegre: Livraria do Advogado, 2005, p. 22-26.

[477] KOATZ, Rafael Lourenzo-Fernandez. As Liberdades de Expressão e de Imprensa na Jurisprudência do Supremo Tribunal Federal. In: SARMENTO, Daniel; SARLET, Ingo Wolfgang (org.). *Direitos Fundamentais no Supremo Tribunal Federal: Balanço e Crítica*. Rio de Janeiro: Lumen Juris, 2011 (391-447), p. 393-395.

No campo específico dos direitos de crianças e adolescentes, o princípio da liberdade de manifestação ganha substância ao evocar-se o direito de todas as pessoas nesta faixa etária de serem ouvidos. Dar a voz pressupõe o direito de falar e de ser ouvido, além da obrigação de escutar. A escuta, mais do que a fala, em si, requer que se considere quem fala como sujeito, com conteúdo que justifique a consideração do seu ponto de vista. Trata-se de uma configuração que diz respeito a uma opção política de descentralização de poder, de participação, de construção coletiva e de soluções para os problemas desde a perspectiva do diálogo.

Nessa direção, a Convenção Internacional dos Direitos da Criança, em seu artigo 2º, estabeleceu a previsão do direito da criança[478] de ser ouvida, com o seguinte texto:

> Art. 12, 1 – Os Estados partes assegurarão à criança que estiver capacitada a formular seus próprios juízos o direito de expressar suas opiniões livremente sobre todos os assuntos relacionados com a criança, levando-se em consideração essas opiniões, em função da idade e maturidade da criança.
> 2 – Com tal propósito, proporcionar-se-á à criança, em particular, a oportunidade de ser ouvida em todo o processo judicial ou administrativo que afete a mesma, quer diretamente quer por intermédio de um representante ou órgão apropriado, em conformidade com as regras processuais de legislação nacional.[479]

A inclusão do referido dispositivo no tratado internacional foi de significativa importância, visto que estabeleceu um outro *status* das crianças em meio aos adultos, na medida em que determinou a necessidade de ouvi-las, desde o lugar que ocupam no presente, e não em razão do que venham a ser quando adultas. Trata-se de um direito que somente pode ser exercido pela própria pessoa e diz respeito a sua opinião pessoal, seus sentimentos, suas experiências de vida. Refere-se, portanto, ao direito de influenciar na decisão que os adultos tomarão sobre ela, criando a obrigação de seus interlocutores de considerar tal opinião e de criar as condições para que seja manifestada, de acordo com sua idade e condição de maturidade.[480]

---

[478] Conforme a Convenção Internacional dos Direitos da Criança, criança é a pessoa entre zero e 18 anos de idade. Assim, a referência à criança, desde o ponto de vista da Convenção, inclui a categoria dos adolescentes.

[479] Convenção Internacional dos Direitos da Criança.

[480] Trata-se do dever dos adultos de propiciar uma linguagem apropriada ao contexto e ao grau de maturidade das crianças e adolescentes. Como afirmava VIGOTSKI: Antes de chegar a dominar sua própria conduta, a criança começa a dominar o seu entorno com a ajuda da linguagem. Isso possibilita novas relações com o entorno, ademais da nova organização da própria conduta. A criação destas formas de conduta, essencialmente humanas produz mais adiante o intelecto, convertendo-se depois na base do trabalho produtivo: a forma especificamente humana de utilizar as ferramentas (VIGOTSKI, Lev. *El desarrollo de los procesos psicológicos superiores*. Editorial Crítica: Barcelona, 2000, p. 48).

Cabe referir que a responsabilidade pelas decisões continua sendo dos adultos. O grau de maturidade exercido na infância e na adolescência, em razão do estágio de maturidade em que essas pessoas se encontram, faz com que a responsabilidade pelas decisões a tomar tenha que ser assumida gradativamente. Na medida em que a criança evolui em condições, evolui em responsabilidade. De outra parte, na medida em que evolui em responsabilidades, reduz o poder dos adultos sobre o seu destino.

Tepedino reforça a interpretação quanto à importância do direito de ser ouvido em matérias de direito de família, enumerando os vários momentos na legislação estatutária em que está prevista tal obrigação ao Estado.[481] Para o autor, a concepção normativa expressa nesse direito está relacionada a um modelo de família mais horizontal, o qual visa ao melhor desenvolvimento da personalidade de seus membros. A partir do exercício protagonista do seu processo educacional, que precisa contemplar a expressão e a participação, o sujeito adolescente aprende a exercer autonomia. Tal exercício é componente do diálogo necessário entre o adulto responsável e o adolescente protagonista e visa a construção da "liberdade responsável".[482]

Complementa Teixeira, quando afirma que, após a configuração normativa dos direitos da criança e do adolescente, o relacionamento entre os pais e os filhos passou a ter como objetivo referencial o desenvolvimento da personalidade de ambos, portanto, o exercício de seus Direitos Fundamentais. Assim, cabe aos genitores, titulares da autoridade parental, o reconhecimento da autonomia dos filhos na organização da sua própria vida, a ser exercida de acordo com a condição de maturidade.[483]

Nesse espaço de construção gradual de autonomia, em que a família deve ser referência de proteção e também do processo de separação rumo às responsabilidades adultas, a manifestação, o questionamento e a contestação de autoridade fazem parte da "necessidade de testar referências de formação". Conforme Sudbrak, é importante que o adolescente não só conte com referências claras de limites, mas também possa contestar tais limites no espaço de diálogo dentro da família. Para que os adolescentes assumam regras de conivência como suas, necessitam ter a possibilidade

---

[481] Nos seguintes artigos do Estatuto da Criança e do Adolescente há referência ao direito de ser ouvido:art. 28, § 1º (colocação em família substituta) art. 53 (direito à educação); art. 45 § 2º (oitiva do adotado maior de 12 anos de idade); art.161, § 3º (procedimento para perda, ou suspensão do poder familiar); art. 111, V (direito de ser ouvido no processo de apuração de ato infracional), entre outros.

[482] TEPEDINO, Gustavo. A Tutela Constitucional da Criança ..., p. 874-876.

[483] TEIXEIRA, Ana Carolina Brochado. *Família, Guarda e Autoridade Parental*. Rio de Janeiro: Renovar, 2005, p. 130-131.

de manifestar-se sobre elas, caso contrário as entenderão apenas como imposição externa.[484]

Importa referir que o direito de ser ouvido não obriga a criança ou o adolescente a falar.[485] Também não diz respeito à utilização de sua fala como prova nos processos judiciais em que é parte.[486] O direito de falar e ser ouvido, como está previsto na Convenção Internacional, está relacionado à necessidade de consideração, por parte dos adultos, do seu ponto de vista, ainda que de forma restrita, pois, conforme a previsão da normativa internacional, apenas refere-se a assuntos da própria vida. Relaciona-se, ainda, com a necessidade de que tenha todas as informações possíveis sobre o que está sendo acusado, ou sobre o tema que versa o processo que dispõe sobre o seu destino. Está relacionado ao direito à defesa, ao direito de expressar sua vontade em decisões no âmbito de sua convivência familiar, seja nos casos de guarda, retirada da família, colocação em instituição de acolhimento, ou em família substituta. Diz respeito à necessidade de sua escuta no âmbito de seu próprio processo educacional, no que se refere aos seus interesses, sua autoavaliação, ou à metodologia pedagógica a qual será submetido.

No entanto, o direito de ser ouvido encontra limites para sua efetivação, na medida em que depende da avaliação dos adultos de quando será o caso de levar em consideração o ponto de vista da criança ou do adolescente. Outro limite objetivo é que, muitas vezes, pela ausência de previsões objetivas nos ritos processuais quanto a tais escutas, a sua ausência não implica consequências, como, por exemplo, a nulidade dos processos.

Pode-se dizer que, embora com as limitações da disposição convencional e das previsões na mesma direção da legislação pátria, o direito de ser ouvido trata-se de uma possibilidade de "empoderamento", ou de

---

[484] SUDBRAK, Maria de Fátima Oliver. *O Papel da Família* ..., p. 3.

[485] KOATZ, Rafael Lourenzo-Fernandez. As Liberdades de Expressão e de Imprensa na Jurisprudência do Supremo Tribunal Federal. In: SARMENTO, Daniel; SARLET, Ingo Wolfgang (org.). *Direitos Fundamentais no Supremo Tribunal Federal: Balanço e Crítica*. Rio de Janeiro: Lumen Juris, 2011 (391-447), p. 398.

[486] Cabe referir que o Projeto Depoimento sem Dano, executado como experiência positiva em vários aspectos, pela 2ª Vara da Infância e Juventude de Porto Alegre, utiliza como fundamentação para a experiência que realiza o direito de ser ouvido. Nesse ponto, cabe manifestar discordância com a fundamentação utilizada e com o fato de que, nesse caso, se utiliza a fala das crianças e adolescentes como meio de prova necessário para a responsabilização de seus agressores, especialmente nos casos de violência sexual. O direito de expressar-se nos processos judicial, em que a criança e o adolescente é parte, não está relacionado à produção de prova processual. A responsabilidade por provar a acusação feita aos adultos acusados nos processo é do Estado e não das crianças e adolescentes. De outra parte, é evidente que estratégias de escuta das crianças e dos adolescentes em juízo, preservando o máximo possível sua condição peculiar, são muito bem vindas. CEZAR, Jose Antonio Daltoe; BEUTLER, Breno. *Depoimento sem dano*. Porto Alegre: Tribunal de Justiça do Rio Grande do Sul, 2009, p. 13.

divisão equitativa de poder social.[487] Isso porque o direito de ser ouvido pressupõe o juízo de que o sujeito é capaz de formar opinião sobre seu destino, tem direito de pensar e de saber o que está acontecendo com a sua vida.

Nessa direção manifesta-se Freire, quando afirma que a desqualificação do outro, como alguém incapaz de pensar e opinar sobre o seu destino compõe a sua desconsideração como interlocutor. Nas palavras do autor:

> Desqualificar moralmente o outro significa não vê-lo como um agente autônomo e criador potencial de normas éticas ou como um parceiro na observância a leis partilhadas e consentidas ou, por fim, como alguém que deve ser respeitado em sua integridade física e moral.[488]

Ou seja, a consideração da fala do outro, como sujeito capaz, também é um ato de reconhecimento político. Quem está na condição de "dever de escuta" perde poder, ao compartilhar o diálogo. Quem está na condição de falar e ser escutado, ganha o poder de influenciar no destino, seja o seu próprio, ou o da coletividade.

Baratta, ao analisar o tema, demonstra seus limites e contradições. Na opinião do autor, o direito previsto no art. 2º da Convenção Internacional já nasceu com limitações. Afirma que, quanto à liberdade de formar juízo próprio, prevista no diploma normativo internacional, não há qualquer limitação, no entanto, o direito de manifestá-la restringe-se aos assuntos que lhe dizem respeito, e não a toda sua visão de mundo. De outra parte, o direto de ser escutado não diz respeito a todos os assuntos que desejar manifestar-se, mas se restringe aos temas que envolvem as decisões que os adultos tomarão sobre sua pessoa no âmbito dos processos judiciais. E, finalmente, a consideração da opinião da criança (ou do adolescente) está condicionada ao princípio do melhor interesse, o qual, como já abordado, se não vinculado à efetivação de diretos, acaba por se constituir em delegação de poder aos adultos para considerar em que consiste tal interesse.[489]

A reflexão proposta pelo autor chama a atenção para os limites semânticos do texto que, se interpretado de forma literal, de fato, restringem a concepção de manifestação e escuta aqui referida. Para além desse aspecto específico, Baratta busca refletir sobre a efetiva condição de su-

---

[487] MOLINARO, Carlos Alberto. *Refutación de la escisión derecho y deber*. Por una radical deontologia de los derechos humanos. Sevilla: UPO, 2005, p. 560.

[488] FREIRE, Jurandir. A ética Democrática e seus Inimigos. O lado privado da violência pública. In: ROITMAN, Ari (Org.). *O Desafio Ético*. Rio de Janeiro: Garamond, 2000, p. 81.

[489] BARATTA, Alessandro. Infância e Democracia. In: MÉNDEZ, Emílio Garcia; BELOFF, Mary (org.). *Infância, Lei e Democracia na Democracia*. Vol 1. Blumenau: Edifurb, 2001, p. 66-68.

jeito das crianças e, em especial, dos adolescentes. Assim, são iguais aos demais sujeitos perante a Lei, ou seja, enquanto igualdade formal, mas limitados no exercício de seus direitos. São parte da sociedade, mas não são escutados, ou não podem influenciar no rumo social e político. Têm seus direitos positivados, por conquista não de sua categoria (enquanto identidade social adolescente), mas como resultado do processo de mobilização social que esteve na pauta dos adultos. Sua restrição de poder e de importância social só começou a mudar, na medida em que sua diferença, em relação à maioria, representou um problema e, principalmente, em razão dos adultos que virão a ser, não em razão de sua própria condição de pessoa.

De acordo com Arendt, pertence à esfera pública aquilo que é ouvido pelos outros e por nós mesmos, constituindo-se em realidade. Aquilo que é ouvido na vida íntima, vive uma espécie de incerteza obscura. No entanto, prossegue a autora, no espaço público só é tolerado aquilo que é relevante, digno de ser visto e ouvido, o irrelevante torna-se assunto privado.[490]

Assim, o princípio da livre manifestação reveste-se de importância e significado. Mais do que um princípio a ser utilizado para interpretar a norma, trata-se de um dispositivo relacionado à concepção política a ser adotada na sociedade.[491] Da mesma forma, o direito de ser ouvido direito tem direta relação com o modelo de democracia que se deseja, pois ao contemplar diferentes manifestações e modos de ver o mundo, pressupõe considerar as pessoas em sua plenitude legítimas para a fala. Pressupõe, efetivamente, considerar "o outro".

O "empoderamento", no entanto, de tais sujeitos rumo a outra configuração social, mais horizontal, só tem ocorrido em razão do crescimento de sua manifestação social como problema. Em meio a tal contradição, avanços são alcançados e regressos são constatados.

Para Méndez, a chave para tal questão está no conceito de proteção construído histórica e culturalmente, o qual se constitui em um eufemismo para legitimar as práticas e o discurso da discricionariedade. Segundo o autor, a incapacidade política da criança,[492] que está contextualizada em

---

[490] ARENDT, Hannah. *A Condição Humana*. Trad. Roberto Raposo. 10. ed. Rio de Janeiro: Forense, 2005 p. 59-61.

[491] Nessa direção entende a doutrina trata-se da dimensão instrumental do princípio da liberdade de manifestação. Ou seja, trata-se de um instrumento necessário à constituição de outros valores constitucionalmente consagrados, como a própria democracia. Nesse sentido pode-se ver KOATZ, Rafael Lourenzo-Fernandez. As Liberdades de Expressão e de Imprensa na Jurisprudência do Supremo Tribunal Federal. In: SARMENTO, Daniel; SARLET, Ingo Wolfgang (org.). *Direitos Fundamentais no Supremo Tribunal Federal: Balanço e Crítica*. Rio de Janeiro: Lumen Juris, 2011 (391-447), p. 395.

[492] Conceito de criança utilizado a partir da Convenção Internacional dos Direitos da Criança.

sua cidadania incompleta, constrói e legitima sua incapacidade civil, e esta passa a legitimar sua incapacidade de fato. Toda essa circunstância, conforme o autor, está relacionada ao que denomina de uma "cultura de compaixão-repressão", a qual prevalece, embora tenha sido superada a "doutrina da situação irregular" e o "direito dos menores". "Em termos culturais, políticos e jurídicos, é com esse sistema de compaixão-repressão e de discricionariedade que qualquer sistema de garantias deve confrontar-se".[493]

Para a efetivação da Dignidade Humana, torna-se necessária a "redistribuição equitativa do poder social".[494] Aqui, no contexto juvenil, entende-se que a proposição diz respeito ao favorecimento do protagonismo de tais sujeitos, como requisito para a construção da autodeterminação, a partir do respeito à sua manifestação desde o seu lugar de ver o mundo.

Reconhecer o que é invisível na sociedade contraditória e complexa da contemporaneidade é um desafio e uma necessidade. Reconhecer o outro, como parte de outra realidade cultural e social, fundada sobre planos normativos distintos e sobrepostos ao Estatal, requer disposição hermenêutica de alteridade. Reconhecer e dar voz, ouvir a fala, empoderar, significa abrir mão de poder, o qual está localizado no modelo de sociedade herdado da modernidade, centrado na racionalidade adulta, branca e masculina. Logo, os limites de tais processos são evidentes e remetem à reflexão sobre seu caráter quase inatingível. No entanto, por outro lado, constata-se que tal falta de reconhecimento tem seu preço, o qual tem sido distribuído socialmente.

---

[493] MÉNDEZ, Emílio Garcia. *Infância e Cidadania na América Latina.* São Paulo: HUCITEC, 1996, p. 200.
[494] MOLINARO, Carlos. *Refutación de la escisión ...*, p. 560.

5. Reconhecimento dos Direitos Fundamentais dos adolescentes, diante da intervenção do Estado

> *Negação parcial é violência. E esta parcialidade descreve-se no fato de que o ente, sem desaparecer, se encontra em meu poder. A negação parcial, que é a violência, nega a independência do ente: ele depende de mim. A posse é o modo pelo qual um ente, embora existindo, é parcialmente negado.*[495]

A mudança de concepção propagada pela Doutrina da Proteção Integral, que fundamenta o subsistema de direitos previstos na Constituição Federal brasileira, ainda está longe de refletir-se na realidade, em especial no que se refere à situação de tratamento dos adolescentes por parte do Estado.

Conforme refere Vieira, as diferenças sociais, econômicas e culturais, oriundas de níveis extremos de desigualdades, como se verifica no caso do temário que se tem tratado neste livro, geram "demonização daqueles que desafiam o sistema e a imunidade dos privilegiados", ocasionando parcialidade na aplicação da Lei. Ou seja: "a desigualdade profunda e duradoura gera a erosão da integridade do Estado de Direito".[496] De outra parte, a ausência de preocupação, ou reação, social e política, frente à essa realidade, demonstra a invisibilidade da problemática por parte da sociedade, justificando a manutenção da situação por mais tempo, como se nada se passasse com o Estado Democrático de Direito. De certa forma, "aprendemos a conviver com a injustiça indignando-nos, passagei-

---

[495] LÉVINAS, Emmanuel. LÉVINAS, Emmanuel. *Entre Nós*. Ensaios sobre a Alteridade. 4. ed. Petrópolis: Vozes, 2009, p. 31.

[496] VIEIRA, Oscar Vilhena. A Desigualdade e a Subversão do Estado de Direito. In: PIOVESAN, Flávia; SARMENTO, Daniel; IKAWA, Daniela (Org.). *Igualdade, Diferença e Direitos Humanos*. 2. tiragem. Rio de Janeiro: Lumen Juris, 2010, p. 207.

ramente, com tudo e mudando nada, a não ser a retórica da nossa falsa inconformidade".[497]

Desde a perspectiva do estágio de reconhecimento dos direitos dos adolescentes, observa-se a prevalência de uma cultura subliminar que está presente na intervenção do Estado, através de seus vários mecanismos de controle social, a qual tem sustentado a preferência pela institucionalização, segregação e afirmação da exceção, no que se refere à falta de respeito aos direitos individuais. A situação observada representa a dificuldade de reconhecimento, por parte da sociedade e também do Estado, dos sujeitos adolescentes, enquanto titulares de direitos e como pessoas por inteiro.[498]

Nesse capítulo, portanto, estar-se-á a demonstrar a relação direta entre a fundamentação teórica desenvolvida nos capítulos anteriores e os dados da realidade sociojurídica dos adolescentes. Notadamente, buscar-se-á a aplicação prática dos argumentos centrais deste livro: as dificuldades de reconhecimento dos adolescentes, em sua especificidade e peculiaridade, estão diretamente relacionadas aos limites de reconhecimento por parte do Estado. De outra parte, a efetividade dos Direitos Fundamentais é instrumental ao reconhecimento das pessoas e de sua dignidade. Todavia, os direitos tornam-se abstratos se não consideram as pessoas concretas e as suas realidades culturais e normativas.

Em um primeiro momento, será abordado a respeito da intervenção do Estado na família, com especial enfoque sobre direito fundamental à convivência familiar e comunitária. Logo a seguir, estar-se-á a analisar os limites e possibilidades da efetividade do direito fundamental à defesa nos processos judiciais de apuração de atos infracionais, enquanto instrumentalidade limitadora da intervenção institucional no campo socioeducativo, mas também como garantidor do direito de os adolescentes serem ouvidos nos processos judiciais dos quais são parte.

No último ponto desse capítulo, desenvolver-se-á a fundamentação do "princípio da autodeterminação progressiva", sustentando-o como parâmetro regulador na intervenção Estatal ao tratar os adolescentes. No temário geral do reconhecimento dos direitos dos adolescentes, os problemas sociais, políticos e culturais são muitos. A contribuição jurídica possível é o aprofundamento de argumentos teóricos que sejam instrumentais para a sustentação e desenvolvimento de melhores condições de vida e de dignidade.

---

[497] VERISSIMO, Luís Fernando. Justiça (2). In: ROITMAN, Ari. *O Desafio Ético*. Rio de Janeiro: Giramond, 2000, p. 23.

[498] HONNETH, Axel. *Luta pelo Reconhecimento*, p. 221.

5.1. O NECESSÁRIO RECONHECIMENTO DO DIREITO DOS ADOLESCENTES À CONVIVÊNCIA FAMILIAR E COMUNITÁRIA

Todas as crianças e adolescentes têm direito a crescer e desenvolver-se no contexto de uma família e de uma comunidade.[499] Portanto, têm o direito de pertencer a um coletivo e nele construir sua identidade social e cultural. Quando é difícil a concretização prática dessa garantia, por questões de âmbito econômico, cabe ao Estado, através de sua rede de seguridade social, garantir benefícios e serviços de acolhimento, que auxiliem a família em sua tarefa.

De outra parte, quando não é possível a convivência na família natural, especialmente em razão de maus-tratos e violência doméstica, cabe ao Estado intervir e fornecer o suporte necessário para a colocação da criança ou do adolescente em uma família substituta. Em caso de impossibilidade, sempre em caráter provisório e temporário, deve o Estado mantê-los em uma instituição de acolhimento.[500]

Portanto, parte-se da fundamentação teórica do direito à convivência familiar e comunitária e analisa-se a sua eficácia frente à intervenção do Estado na família, em situações em que ocorre uma aparente antinomia entre aquele direito e o dever de proteção de crianças e adolescentes em contextos de violência familiar.

5.1.1. A família contemporânea: igualdades e diferenças

A Constituição brasileira reconhece a família como instituição fundamental, espaço de desenvolvimento das pessoas, em condição de igualdade e diversidade.[501] Essa diretriz constitucional tem sido amplificada através das várias configurações familiares reconhecidas e protegidas pelo Direito nos últimos anos, a partir da manifestação concreta de tal diversidade nos diversos contextos sociais, nas quais existe vínculo de afeto. O fato é que o reconhecimento da pluralidade de arranjos familia-

---

[499] Art. 227 da Constituição Federal: É dever da família, da sociedade e do Estado assegurar à criança, ao adolescente e ao jovem, com absoluta prioridade, o direito à vida, à saúde, à alimentação, à educação, ao lazer, à profissionalização, à cultura, à dignidade, ao respeito, à liberdade e e *à convivência familiar e comunitária*, além de colocá-los a salvo de toda forma de negligência, discriminação, exploração, violência, crueldade e opressão. (grifo aqui realizado).

[500] Concepção norteadora dos vários artigos dispostos ao longo do Capítulo III do Estatuto da Criança e do Adolescente (lei 8069/90), que dispõe sobre "Do Direito à Convivência familiar e Comunitária" (art. 19 a art. 52-D, do ECA).

[501] Art. 226, Constituição Federal : "A família, base da sociedade, tem especial proteção do Estado".

res tornou-se uma necessidade social e, em consequência, uma realidade normativa.[502]

Ao longo do século XX, importantes mudanças refletiram-se no modelo de família tradicional. Assim, a família patriarcal, que se justificava e matinha-se enquanto instituição, independente das relações afetivas que a sustentassem, entrou em crise, sob influência do crescente individualismo e, também, da fundamentação da ordem normativa na dignidade da pessoa humana como fim.[503] Decresceu a sustentação cultural e, em consequência, jurídica da instituição por si mesma, fundada no patrimônio, na subordinação ao poder paterno e na clausura, enquanto forma de proteção contra os inúmeros conflitos que sempre existiram.

Assim, o movimento de modificação institucional – ainda em crise, frente aos conflitos cotidianos entre modelos e necessidades dos sujeitos, entre poder e ausência de legitimidade de poder, entre violência e afeto –, foi provocando mudanças no modelo familiar, reconfiguração de papéis e exposição pública das contradições que sempre estiveram presentes. Em especial, as famílias brasileiras, conforme Sudbrak, são bastante contraditórias:[504] ao mesmo tempo em que são muito amorosas, também podem ser muito violentas, ou, "são um contexto paradoxal de risco e proteção".[505]

Nesse sentido, pode-se dizer que os vínculos e os conflitos violentos no âmbito familiar não são novidade. Ocorre que, com a passagem do tempo, cada um dos membros da família foi ganhando singularidade e importância. A condição de igualdade passou a reconfigurar as relações de poder entre pais e filhos, homens e mulheres. A subordinação ao poder patriarcal foi tornando-se mais restrita. A antiga ideia de "paz doméstica" e manutenção da família à custa das expectativas e sonhos

---

[502] Diferentes configurações familiares são reconhecidas pelo Ordenamento Jurídico Brasileiro. Nesse sentido, Brauner refere-se às diversas formas de constituição da família, em especial as famílias decorrentes do casamento, às famílias decorrentes da união estável, às famílias formadas por união estável homoafetivas, as famílias monoparentais, as famílias reconstruídas. BRAUNER, Maria Cláudia Crespo. O pluralismo no Direito de Família brasileiro: realidade social e reinvenção da família. In: WELTER, Belmiro Pedro; MADALENO, Rolf Hanssen. Coord. *Direitos fundamentais do Direito de Família*. Porto Alegre: Livraria do Advogado, 2004, p. 255-278.

[503] PERROT, Michelle. *O Nó e o Ninho*. Veja 25 anos: reflexões para o futuro. São Paulo: Abril, 1993, p. 75-81.

[504] Esta conotação controvertida da família não se restringe aos dias contemporâneos. Conforme PERROT, a família do século XIX era: "Ninho e nó, refugio calorosos, centro de intercâmbio afetivo e sexual, barreira contra a agressão exterior, erustida em seu território, a casa, protegida pelo muro espesso da vida privada que ninguém poderia violar – mas também secreta, fechada, exclusiva, normativa, palco de incessantes conflitos que tecem uma interminável intriga, fundamento da literatura romanesca do século. In: PERROT, Michelle. O Nó e o Ninho..., p. 78.

[505] SUDBRAK, Maria de Fátima Olivier. *O Papel da Família e da Escola na formação do Adolescente*. Texto produzido para fins didáticos do Curso Extensão Universitária no Contexto da Educação Continuada do Sistema Socioeducativo do Distrito Federal. Universidade de Brasília, Brasília, 2009, p. 4.

individuais, independente das circunstâncias vividas em seu contexto, passou a ser relativizada. Ampliou-se, então, a possibilidade de intervenção social e estatal nas famílias, em nome da garantia dos direitos de cada um dos membros.

5.1.2. A intervenção do Estado nos contextos familiares e a institucionalização de crianças e adolescentes

A intervenção estatal nos contextos familiares, desde o ponto de vista histórico, sempre esteve a serviço da manutenção dos padrões de moralidade vigentes. Uma expressão simbólica desse processo é a "roda dos expostos", mecanismo, hoje em desuso,[506] que tinha a finalidade de facilitar o cuidado institucional de bebês no período do Brasil colonial, mais precisamente no século XVIII. Tratava-se de um sistema de atendimento realizado pelas Santas Casas de Misericórdia, a exemplo de experiências semelhantes em funcionamento à época, nos países europeus, que se instalou no Brasil, inicialmente em Salvador, Recife e Rio de Janeiro, mas no século seguinte espalhou-se por várias outras cidades.[507]

Preservadas as identidades dos progenitores, as crianças recém-nascidas eram abandonadas na face externa das rodas. Ao serem giradas para a parte interna das instituições, eram acolhidas, sem necessidade de revelar a autoria do abandono. O mecanismo, cultural e legalmente aceito, servia principalmente para receber filhos "ilegítimos", filhos de mães solteiras, mestiços, frutos de relações entre as escravas e seus senhores. Em última instância, sua função era a preservação formal da família.

As crianças cresciam nas instituições, ou eram criadas externamente por amas-de-leite, contratadas para a tarefa pelas Santas Casas. O sistema possibilitava o acolhimento de grande número de crianças para os padrões da época – na roda dos expostos da corte, em 1852, cerca de 500 bebês foram abandonados – e assim prosseguiu até que passou a sofrer sérias críticas por parte da vigilância sanitária, em razão dos altos índices de mortalidade observados.[508]

---

[506] Cabe chamar a atenção para o fato de que a roda dos expostos está hoje em desuso institucional, mas existem iniciativas atuais relacionadas ao tema do anonimato dos pais biológicos, quando da entrega dos filhos recém nascidos ao Estado. Um exemplo disso são os PL 2834/2008 e PL 2747/2008, em tramitação no Congresso Nacional, que pretende a institucionalização do "Parto Anônimo", tendo como justificativa a prevenção do abandono de recém-nascidos. In: Instituto Brasileiro de Direito de Família. Disponível em: <http://www.ibdfam.org.br/?observatorio&familias&tema>. Acessado em: 20 jan. 2011.

[507] RIZZINI, Irene; RIZZINI, Irmã. *A Institucionalização de Crianças no Brasil* – percurso histórico e desafios do presente. Rio de Janeiro: PUC – Rio; São Paulo: Loyola, 2004, p. 22.

[508] Idem, p. 22-23.

As famílias pobres, em especial as escravas, sempre conviveram com a possibilidade de ausência de limites ao exterior.[509] De outra parte, o modelo patriarcal, protegido pela moralidade religiosa, encontrava na intervenção institucional e no afastamento das crianças do meio familiar, um forma de manutenção da ordem familiar vigente. Nessa direção, manifestam-se Rizzini e Rizzini relatando a história da institucionalização de crianças no Brasil. Afirmam as autoras que o recolhimento de crianças em instituições, até o século XX, foi o principal instrumento de assistência ao público infantil no País. Os modelos de internatos educacionais eram, inclusive, valorados positivamente pelas classes mais abastadas, as quais confiavam seus filhos a escolas religiosas como uma forma de garantia educacional. A partir da metade do Século XX, esse modelo entrou em desuso por parte das famílias ricas, mantendo-se vigente para as famílias pobres até os dias contemporâneos, porém com outras características.[510]

Progressivamente, as crianças alvo de institucionalização passaram a ser as pobres, consideradas "menores em situação irregular", enquadradas social e legalmente nas condições passíveis de intervenção estatal.[511] O processo de institucionalização de crianças e adolescentes e, consequentemente, de intervenção na família, passou a ter a conotação de segregação e privação de liberdade, ainda que com a justificativa de proteção social.

Nesse contexto, o objetivo velado da intervenção familiar, que se justificava em nome da proteção, passou a ser a prevenção social em relação aos "futuros delinquentes", "irregulares" e "desajustados". O alvo da intervenção passou a ser crianças e adolescentes pobres, que viviam, ou circulavam, nas ruas; que cometiam, ou não, delitos; abandonados; órfãos; ou portadores de doenças e deficiências. Conforme contribui Morales, como consequência do desenvolvimento do capitalismo ascendente e do empobrecimento massivo das classes populares, surgiu o fenômeno das crianças pobres como problema público, sobre as quais era necessário instituir uma nova forma de controle social.[512]

---

[509] A responsabilidade pelo sustento e a propriedade sobre a força de trabalho das crianças escravas eram do senhor proprietário de sua mãe ou pai. Com a Lei do Ventre livre (1871), era possível o antigo proprietário optar: ou mantinha as crianças nascidas livres sob seu sustento e recebia indenização estatal em razão do feito, ou as entregava ao Estado. In: RIZZINI, Irene; RIZZINI, Irmã. Op. cit., p. 27-28.

[510] RIZZINI, Irene; RIZZINI, Irma. *A Institucionalização de ...*, p. 22.

[511] A conceituação da condição de situação irregular foi melhor desenvolvida no 4º capítulo deste livro.

[512] MORALES, Júlio Cortes. A 100 años de la creación del primer tribunal de menores y 10 años de la convención internacional de los derechos del niño: el desafío pendiente. *Justicia y Derechos del niño*, Santiago, n. 1, p. 63-78, nov. 1999, p. 63-78.

Nessa direção, Foulcault contribui ao afirmar que as sociedades em processo de industrialização[513] passaram a adotar controles punitivos em nível das "virtualidades" dos indivíduos, não em razão de seus comportamentos exteriorizados. Essa forma de controle social não poderia ser realizada pelos órgãos de justiça diretamente, assim passou a ser exercida por uma série de outros poderes laterais, à margem da justiça, como as instituições de vigilância e correção. Surgiram instituições com a finalidade de "enquadrar os indivíduos ao longo de sua existência", as quais deveriam desempenhar a função de corrigir suas "virtualidades".[514]

Progressivamente, portanto, a função interventiva nas famílias brasileiras passou a ser exercida pelo Estado, em substituição às instituições religiosas, como as Santa Casas de Misericórdia e os internatos geridos por irmãs de caridade. A política estatal voltada a crianças e adolescentes foi-se caracterizando pela construção de grandes instituições totais[515] e pela sua utilização como espaço de segregação social. Em paralelo, a ausência de tratamento jurídico da questão, pela falta de regulação normativa, foi sendo substituída pelas legislações de menores, as quais autorizavam formalmente o Estado a intervir nas famílias e a institucionalizar seus filhos, quando esses estivessem enquadrados na condição de irregularidade.

Méndez busca relacionar "infância, lei e democracia" na América Latina. Para o autor, as leis de menores foram instrumentos legitimadores da atuação coercitiva das políticas públicas. O cumprimento das leis de menores teve como consequência a violação dos direitos e garantias individuais da clientela das chamadas instituições de "proteção" ou de "bem-estar".[516]

A construção social da categoria da "situação irregular" passou a constituir-se também em situação jurídica. Assim, com a edição do Código de Menores de 1927 e, posteriormente, com o Código de Menores de 1979, a condição jurídica da situação irregular autorizava o juiz de menores a decidir o destino das crianças enquadradas nesta condição – em regra, pertencentes a famílias pobres –, intervindo e institucionalizando, de acordo com a sua avaliação sobre o grau de irregularidade em que se encontravam.

---

[513] O autor refere-se à Europa nos séculos XVIII e XIX. Considerando-se o processo de industrialização brasileiro tardio, pode-se dizer que as reflexões propostas pelo autor se aplicam ao contexto brasileiro pelo menos até na primeira metade do século XX.

[514] FOULCAULT, Michel. *A verdade e as formas Jurídicas*. Rio de Janeiro: NAU Editora, 2003, p. 86.

[515] GOMES DA COSTA, Antônio Carlos. *De menor a cidadão*, Centro Brasileiro para a Infância e Adolescência, Ministério da Ação Social, Governo do Brasil, [s. d.], p. 14.

[516] MÉNDEZ, Emílio Garcia. Infância, Lei e Democracia: ..., p. 42.

Em última instância, toda a tradição histórica de intervenção familiar está fundada na ideia de que as famílias pobres não são capazes de cuidar de seus filhos,[517] seja pela condição de pobreza, seja pelo grau de irresponsabilidade que possuem. Trata-se do "argumento ideológico que possibilitou ao Poder Público o desenvolvimento de políticas paternalistas voltadas para o controle e a contenção social principalmente da população mais pobre, com total descaso para a preservação de vínculos familiares".[518] Nesse sentido, observa-se que ocorre a manifestação de um mecanismo cultural de desconstituição das pessoas desde sua condição social, não reconhecendo suas possibilidades e potencialidades. Conforme Souza, a situação explica-se no âmbito da dimensão pré-reflexiva que constitui hierarquias valorativas sociais diferenciais. Com base em conceitos sociais, o Estado identifica quem merece respeito ou não. Trata-se de consensos não refletidos ou debatidos, como o autor expressa na seguinte afirmação, presente no imaginário social: "Esses pobres brasileiros não valem 'efetivamente' mais do que um cachorro ou uma galinha".[519]

A construção histórica do processo de institucionalização de crianças e adolescentes no Brasil, bem como a dimensão pré-reflexiva que tem tido a função de autorizar a intervenção familiar, dependendo do contexto social a que se dirige, provocaram, ao longo dos anos, em especial durante o século XX, um crescente processo de institucionalização de crianças e adolescentes.

Os dados disponíveis sobre a situação nacional de crianças e adolescentes em instituições não contam com a atualização e abrangência necessárias.[520] Trata-se de uma realidade de certa invisibilidade, do ponto de vista estatístico, o que dificulta a produção de políticas públicas no setor. Enquanto referencial histórico do período de vigência dos Códigos de Menores e da "doutrina da situação irregular", a pesquisa realizada por Rizzini e Rizzini aponta que, na década de sessenta do século XX, os re-

---

[517] Autores que analisam esse tema denominam esse processo de mito da desorganização familiar, que nada mais é do que um processo de culpabilização da família, pelo abandono das crianças, como se a responsabilidade pelos problemas de natureza social tivesse uma conotação exclusivamente individual, no caso, familiar. Nesse sentido: RIZZINI, Irene; RIZZINI, Irmã. Op. cit., p. 39.

[518] BRASIL. Presidência da República. Secretaria Especial dos Direitos Humanos. Conselho Nacional dos Direitos da Criança e do Adolescente. *Plano Nacional de Promoção, Proteção, e Defesa do Direito da Criança e do Adolescente à Convivência Familiar e Comunitária*. Brasília: CONANDA, 2006, p. 19.

[519] SOUZA, Jessé (Org.). *A Invisibilidade da Desigualdade Brasileira*. Belo Horizonte: UFMG, 2006, p. 145.

[520] A carência de dados estatísticos que permitam comparações acerca da evolução dos números de crianças e adolescentes institucionalizados pode ser comprovada na pesquisa realizada com o objetivo de qualificar as informações registradas nesse texto. Os órgãos oficiais não possuem dados históricos sistematizados e comparáveis. Os pesquisadores que se dedicam ao tema da história da infância no Brasil apresentam os resultados de suas buscas, mas geralmente fazem ressalvas quanto à possibilidade de generalização, ou de absoluta comprovação.

latórios e dados oficiais publicados, embora com informações discrepantes, apontavam que o Sistema FUNABEM,[521] que agregava as instituições voltadas a essa finalidade em funcionamento à época no País, possuía entre cinquenta e seis mil e oitenta e três mil internos.[522] Nesse conjunto de crianças e adolescentes em instituições, encontravam-se infratores, abandonados, órfãos, pedintes, pessoas com deficiências e, em última instância, pobres.

Com a vigência da Constituição Federal de 1988 e do Estatuto da Criança e do Adolescente, 1990, além das importantes diferenças normativas e conceituais já referidas neste livro, no que se refere à especificidade da intervenção familiar, foi introduzido o art. 23, que afirma: "a falta ou carência de recursos materiais não constitui motivo suficiente para a perda ou suspensão do poder familiar".[523]

A positivação de tal dispositivo legal, acrescida da necessidade de maior formalidade na judicialização de procedimentos específicos para a destituição do poder familiar,[524] fez com que o número de crianças e adolescentes em instituições no Brasil obtivesse um importante decréscimo. Uma pesquisa realizada nos Juizados da Infância e da Juventude de Porto Alegre, no ano 2000, analisando o número de processos de destituição do poder familiar e a motivação dos mesmos, apontou que a média anual de processos judiciais em tramitação naquele Juizado, entre os anos de 1983 e 1990, foi de 547 processos/ano, tendo seu ápice no ano de 1984, com 741 processos. A mesma pesquisa apontou que após 1991 houve uma significativa redução dos números absolutos de processos de destituição de poder familiar, sendo que, entre os anos de 1990 e 2000, a média anu-

---

[521] Entende-se por Sistema FUNABEM o conjunto de instituições formado pela Fundação Nacional do Bem-Estar do Menor e pelas FEBEMs, Fundações do Bem-Estar do Menor, no âmbito dos Estados, que teve sua criação legislativa através da Lei 4.513/64, que instituiu a Política Nacional do Bem-estar do Menor.

[522] RIZZINI, Irene; RIZZINI, Irma. Op. cit., p. 39.

[523] A utilização da expressão "poder familiar" foi introduzida na Legislação estatutária por meio da Lei 12.010, de 2009, como forma de adequação da legislação especial dos direitos da criança e do adolescente à terminologia adotada a partir do Código Civil de 2002. Na época da promulgação do ECA, o termo utilizado era "pátrio poder". Cabe salientar, ainda, que no parágrafo único do referido artigo encontra-se expressa a determinação de que "não existindo nenhum outro motivo que por si só autorize a decretação da medida, a criança e adolescente será mantido em sua família de origem, a qual deverá obrigatoriamente se incluída em programas oficiais de auxílio". (parágrafo único do art. 23 do ECA).

[524] Após a promulgação da Lei 8.069/90, os Conselhos Tutelares foram gradativamente sendo implantados no País, e a judicialização direta de conflitos de natureza social passou a ser substituída por atendimentos na nova instituição, que assumiu a tarefa de atender a denúncias e outras situações de violações de direitos de crianças e adolescentes, aplicando medidas de proteção. Somente, em um segundo momento, ou seja, depois de verificada a falta de efetividade da medida de proteção aplicada, ou diante de maior gravidade da situação envolvendo violência dentro da família, o judiciário passou a ser acionado, mediante ajuizamento de procedimentos de destituição ou suspensão do poder familiar.

al passou a ser de 221 processos/ano.[525] Assim, observa-se uma redução importante nos números de decisões judiciais na direção do afastamento definitivo das crianças e adolescentes de suas famílias naturais, ocasionada pela limitação normativa introduzida.

De outra parte, Ferreira afirma que a análise de discurso dos referidos processos aponta mudanças, especialmente quanto à incorporação nas manifestações judiciais dos preceitos da nova legislação. Concluiu, entretanto, a partir do levantamento realizado, que as manifestações judiciais e os laudos técnicos presentes nos processos judiciais sugerem que as famílias violam os direitos de seus filhos em maior medida em razão da condição de miséria e exclusão, do que por situações específicas de violência, em que tenha ocorrido intencionalidade em fazê-lo.[526] Constata-se uma modificação no discurso justificador da intervenção familiar para adequação à nova legislação, porém é mantida a intervenção do Estado nas famílias em razão da pobreza, ou ausência de condições econômicas para o cuidado adequado dos filhos. O argumento de que os "os pobres não sabem cuidar de seus filhos" permanece sendo utilizado, ainda que de forma implícita.

Vê-se, a seguir, com a transcrição de fragmento de uma decisão judicial, que o discurso justificador da intervenção familiar não se alterou substancialmente nos últimos anos:[527]

> APELAÇÃO CÍVEL. DESTITUIÇÃO DO PODER FAMILIAR. NEGLIGÊNCIA e INAPTIDÃO DA GENITORA PARA PROVER A SUBSISTÊNCIA DO FILHO. SITUAÇÃO DE ABANDONO E DE RISCO. descumprimento dos deveres inerentes ao poder familiar:
> Ouvida em audiência, a requerida Denise afirmou querer permanecer com a guarda do filho. No entanto, as tessemunha ouvidas em audiência foram uníssonas em afirmar a total ausência de condições da genitora para prover os cuidados básicos do filho (fls. 211/220). Todas essas circunstâncias denotam total falta de capacidade de exercício do poder familiar por parte da genitora, que laborava como guardadora de carros nas ruas de Viamão, levando consigo o filho, sem atentar para o fato de que esse apresentava estado grave de desnutrição e desidratação, demonstrando ausência de aptidão e condições físicas, psicológicas e materiais para prover dignamente a proteção e subsistência do menor. Resta, portanto, configurada situação de risco e abandono autorizadora da destituição do poder familiar, possibilitando, com isso, que a criança seja inserida em família substituta. Isto posto, com fundamento no art. 557, *caput*, do CPC, nego seguimento à apelação.[528]

---

[525] FERREIRA, Kátia Maria Martins. *Estatuto da Criança e do Adolescente na Justiça da infância e da Juventude de Porto Alegre: análise sociológica dos processos de destituição do pátrio poder*. Dissertação de Mestrado. Porto Alegre: UFRGS, 2000, p. 127-128.

[526] FERREIRA, Kátia Maria Martins. Op. cit., p. 135-137.

[527] Cabe esclarecer que a decisão judicial aqui transcrita (em parte) tem finalidade ilustrativa e reflete certa tendência nas manifestações judiciais. Não foi realizada pesquisa atualizada abrangendo amostra significativa da jurisprudência sobre o tema. Assim, não é possível afirmar-se que tal manifestação reflita o pensamento dominante no Poder Judiciário gaúcho ou brasileiro.

[528] TJ/RS – 7ª Câmara Civil. Apelação Civil nº 70038265294. Rel. Des. André Luiz Planella Villarinho. Data de Julgamento 25/11/2010.

O Levantamento Nacional dos Abrigos para Crianças e Adolescentes, realizado em 2003, apontou para a existência de 20 mil crianças e adolescentes vivendo em 589 instituições em todo o País.[529] Embora esses dados não possam ser comparados com as informações compiladas por Rizzini e Rizzini, expostas anteriormente, referentes à década de sessenta, pois, no conjunto agora em análise, não estão incluídos adolescentes institucionalizados em cumprimento de medida socioeducativa de internação, em razão de atos infracionais cometidos,[530] estima-se uma redução do número de institucionalizações de caráter protetivo. Considerando, portanto, os dados obtidos no referido Levantamento Nacional, quanto ao perfil de crianças e adolescentes abrigados, vê-se que, na sua maioria, 58% eram meninos, 63% afrodescendentes e 54,2% encontravam-se na faixa etária dos 10 aos 18 anos de idade, sendo que a curva crescente em relação à faixa etária de abrigados tem seu ponto mais elevado aos 13 anos de idade, passando posteriormente a decrescer.[531] Ainda, do total de crianças e adolescentes abrigados, 86,7% teriam família, 58,2% mantinham vínculos familiares, sendo que apenas 5,8% eram impedidos judicialmente de ter contato com a família em razão de riscos de violência. Apenas 5% eram órfãos.[532]

Embora o decréscimo da população infanto-juvenil institucionalizada após a promulgação do Estatuto da Criança e do Adolescente, vê-se que os números ainda são elevados, levando-se em consideração a presença de vínculos familiares e a suposição de ausência de motivos relevantes que justifiquem a não proteção ao direito de convivência familiar e comunitária. O mesmo Levantamento Nacional, realizado em 2004, aponta que a principal causa para o abrigamento de crianças e adolescentes era a situação de pobreza das famílias (24% do universo pesquisado), seguido do abandono (18,9%) e da violência doméstica (11,7%).[533]

---

[529] Conforme os dados publicados, das 670 instituições de abrigo que recebiam recursos da rede de serviços de ação continuada do Ministério do Desenvolvimento Social e Combate à Fome, foram pesquisados 589 abrigos. Portanto, as informações aqui apresentadas tratam-se de dados secundários amostrais, mas que refletem a realidade de conhecimento empírico dos profissionais que trabalham junto à rede de políticas públicas de atendimento a crianças e adolescentes.

[530] Conforme os dados da Secretaria Nacional de Promoção dos Direitos da Criança e do Adolescente, do no ano de 2002, 9.555 adolescentes encontravam-se institucionalizados no Brasil, em cumprimento de medidas socioeducativas de semiliberdade ou de internação. Em 2004, o número de adolescentes na mesma condição era de 13.489 adolescentes. In: BRASIL. Secretaria Especial dos Direitos Humanos e Subsecretaria de Promoção dos Direitos da Criança e do Adolescente. *Levantamento Nacional do Atendimento Socioeducativo ao Adolescente em Conflito com a Lei*, 2010.

[531] BRASIL. Ministério do Planejamento, Orçamento e Gestão. SILVA, Enid Rocha Andrade da (coord.). *O direito à convivência familiar e comunitária: os abrigos para crianças e adolescentes no Brasil*. Brasília: IPEA/CONANDA, 2004, p. 48-52.

[532] BRASIL. Ministério do Planejamento, Orçamento e Gestão..., p. 60.

[533] Idem, p. 56.

Em complemento, a mesma pesquisa aponta que a principal dificuldade para o desligamento de crianças e adolescentes dos abrigos, portanto, que contribui para o maior tempo de permanência, é a condição de pobreza das famílias (43,3% das dificuldades apontadas nas entrevistas realizadas com dirigentes de instituições).[534] Contradição evidente, visto que a pobreza não deveria ser razão suficiente para a retirada de crianças e adolescentes de suas famílias, muito menos para sua permanência em instituições, até mesmo porque a legislação autoriza a intervenção do Estado através de outras políticas públicas.[535]

De outra parte, embora as fontes de informação não utilizem a mesma base de dados, no ano de 2010 o Ministério do Desenvolvimento Social e Combate à Fome – MDS – realizou um censo nacional sobre crianças e adolescentes vivendo em acolhimento institucional. Os dados apontam 38 mil crianças e adolescentes em serviços de acolhimento, distribuídos em aproximadamente 2.500 abrigos.[536] Comparando-se aos dados disponíveis anteriormente – embora as ressalvas já feitas – tem-se em seis anos um acréscimo de cerca de 50% da população de crianças e adolescentes em instituições de acolhimento.

Crescer em instituições, além da violação, ainda que em caráter temporário, do direito à convivência familiar e comunitária, e da vulnerabilidade à violação de outros direitos fundamentais, gera danos no desenvolvimento das crianças e adolescentes, na medida em que atinge a condição da preservação da individualidade e da construção da personalidade.[537] Conforme referido neste livro, as possibilidades de desenvolvimento da personalidade têm direta relação com a condição de dignidade da pessoa humana de crianças e, em específico, de adolescentes.

---

[534] BRASIL. Ministério do Planejamento, Orçamento ..., p. 206.

[535] Não apenas o Estatuto da Criança e do Adolescente traz em seu conteúdo a concepção de que o atendimento a crianças e adolescentes, mesmo nos casos de violência familiar, deva ser o quanto possível fortalecendo a família e procurando manter os vínculos comunitários, como outras legislações sociais trazem concepção semelhante. É o caso da Lei Orgânica da Assistência Social, lei 8.742/93, que regulamenta a matéria constitucional nesta área e estabelece a família como matriz social a ser fortalecida.

[536] Em 2010, foi finalizado um levantamento nacional da situação de crianças e adolescentes em serviço de acolhimento no Brasil, realizado pelo Ministério do Desenvolvimento Social e Combate à Fome – MDS. Os dados desse levantamento foram disponibilizados por solicitação específica para a utilização neste livro, mas ainda não estão publicados.

[537] "Estudos sobre o atendimento massificado a crianças e adolescentes realizado em instituições que recebem grande número de abrigados têm revelado que os custos que tal situação neles acarreta: carência afetiva, baixa autoestima, atrasos no desenvolvimento psicomotor e pouca familiaridade com rotinas familiares. Esses aspectos, se vivenciados por longos períodos, representam não apenas violação de direitos, mas deixam marcas irreversíveis na vida dessas crianças e adolescentes, que, com frequência, não adquirem sentimento de pertencimento e enfrentam sérias dificuldades para adaptação e convívio em família e na comunidade". In: BRASIL. Ministério do Planejamento, Orçamento ..., p. 231.

No caso dos adolescentes, no que se refere ao processo de institucionalização, observa-se a ocorrência de situações específicas, que merecem abordagem no contexto aqui analisado. Os procedimentos de aplicação de medidas protetivas de caráter institucional ocorrem com maior incidência durante a infância. O número de adolescentes institucionalizados deve-se, em certa medida, ao prolongado tempo de permanência deles nas instituições.[538] Muitos entram crianças e, com a passagem do tempo, chegam à adolescência ainda sob a guarda institucional. Isso porque a possibilidade de acolhimento em família substituta é dificultada por fatores como idade, grupo de irmãos que não podem ser separados e o estado de saúde física e mental que apresentam.[539] Quanto à possibilidade de adoção, vê-se que, nesses casos, embora exista um cadastro de pessoas interessadas em adotar crianças (mais extenso do que aquele para adotar adolescentes), a expectativa dos adotantes nem sempre se coaduna com o perfil de adotáveis, que também, por sua vez, formam uma outra fila, no aguardo de uma nova família. O tempo passa, a adolescência chega, e os adolescentes continuam nas instituições...[540]

---

[538] Conforme os dados coletados pela referida pesquisa de 2004, 52,6% das crianças e adolescentes pesquisados estavam há mais de dois anos na Instituição, sendo que 32,9% dos pesquisados estavam há mais de 5 anos, e 13,3% encontravam-se há mais de 10 anos. Ou seja, muito provavelmente entraram crianças e tornaram-se adolescentes nos abrigos. In: BRASIL. Ministério do Planejamento, Orçamento e Gestão ..., p. 64.

[539] BRASIL. Presidência da República. Secretaria Especial de Direitos Humanos. Conselho Nacional dos Direitos da Criança e do Adolescente. *Plano Nacional de Promoção e Defesa do Direito de Crianças e Adolescentes à Convivência Familiar e Comunitária.* Brasília: Conanda, 2006, p. 66.

[540] De acordo com o Tribunal de Justiça do Rio Grande do Sul, o cadastro de adotáveis no Estado do Rio Grande do Sul, tem os seguintes números, distribuídos por faixa etária:

Menos de um ano:	2 (0.26%)
1 ano:	11 (1.43%)
2 anos:	7 (0.91%)
3 anos:	9 (1.17%)
4 anos:	13 (1.69%)
5 anos:	13 (1.69%)
6 anos:	16 (2.08%)
7 anos:	19 (2.46%)
8 anos:	28 (3.63%)
9 anos:	39 (5.06%)
10 anos:	54 (7.00%)
Entre 11 e 14 anos:	230 (29.83%)
Entre 15 e 18 anos:	258 (33.46%)
Dados de 20 de janeiro de 2010	

In: Tribunal de Justiça do Rio Grande do Sul. *Site Justiça da Infância e da Juventude.* Disponível em: <http://jij.tj.rs.gov.br/jij_site/jij_site.wwv_main.main>. Acesso em: 20 jan. 2011.

A adolescência, em muitos contextos familiares, pode ser considerada uma etapa difícil da vida. A adolescência em instituições também não é fácil, pois se acrescentam à problemática da institucionalização os conflitos inerentes a essa etapa da vida. De outra parte, quando os adolescentes completam dezoito anos de idade, encerra-se a etapa de proteção do Estado, devem deixar a instituição e voltar à sociedade, na condição de adultos, responsáveis imediatamente por seus atos, por suas escolhas e pela sobrevivência.[541] Portanto, vê-se que com essa previsão normativa, ou com a prática dela decorrente, não se considera a condição de autonomia progressiva e de compreensão dos sujeitos em desenvolvimento, de acordo com cada individualidade.

A constituição de referências, tão importante para a afirmação da identidade do indivíduo, é fator dificultador em contextos institucionais não ideais.[542] Os educadores (agentes institucionais), em muitos casos, "circulam na vida dos jovens" sem desenvolver vínculos que possibilitem o aprofundamento de identificações. A família, nos casos em que ainda mantinham-se vínculos, tende a cada vez mais se afastar diante dos conflitos que se intensificam nessa etapa da vida. O gradual distanciamento que iria possibilitar a conquista de autonomia é "atropelado". A proteção integral, que fundamenta os direitos de que são sujeitos, torna-se distante da realidade do cotidiano.

Assim, os adolescentes institucionalizados vivem a contradição intrínseca da sua condição: a necessidade de aprender a viver em sociedade com a autonomia de um adulto, entretanto tendo como espaço para tal aprendizado uma instituição que, ainda que não prive formalmente a liberdade, afasta-os do contexto social de onde vieram e para onde irão.

5.1.3. Adolescência e a família como espaço de contradições e de proteção

Se o fato de alguém adolescer no ambiente familiar gera modificações de papéis familiares e exige alterações na forma de atuação da

---

[541] Pesquisa realizada por FONSECA, ALLEBRANDT e AHLEERT analisa a realidade dos egressos do sistema de abrigos em Porto Alegre, entre 2003 e 2005. As pesquisadoras refletem a realidade de alguns adolescentes egressos e relatam sua relação com uma determinada política pública em execução no Município, à época, voltada para adolescentes que, ao completarem 18 anos, deviam sair dos abrigos municipais. Embora haja previsão legal (art. 94, XVIII da Lei 8.069/90) de que devam existir programas de egressos de instituições de acolhimento para adolescentes, a iniciativa analisada é praticamente isolada no País e uma experiência piloto também em Porto Alegre. FONSECA, Cláudia; SCHUCH, Patrícia. Op. cit., p. 41-63.

[542] Os dados sobre as instituições de acolhimento espalhadas pelo País apontam vários problemas, especialmente quanto ao seu quadro de pessoal, ainda precário, em boa parte voluntária, sem a formação adequada, entre outros aspectos. In: BRASIL. Ministério do Planejamento, Orçamento e Gestão ..., p. 99-133.

família,[543] quando esse desafio não é enfrentado com sucesso, os problemas acabam somando-se a outros, e a intervenção do Estado, enquanto dever de proteção, torna-se iminente. A intervenção do Estado na família terá o efeito de limitação no exercício do direito de refúgio afetivo,[544] em razão da exposição da vida dos sujeitos ao coletivo e, especialmente, às instituições que possuem autoridade para decidir sobre suas vidas. Quando tal intervenção ocorre no sentido da retirada do adolescente da família, por meio da institucionalização, mesmo que em nome da proteção de Direitos Fundamentais, estar-se-á violando o direito de convivência familiar e comunitária.

No entanto, a família na contemporaneidade não tem fim em si mesmo: tem o dever de propiciar o desenvolvimento pleno da personalidade de cada um de seus membros, em especial dos adolescentes.[545] Assim, sempre que as relações familiares não possam garantir a dignidade de seus membros, pode-se tornar necessária a intervenção do Estado, com o objetivo de proteger direitos individuais. Nesse contexto, busca-se proteção de Direitos Fundamentais, com o risco, porém, de outros de mesma fundamentalidade serem violados, o que exige imposição de limites ao Estado.[546]

Muitas famílias, em especial das classes populares, mas não exclusivamente destas – que enfrentam o desafio diário de sobrevivência sob condição de estresse permanente – podem falhar na promoção de garantias e na proteção de seus membros.[547] Os vínculos familiares, embora estejam presentes, podem tornar-se vulneráveis, dependendo do grau de violência dentro de casa. Em tais contextos, os referenciais importantes para a formação da identidade dos adolescentes nem sempre são positivos.

---

[543] SUDBRAK, Maria de Fátima Oliver. *O Papel da Família ...*, p. 4.

[544] FACHIN conceitua a família, entre outras definições, como espaço do direito de refúgio afetivo. Nas palavras do autor: "[...] família como refúgio afetivo, centro de intercâmbio pessoal e emanador de felicidade possível, família como sendo mosaico de diversidade, ninho de comunhão no espaço plural da tolerância [....]". In: FACHIN, Luiz Edson. *Elementos Críticos do Direito de Família*. Rio de Janeiro: Renovar, 1999, p. 306.

[545] TEIXEIRA, Ana Carolina Brochado. *Família, Guarda e Autoridade Parental*. Rio de Janeiro: Renovar, 2005, p. 97-99.

[546] Em complementação ao que já foi dito no capítulo 4 desse trabalho sobre conflito de diretos e princípios, NOVAIS contribui ao afirmar que direitos fundamentais (sociais ou de liberdades) são afetados por uma reserva de ponderação frente a outros bens que se apresentem com necessidade superior. Para o autor, essa reserva do "politicamente adequado ou oportuno" estará sendo definida pelo juiz diante do dever de garantia do Estado. No caso do dever de proteção, a atuação judicial estará condicionada à necessidade de respeito ao que será politicamente adequado ou oportuno, considerando o contexto social e político. Buscando-se referência nesta conceituação definida pelo autor, pode-se dizer que os limites de atuação do Estado no que se refere ao dever de proteção das pessoas no âmbito familiar, também deve considerar os planos normativos a que se referenciam as pessoas, os contextos socioculturais onde estão inseridas e as configurações familiares a que pertencem. NOVAIS, Jorge Reis. Op. cit., p. 274- 277.

[547] BRASIL. Ministério do Planejamento, Orçamento e Gestão ..., p. 51-52.

A violência intrafamiliar não acontece somente quando alguém se torna adolescente na família, muitas vezes tal realidade esteve presente desde a infância. No entanto, nessa fase, a convivência violenta pode modificar suas características, adquirindo maior intensidade. Se a justificativa para maus-tratos físicos na infância podia ser a desobediência e a "falta de educação", na adolescência passa a ser o controle de movimentação, visto que a porta da casa já não é um limite físico suficiente, e os adolescentes saem à rua "com suas próprias pernas". Se antes a violência sexual caracterizava-se pelo abuso sexual, cometido pelo pai ou padrasto, com atos libidinosos e "carícias", na adolescência, a relação sexual fruto de incesto ganha maior incidência, e a exploração sexual fora de casa começa a fazer parte da realidade dos sujeitos.[548] Se antes saía-se às ruas das comunidades ou às grandes avenidas dos bairros, agora o centro das cidades é o palco das aventuras, às vezes, para não mais voltar.[549]

A ultrapassagem do limite de comportamentos "à margem", de natureza transitória, típicos das diversas adolescências, pode atingir "práticas desviantes",[550] como uso abusivo de drogas, cometimento de atos infracionais, gravidez na adolescência, ou ainda, depressão, suicídio, anorexia, além das mortes violentas.[551] Problemas sociais que ganham corpo nas estatísticas públicas e perdem o controle por parte da família, do Estado e da sociedade como um todo.

Cabe aos adultos a responsabilidade pelos limites de referência para o gradativo processo de conquista da autodeterminação, e a família continua sendo muito necessária enquanto referência de aconchego, de proteção e de limites. É quem tem o dever de cuidado e a possibilidade afetiva de fazê-lo. Contribui Tupinambá ao refletir sobre o cuidado no contexto familiar, como um princípio afetivo, mas também gerador de obrigações

---

[548] Com relação à incidência de crime sexual contra crianças e adolescentes, no caso do crime de estupro, os dados disponíveis junto à Secretaria Especial de Políticas Públicas para as Mulheres indicam que crianças vítimas representavam em 2005 16,9%; no caso de adolescentes como vítimas, o percentual de incidência atingiu 59,2%, tendo como o universo o conjunto de crimes denunciados ou de conhecimento estatal. In: SOUZA, Célia de Mello; ADESSE, Leila (Org.). *Violência Sexual no Brasil: perspectivas e desafios*. Brasília: Secretaria Especial de Políticas Públicas para as Mulheres, 2005, p. 30.

[549] Conforme os dados do Programa de Desaparecidos do Ministério da Justiça. In: BRASIL. Governo Federal. *Programa de Desaparecidos do Ministério da Justiça, do Governo Federal*, os desaparecimentos de adolescentes têm como principal causa conflitos familiares. Disponível em: <http://www.desaparecidos.mj.gov.br/>. Acessado em: 17 dez. 2010.

[550] SUDBRAK, Maria de Fátima Oliver. *Adolescentes e Transgressão*: grupos de socialização, margem e desvios. Texto inédito produzido para fins didáticos do Curso Extensão Universitária no Contexto da Educação Continuada do Sistema Socioeducativo do Distrito Federal, Universidade de Brasília, Brasília, 2009, p. 2-3.

[551] WEINBERG, Cybelle. Adolescer no Mundo Atual. In. ——. *Geração Delivery*: adolescer no mundo atual. São Paulo: Sá, 2001, p. 8-11.

objetivas. Trata-se de atitudes de cuidado, cuja fonte geradora é o dever de efetivação da Dignidade da Pessoa Humana.[552]

Na adolescência, os interesses estão fora de casa, na possibilidade de ir e vir, de explorar o mundo, de aventurar-se. No entanto, os adolescentes costumam oscilar entre o "nomandismo", da busca de outros lugares como foco de interesse, e o "gregarismo", enquanto espaço de referência e segurança.[553] A família, embora pareça estar perdendo importância, ganha grande relevância.

Constituir-se em referência de limites torna-se, por vezes, muito difícil se os adultos da família não conseguirem sozinhos dar conta da tarefa. Em razão do contexto social contemporâneo, cabe ao Estado dar o suporte necessário à garantia do direito à convivência familiar e comunitária. Se o sentido da intervenção do Estado deve ser a proteção a tal direito, a institucionalização não pode ser a tendência. Outras estratégias precisam ser encontradas.

Nessa direção, tem sido produzido um significativo referencial normativo, com parâmetros mais específicos do que aqueles estabelecidos na Convenção Internacional dos Direitos da Criança (1989) e no próprio Estatuto da Criança e do Adolescente, em sua redação de 1990. Trata-se da Diretriz 11ª "Cuidados Alternativos à Criança", da Organização das Nações Unidas – ONU –,[554] que estabelece um conjunto de medidas alternativas à institucionalização, visando ao cuidado de crianças e adolescentes que estejam privados dos cuidados parentais. No mesmo sentido, a Lei 12.010, de 2009, estabeleceu um conjunto de modificações na redação original do Estatuto da Criança e do Adolescente, buscando instrumentalizar uma mudança no quadro geral de institucionalização de crianças e adolescentes no Brasil, problematizado pelos órgãos estatais a partir da elaboração do Plano Nacional de Proteção, Proteção e Defesa do Direito à Convivência Familiar e Comunitária.[555]

---

[552] TUPINAMBÁ, Roberta. O Cuidado como Princípio nas relações Familiares. In: PEREIRA, Tânia da Silva; OLIVEIRA, Guilherme de (Orgs.). *O Cuidado como Valor Jurídico*. Rio de Janeiro: Forense, 2008, p. 362-369.

[553] BRASIL. Ministério do Desenvolvimento Social e Combate à Fome. *Adolescências, juventudes e socioeducativo: concepções e fundamentos*. Brasília: MDS, 2009, p. 16.

[554] 11 Guidelines for the Alternative Care of Children. Resolução aprovada pelas Nações Unidas em 15 de julho de 2009, como parte PROMOÇÃO E PROTEÇÃO DE TODOS OS DIREITOS HUMANOS, DIREITOS CIVIS, POLÍTICOS, ECONÔMICOS, SOCIAIS E CULTURAIS, INCLUINDO O DIREITO AO DESENVOLVIMENTO.

[555] O Plano Nacional de Promoção, Proteção e Defesa do Direito de Crianças e Adolescentes à Convivência Familiar e Comunitária é resultado de um processo participativo de elaboração conjunta dos Conselho Nacional dos Direitos das Crianças e Adolescentes – CONANDA e do Conselho Nacional de Assistência Social – CNAS. Os conselhos analisaram e aprimoraram a proposta inicial, que foi em seguida submetida à consulta pública. Trata-se de um texto que contextualiza a realidade de institu-

Faz parte das medidas previstas na nova diretriz das Nações Unidas, entre outras, a possibilidade de cuidados formais e informais alternativos para crianças e adolescentes.[556] O texto recentemente produzido, ainda muito pouco conhecido no Brasil, reconhece que, em muitos países e em distintas realidades socioculturais, as crianças e adolescentes privados de cuidados parentais são cuidados informalmente por parentes ou terceiros. Nesses contextos, o Estado deve fornecer meios adequados e consistentes para assegurar o bem-estar e a proteção das crianças e adolescentes, enquanto estiverem sujeitos a tal proteção informal, respeitando as diferenças e práticas culturais.

Na mesma direção, Fonseca tem apresentado em suas pesquisas as diferentes alternativas encontradas por famílias brasileiras, de classes populares, para o cuidado de seus filhos extensos. A pesquisadora busca demonstrar a necessidade da "desnaturalização da família, enquanto categoria analítica universalmente válida". Diferentes composições familiares encontram formas cotidianas de cuidar de crianças e adolescentes, para além daqueles de sangue, como as crianças da vizinhança, da comunidade, da família extensa, da família afetiva.[557] Em sentido convergente, Sarti trata do tema ressaltando que as famílias pobres por ela pesquisadas não se constituem em núcleos, mas em redes, vinculadas por uma espécie de "trama de obrigações morais", que se, por um lado, algumas vezes dificultam sua individualização, por outro, oferecem o apoio de que necessitam.[558]

---

cionalização de crianças e adolescentes brasileiros e propõe metas institucionais para sua implantação dentro do período de 9 anos sequentes. Foi publicado em 2006.

[556] Estabelece, assim, o texto do documento internacional de diretrizes: Cuidados informais: Qualquer arranjo particular propiciado em ambiente familiar, mediante o qual a criança recebe cuidados por tempo indeterminado de parentes ou amigos (cuidados informais em uma família extensa) ou de qualquer outra pessoa, por iniciativa da própria criança, de seus pais ou de outra pessoa, sem que esse arranjo tenha sido ordenado por autoridade administrativa ou judiciária ou por entidade devidamente credenciada; I) Cuidados de parentes: cuidados prestados no âmbito da família extensa da criança, ou por amigos muito próximos da sua família, conhecidos da criança, tanto de natureza formal como informal; II) Acolhimento Familiar: situação na qual as crianças são colocadas, por uma autoridade competente, para fins de cuidados alternativos, no ambiente doméstico de uma família, selecionada, capacitada e aprovada para prestar tais cuidados e sujeita à supervisão; III) Outras formas de colocação baseadas na família ou sob cuidados similares ao ambiente familiar; IV) Acolhimento Institucional: cuidados proporcionados em qualquer ambiente grupal não baseado na família, como locais de segurança para cuidados emergenciais, centros de trânsito em situações emergenciais, e todas as outras instituições de acolhimento de curto e longo prazos, inclusive residências grupais; V) Arranjos independentes de moradia supervisionada para crianças. (11ª Guidelines for the Alternative Care of Children).

[557] FONSECA, Cláudia; SCHUCH, Patrícia. Op. cit., p. 276-280.

[558] SARTI, Cyntia Andersen. *A Família como Espelho. Um estudo sobre a moral dos pobres*. 6. ed. São Paulo: Cortez, 2010, p. 70.

O diálogo intercultural entre planos normativos distintos aplica-se em concreto nessas situações.[559] Os parâmetros a serem buscados para a intervenção do Estado nos diferentes contextos socioculturais devem considerar o mosaico de famílias que fazem parte da diversidade nacional, seja no que se refere às distintas composições e arranjos familiares, seja no campo dos referenciais normativos de conduta pessoal.

Em acordo com a normativa internacional, a Lei 12.010/09, conhecida nacionalmente como "Lei de adoções", trouxe modificações legislativas significativas, especialmente quanto aos limites a serem percorridos no sentido da institucionalização de crianças e adolescentes. Se anteriormente, com a vigência da redação original do Estatuto da Criança e do Adolescente, fazia parte da competência do Conselho Tutelar a aplicação da medida de proteção "colocação em abrigo",[560] com legislação atual, compete ao juiz da infância e da juventude a aplicação de tal medida.[561] Também os requisitos para a utilização dessa medida sofreram mudanças e, em princípio, estão mais rígidos, na medida em que, além de ser a última medida a ser aplicada, quando outra não for possível, a proposição dessa ao juiz só deve ser feita depois de esgotadas todas as outras possibilidades de cuidados da criança junto à família extensa e à comunidade.[562]

Com pouco tempo de vigência da nova legislação, não é possível extrair conclusões quanto ao impacto social dessas modificações.[563] No

---

[559] Os temas dos diferentes planos normativos de referência e do interculturalismo foram abordados no 2º capítulo deste livro.

[560] Art. 101 do ECA, antiga redação: Art. 101. Verificada qualquer das hipóteses previstas no art. 98, a autoridade competente poderá determinar, dentre outras, as seguintes medidas: [...]
VII – abrigo em entidade.
Parágrafo único: O abrigo em entidade é medida provisória e excepcional, utilizável como forma de transição para a colocação em família substituta, não implicando em privação de liberdade.

[561] Art. 101 do ECA nova redação Lei nº 12.010, de 2009: Art. 101. Verificada qualquer das hipóteses previstas no art. 98, a autoridade competente poderá determinar, dentre outras, as seguintes medidas: [...] VII – acolhimento institucional; VIII – inclusão em programa de acolhimento familiar; IX – colocação em família substituta. § 1º O acolhimento institucional e o acolhimento familiar são medidas provisórias e excepcionais, utilizáveis como forma de transição para reintegração familiar ou, não sendo esta possível, para colocação em família substituta, não implicando privação de liberdade. § 2º Sem prejuízo da tomada de medidas emergenciais para proteção de vítimas de violência ou abuso sexual e das providências a que alude o art. 130 desta Lei, o afastamento da criança ou adolescente do convívio familiar é de competência exclusiva da autoridade judiciária e importará na deflagração, a pedido do Ministério Público ou de quem tenha legítimo interesse, de procedimento judicial contencioso, no qual se garanta aos pais ou ao responsável legal o exercício do contraditório e da ampla defesa.

[562] Art. 101, § 3º, nova redação Lei nº 12.010, de 2009: Crianças e adolescentes somente poderão ser encaminhados às instituições que executam programas de acolhimento institucional, governamentais ou não, por meio de uma Guia de Acolhimento, expedida pela autoridade judiciária, na qual obrigatoriamente constará, dentre outros: [...] III – os nomes de parentes ou de terceiros interessados em tê-los sob sua guarda. IV – os motivos da retirada ou da não reintegração ao convívio familiar.

[563] Ainda não se conta com pesquisas acadêmicas de fôlego sobre o impacto da nova legislação, e esta pesquisa não tem esse foco específico de abordagem.

entanto, informações obtidas em avaliações informais[564] apontam que a nova legislação tem produzido maior burocratização no processo de desligamento de crianças e adolescentes, em especial em situações de urgência. Nestas circunstâncias, parece que o procedimento adotado, embora possa estar dificultando o ingresso de crianças e adolescentes em instituições, tem-se mostrado pouco ágil no momento de desligamento; com o passar do tempo, torna-se mais difícil seu retorno à família de origem.

Como afirma Drummond, "as leis não bastam. Os lírios não nascem da lei".[565] Dito de outra forma, afirma Herrera Flores que os direitos não existem em um mundo ideal que espera ser posto em prática por uma ação social abstrata. Os diretos vão-se criando e recriando na medida em que as pessoas atuam em processos de construção da realidade. Um produto cultural é sempre uma categoria impura e, por conseguinte, submetida às relações de poder.[566]

Assim, ainda que a possibilidade de avaliação da efetivação das novas diretrizes normativas esteja em aberto, em especial pelo curto tempo de vigência, a mudança de prática institucionalizante de crianças e adolescentes depende de uma alteração importante de mentalidade dos operadores do Estado com dever e função protetiva.

Nesse sentido, propõem-se as seguintes medidas a serem adotadas pelo Estado, em seus vários segmentos, sempre com o objetivo de limitação da intervenção Estatal no âmbito familiar. Quando justificar-se tal intervenção, frente à necessidade de garantir da dignidade dos adolescentes, que a medida a ser tomada tenha como contraponto a necessidade de proteção do direito fundamental à convivência familiar e comunitária:

I – Empoderamento da família para o cuidado de adolescentes:

Considerando a dificuldade das famílias de constituir-se em referencial de proteção e limite para os adolescentes nos dias contemporâneos, mas entendendo que essa tarefa é uma necessidade e um dever dos adultos, cabe ao Estado e a sociedade preocuparem-se com o estabelecimento de políticas públicas voltadas à preparação das famílias para exercício de seu dever. Da mesma forma que há uma significativa

---

[564] Opiniões informais de conselheiros tutelares de Porto Alegre, de dirigentes de instituições de acolhimento e de juízes da infância e da juventude.

[565] Trecho do poema de Carlos Drummond de Andrade – Nosso Tempo. In: ANDRADE, Carlos Drummond de. *A Rosa do Povo* – Poesia Completa. Rio de Janeiro: Nova Aguilar, 2007, p. 125-132.

[566] HERRERA FLORES, Joaquín. Hacia una Vision Compleja de los Derechos. ——. Hacia una vision Compleja de los Derechos Humanos. In: ——. *El Vuelo de Anteo* – Derechos Humanos y Crítica de la Razón Liberal. Bilbao: Desclée de Brouwer, 2000 p. 17-19.

preocupação das várias políticas públicas com a preparação das famílias para o cuidado das crianças recém-nascidas, deve haver o mesmo esforço para subsidiá-las quando chegam à adolescência. Os familiares adultos devem sentir-se capazes de conduzir os adolescentes nessa etapa de vida, levando em consideração a necessidade de reconhecimento como sujeitos de direitos.

II – Reconhecimento das potencialidades familiares:

Os adolescentes e suas famílias, assim definidas a partir de suas relações de afeto e de vínculo, fazem parte de uma determinada comunidade, são referenciados em determinada cultura e planos normativos, que guiam seus comportamentos. Portanto, quando constituir-se como necessária a intervenção nos contextos familiares, tendo em vista a proteção dos Direitos Fundamentais dos adolescentes, esta intervenção deve considerar e valorizar as potencialidades dos sujeitos, seja enquanto pessoas, como grupo familiar, ou como comunidade. O objetivo da intervenção do Estado deve ser de ofertar instrumentais para o crescimento familiar. Nessa direção, a autodeterminação dos sujeitos deve ser valorizada e a condição de decidir seus próprios caminhos deve ser respeitada.

III – Oferta de mecanismos de mediação de conflitos

Os conflitos em âmbito familiar devem ser compreendidos como experiências preparatórias para a convivência social. Contestar valores preestabelecidos, justificar as escolhas e as decisões, testar limites, reagir à imposição de regras, são características próprias da adolescência. Reconhecendo essa realidade, cabe ao Estado disponibilizar mecanismos de mediação de conflitos familiares em grande escala, seja nas escolas, nos serviços de saúde, de assistência social ou nos serviços comunitários de justiça. A instrumentalidade para a mediação de conflitos deve ser um conhecimento de fácil acesso, um direito de todos, como um desdobramento do direito à convivência familiar e comunitária.

IV – Elaboração e especificação de critérios mais objetivos para a intervenção familiar

Considerando que as previsões normativas dessa área, em especial aquelas introduzidas a partir da Lei 12.010/09, representam os padrões a serem adotados pelo conjunto de instituições que atuam em torno da proteção de adolescentes no âmbito familiar; e considerando que esses padrões são genéricos, comparados ao acúmulo de conhecimento internacional;[567] indica-se que sejam elaborados critérios cada vez mais precisos, adequados à realidade brasileira, no que se refere à definição das situações em que é efetivamente necessário o Estado intervir em contextos familiares, bem como quanto ao grau de tal intervenção. A elaboração de padrões mais precisos permite a unificação de linguagem entre os operadores jurídicos e estabelece limites à subjetividade e à discricionariedade. Para que haja sucesso na intervenção a ser realizada junto às famílias com dificuldades, além da adoção de estratégias de diálogo intercultural e da atenção por parte dos representantes estatais aos seus próprios preconceitos, na busca de minimiza-los, é importante aprofundar o conhecimento técnico sobre o que se está a fazer. O saber necessário para a tarefa não se restringe à área jurídica, deve ser transdisciplinar. Ao Direito cabe contribuir com parâmetros normativos balizadores e limitadores da intervenção.

V – Reconhecimento e suporte às estratégias informais de prestação de cuidados

Considerando que, em algumas circunstâncias, é necessário privar os adolescentes da convivência da família de origem, o Estado deve reconhecer, estimular e oferecer o suporte necessário aos cuidadores informais, tendo em vista a importância de evitar a institucionalização. Trata-se do dever de reconhecimento do direito negativo de não intervenção em novas configurações familiares, que se formam a partir das circunstâncias vividas, mas também da importância da oferta de políticas públicas que deem suporte, enquanto dimensão prestacional, ao direito de convivência familiar e comunitária, a partir da garantia de proteção à nova família que se forma. Nessas circunstâncias é importante que o adolescente seja efetivamente escutado quanto aos seus desejos e que os vínculos e referenciais existentes sejam valorizados.

Finalmente, cabe salientar que, em nenhuma hipótese, o Estado, por meio de suas várias instituições, poderá substituir a família em suas funções de cuidar e de estabelecimento de vínculos de afeto. Quando se faz necessária a intervenção no contexto familiar, deve-se compreendê-la

---

[567] Durante o período de pesquisa em intercâmbio internacional realizado para a produção deste livro, buscou-se conhecer o sistema de atendimento a crianças e adolescentes na Espanha. Verificou-se que a experiência, em especial, da Comunidade Autônoma da Andalucia, entre avanços e dificuldades, se comparado à realidade brasileira, tem a contribuir com um significativo acúmulo técnico na área de proteção familiar. Nesse sentido, verificou-se que naquele sistema conta-se com um conjunto de critérios utilizados para o atendimento familiar, dependendo do grau de violência a que as crianças e adolescentes estão submetidos. Parte dessa experiência pode ser consultada na seguinte publicação: GARRIDO FERNANDEZ, Miguel; GRIMALDI PUYANA, Victor Manuel. *Evaluación del Riesco Psicosocial en famílias Usuárias del Sistema Público de Servicios Sociales da Andalucía*. Sevilla: Junta de Andalucia. Consejeria para la Igualdady Bienestar Social, 2009.

como causadora de danos e, portanto, deve-se observar sem restrições os princípios da brevidade, excepcionalidade e melhor interesse, nos termos aqui desenvolvidos. A redução dos danos a serem causados, somente é possível a partir da consciência acerca dos mesmos. A ilusão de que se está a "fazer o bem" e a insuficiência de outras políticas públicas que sirvam como alternativas têm justificado a institucionalização de adolescentes muito além da efetiva necessidade, durante muitos anos no Brasil.

5.2. O DIREITO À DEFESA COMO INSTRUMENTO DE ESCUTA E RECONHECIMENTO DA FALA DOS ADOLESCENTES NOS PROCESSOS JUDICIAIS

No Brasil contemporâneo, a situação dos adolescentes autores de atos infracionais sintetiza a fragilidade na efetividade de Direitos Fundamentais da população em questão. O sistema normativo em estudo estabelece a previsão de responsabilização aos adolescentes que cometem atos infracionais. Esta previsão, em consonância com a produção doutrinária sobre a matéria, e em resposta aos problemas historicamente constatados com a institucionalização de jovens, prevê um conjunto de medidas de responsabilização de gradual intensidade, partindo de medidas socioeducativas em meio aberto, e tendo, como última possibilidade a ser utilizada, a internação de adolescentes em instituição de privação de liberdade. Considerando o caráter sancionatório,[568] que constitui a natureza do processo de responsabilização de adolescentes por parte do Estado, a possibilidade de limites a tal intervenção dá-se por meio dos processos judiciais, que apuram os atos infracionais e que determinam a aplicação das medidas socioeducativas.

O tema específico dos limites para a intervenção punitiva do Estado, enquanto direito fundamental negativo, insere-se em um temário amplo que se situa entre as matérias do Direito Penal Juvenil e do Processo Penal, tema já abordado em outra oportunidade[569] e que não se constitui em objeto deste livro.

Assim, aqui se está realizando um recorte específico, que diz respeito ao direito à defesa nos processos de apuração de atos infracionais, na

---

[568] A compreensão da natureza jurídica das medidas socioeducativas, especialmente durante o processo judicial que resultará em sua aplicação, tem por finalidade, ou estratégia, estabelecer limites concretos e legais para sua imposição pelo Poder Judiciário, visto que as sanções somente podem ser impostas aos(às) adolescentes, nas situações autorizadas pela Lei, considerando os limites e circunstâncias previstas. Trata-se, portanto, de limites jurídicos para a intervenção do Estado na vida e na liberdade dos sujeitos.

[569] O tema em questão foi abordado em profundidade na dissertação de mestrado da autora, a qual foi publicada no livro: COSTA, Ana Paula Motta. Op. cit.

medida em que esse tem íntima ligação com os princípios jurídicos aqui analisados, em especial a condição peculiar de desenvolvimento e o direito de ser ouvido. Méndez contribui com esse enfoque ao afirmar:

> [...] El tomarse en serio los derechos de la infancia, asegurando los mecanismos que permitan su exigibilidad, es decir, tornando obligatoria e ineludible la defesa técnico jurídica obligatória de niños e adolescentes, constituye la piedra angular de una serie de transformaciones que difícilmente puedan subestimarse.[570]

Nessa direção, analisa-se o contexto atual de defesa judicial de adolescentes acusados de cometimento de atos infracionais, com o auxílio de dados secundários de pesquisas empíricas disponíveis e de pesquisa de jurisprudência. Logo a seguir, apresenta-se uma proposta de atuação no âmbito da defesa judicial, buscando a aplicação das estratégias de diálogo e de interpretação constitucional aqui desenvolvidas.

Se "dar a voz" aos adolescentes é um dever de todos no contexto social, também se dirige ao Sistema de Justiça, dentro dos processos judiciais.

5.2.1. Direito à defesa

O modelo processual penal previsto na Constituição Federal brasileira, compreendido desde a perspectiva do princípio processual acusatório,[571] permite a definição de papéis dentro do processo penal e, nesta direção, a separação entre as atividades da acusação e do juiz,[572] princípios processuais importantes no sentido de configurar a necessidade de atuação da defesa. Dessa forma, o processo penal, de acordo com o

---

[570] MENDÉZ, Emílio Garcia. Derechos de la Infancia en la Argentina: Donde estamos y donde vamos. In: In PIOVESAN, Flávia; SARMENTO, Daniel; IKAWA, Daniela (Org.). *Igualdade, Diferença e Direitos Humanos*. 2. tiragem. Rio de Janeiro: Lumen Juris, 2010, p. 862.

[571] COUTINHO afirma que a diferenciação entre os dois modelos processuais (inquisitório e acusatório) faz-se através de princípios unificadores, determinados pelo critério de gestão de prova, ou seja, pela responsabilidade atribuída a cada um dos atores, em cada modelo de processo, pela produção de provas. Os sistemas inquisitórios têm como principal característica a concentração de poder no juiz, o qual é detentor da gestão da prova, a ele cabendo inclusive a iniciativa desta. Nesse sentido, conforme o autor, "a característica central do sistema inquisitório, em verdade, está na gestão de prova, confiada essencialmente ao magistrado [...]". Esta diferenciação, conforme o autor, diz respeito à essência dos princípios formuladores dos modelos processuais. Quando esses modelos traduzem-se em sistemas processuais em concreto, a maioria da doutrina refere que não são sistemas puros, inquisitórios ou acusatórios. No entanto, acrescenta o autor, que não há princípio constituidor misto, os modelos processuais em concreto são essencialmente inquisitivos ou acusatórios, dependendo a quem cabe a gestão da prova. COUTINHO, Jacinto Nelson Miranda. Introdução aos Princípios Gerais do Direito Processual Penal Brasileiro. *Revista de Estudos Criminais*, Porto Alegre, V.1, 2001, p. 28-29.

[572] LOPES JUNIOR considera que um princípio fundamental da Estrutura Acusatória do Processo Penal é a separação da atividade de julgar e acusar. LOPES JUNIOR, Aury. *Direito Processual Penal e sua Conformidade Constitucional*. 6. ed. Rio de Janeiro: Lumen Juris, 2008, p. 69-70.

modelo constitucional, contempla a configuração triangular e cria as condições para que sejam respeitados os direitos do imputado no decorrer de seu julgamento. A igualdade entre acusação e defesa é condição para a imparcialidade e a independência do juízo.

Conforme Aroca, o princípio da contradição, considerado a força motriz do verdadeiro processo, consiste em que ninguém pode ser condenado sem ser ouvido e vencido em juízo.[573] Nesse contexto, o direito de defesa, que dele decorre, é um direito fundamental do imputado enquanto uma parte que deve dispor de plenas faculdades processuais e que tem o direito de ser ouvido, no sentido de trazer ao processo sua versão sobre os fatos ocorridos, rebatendo todas as matérias de fato e de direito que podem influir na decisão judicial.

O direito à defesa, portanto, como garantia constitucional, na medida em que decorre do direito ao devido processo legal (art. 5º, LIV, da CF), encontra-se estendido aos adolescentes. Tal garantia encontra-se expressa no art. 227, § 3º, inc. IV, da Constituição Federal e reproduzida no art. 207 do Estatuto da Criança e do Adolescente, que dispõe sobre a impossibilidade de um adolescente ser processado por ato infracional a ele atribuído sem que conte com a defesa técnica de um advogado.

Conforme Coutinho, tal princípio, inerente ao processo democrático, não pode ser restrito, ainda que por disposições contidas em legislação inferior, a não ser que esteja em confronto com outro princípio constitucional.[574] Nessa direção, um desafio que vem sendo perseguido pelo processo penal, que se propõe identificado com o modelo acusatório, ao longo da história, é condição de igualdade de fato das partes e, assim, equilíbrio da relação processual. A igualdade entre as partes é a expressão do respeito ao imputado em um Estado Democrático de Direito.

O direito à defesa divide-se entre o direito à autodefesa e o direito à defesa técnica. No caso da primeira forma de defesa, trata-se de um direito disponível, na medida em que deve ser exercido diretamente pelo imputado, o que pode ser feito de forma negativa ou positiva.[575]

O direito à autodefesa positiva consiste na possibilidade de o próprio acusado resistir pessoalmente à pretensão punitiva estatal, exercida através do seu acesso ao juiz ou de sua manifestação pessoal, principalmente durante o interrogatório.[576] Deve ser encarada como uma disponibilidade pessoal do acusado de escolha sobre a conveniência e oportunidade de

---

[573] AROCA, Juan Monteiro. *Princípios del Proceso Penal* – Una Explicación basada en la razón. Valencia: Tirant lo Blanch, 1997, p. 139-140.

[574] COUTINHO, Jacinto Nelson Miranda. Op. cit., p. 44-45.

[575] LOPES JUNIOR, Aury. *Direito Processual Penal* ..., p. 186-188.

[576] Idem, p. 191-192.

sua manifestação, ou de escolha sobre sua participação nos meios de obtenção de provas. Assim, o direito à autodefesa positiva está respaldado pelo direito à autodefesa negativa, ou seja, o direito de não se autoincriminar.

Se a autodefesa negativa é uma prerrogativa do imputado, para o magistrado, é uma obrigação, enquanto garantia de legalidade, que se traduz no dever de advertir o imputado sobre tal faculdade. Trata-se do direito ao silêncio, taxativamente previsto na Constituição Federal (art. 5º, LXIII), que consiste no direito de não ser obrigado a depor contra si mesmo, nem de se declarar culpado.[577] O imputado não pode, portanto, ser obrigado a confessar, participar de acareações, reconstituições, fornecer material do próprio corpo para ser utilizado em exames periciais, entre outros procedimentos, sendo que sua negativa não pode resultar em prejuízo a sua pessoa.

De outra parte, o direito à defesa técnica consiste no direito de o imputado fazer-se representar através de advogado, ou de defensor público. Trata-se da possibilidade de o imputado encontrar-se em igualdade de condições com a acusação, na medida em que esta se fará por meio de um de profissional com habilitação jurídica e capacidade técnica para exercício de seu papel. A representação no processo precisa ser feita em linguagem de acessibilidade comum às partes, ainda que nos processos penais juvenis seja comum a necessidade de participação de outros profissionais, com linguagem diversa e conhecimentos específicos de suas respectivas áreas profissionais. A defesa técnica, além de necessária, é um direito indisponível, especialmente porque se trata de um direito público de interesse não apenas do acusado, mas da sociedade como um todo.[578]

Em síntese, o direito à defesa concretiza-se por meio do direito a ser ouvido no processo,[579] que consiste não apenas na possibilidade de argumentar, como também de compreender todos os elementos básicos do processo que lhe dizem respeito, poder alegar e provar, utilizando os meios de prova pertinentes, ou convenientes, a seu favor.

5.2.2. Os limites do direito à defesa no cotidiano processual

O procedimento de apuração de atos infracionais, contido no Estatuto da Criança e do Adolescente, ainda que com algumas fragilidades normativas, desenvolve-se no sentido de afirmação da garantia do direito à defesa em todas as fases do processo. O Superior Tribunal de Justiça

---

[577] LOPES JUNIOR, Aury. *Direito Processual Penal* ..., p. 193-194.
[578] Idem, p. 187.
[579] AROCA, Juan Monteiro. Op. cit., p. 114.

tem afirmado que "os princípios do devido processo legal, ampla defesa e contraditório são garantias constitucionais destinadas a todo os litigantes, inclusive nos procedimentos administrativos previstos no Estatuto da Criança e do Adolescente".[580] Ainda, o Supremo Tribunal Federal tem afirmado que o devido processo legal tem como corolários a ampla defesa e o contraditório, que deverão ser assegurados aos litigantes, inclusive no caso dos adolescentes, como parte acusada. Afirmações nessa direção têm sido feitas quando da manutenção das decisões do STJ, considerando que aquele Tribunal teria a competência para analisar matérias, que indiretamente afetam a Constituição.[581]

No cotidiano processual, entretanto, existem dificuldades na efetivação do direito à defesa em função da prática de interpretação restrita da legalidade e da existência de lacunas na legislação estatutária quanto à previsão expressa da necessidade de presença de defensor em alguns momentos processuais específicos.[582] Destaca-se, nesse aspecto, o momento da apresentação ao Ministério Público, ainda na fase pré-processual, quando pode ser "acordada" com o adolescente a remissão,[583] e esta pode ser cumulada com a aplicação de medida socioeducativa em meio-aberto, desde que aplicada pelo juiz.[584] Também há dificuldades geradas pela falta de previsão do que deve ser feito pelo juiz caso o adolescente compareça sem defensor na audiência de apresentação (art. 184 do ECA), especialmente tratando-se de ato infracional de menor gravidade, visto

---

[580] STJ – 6ª T – Resp. nº 19.710-0-RS – Rel. Ministro Adhemar Maciel – Ementário STJ 10/674; STJ -1ª T. –Resp. nº 24. 450 – 3/SP – rel. Min.Milton Luiz Pereira – Ementário STJ nº 10/447.

[581] STF – 1ª T – *RE 28.5571 / PR – Rel. Min. SEPÚLVEDA PERTENCE – 13/02/2001*; EMENTA: Defesa e due process: aplicação das garantias ao processo por atos infracionais atribuídos a adolescente. 1. Nulidade do processo por ato infracional imputado a adolescentes, no qual o defensor dativo aceita a versão de fato a eles mais desfavorável e pugna por que se aplique aos menores medida de internação, a mais grave admitida pelo Estatuto legal pertinente. 2. As garantias constitucionais da ampla defesa e do devido processo penal – como corretamente disposto no ECA (art. 106- 111) – não podem ser subtraídas ao adolescente acusado de ato infracional, de cuja sentença podem decorrer graves restrições a direitos individuais, básicos, incluída a privação da liberdade. 3. A escusa do defensor dativo de que a aplicação da medida socioeducativa mais grave, que pleiteou, seria um benefício para o adolescente que lhe incumbia defender – além do toque de humor sádico que lhe emprestam as condições reais do internamento do menor infrator no Brasil – é revivescência de excêntrica construção de Carnellutti – a do processo penal como de jurisdição voluntária por ser a pena um bem para o criminoso – da qual o mestre teve tempo para retratar-se e que, de qualquer sorte, à luz da Constituição não passa de uma curiosidade.

[582] Tema tratado com maior detalhe em pesquisa anterior. COSTA, Ana Paula Motta. Op. cit,

[583] Remissão é uma "espécie de perdão judicial" que pode ser aplicada antes do início do processo (art. 126 ECA). Quando aplicada em combinação com medidas socioeducativas em meio-aberto, constitui-se em suspensão condicional do processo. Assim tem-se manifestado a jurisprudência dominante do Tribunal de Justiça do Rio Grande do Sul.

[584] O STJ, através da Súmula 108, de 22.06.94, após decidir inúmeros precedentes, estatuiu que: a aplicação de medidas socioeducativas ao adolescente, pela pratica de ato infracional, é da competência exclusiva do juiz.

que, no art. 186, § 2º, da mesma Lei, há previsão de nomeação de defensor, caso o ato infracional atribuído seja grave.[585]

Observa-se que as dificuldades estão para além dos limites específicos da legislação. Trata-se da ausência de compreensão de que se trata de um processo penal de partes voltado a adolescentes, em que devem existir as funções de acusação e de defesa, as quais devem ser exercidas com o objetivo central de controlar a outra parte no processo, observando o cumprimento dos ritos previstos na Lei, sendo aplicados os direitos e garantias do acusado.[586]

Ao contrário disso, nos processos penais juvenis, muitas vezes, o defensor, quando presente, comporta-se como se estivesse em comum acordo com o Ministério Público, os técnicos da equipe interprofissional e o juiz, buscando, todos juntos, o que consideram "melhor para o adolescente". Assim, concorda-se, por exemplo, que é melhor o adolescente estar internado,[587] porque tal medida "seria melhor para ele do que permanecer na rua, ou sem o tratamento psicológico adequado", temas que deveriam ser equacionados por meio de medidas de proteção, e não através de intervenção sancionatória.[588]

Ilustra essa afirmação estudo da Associação Nacional dos Centros de Defesa – ANCED –, o qual aponta que a garantia do devido processo legal aos adolescentes acusados de prática de ato infracional ainda é um território permeado de ilegalidades, incompreensões e deformidades jurídicas. A falta de defesa técnica adequada é constante, e a simples presença de um advogado acompanhando a instrução não tem-se mostrado garantia real de defesa.[589]

Portanto, ainda que presentes os defensores, há fragilidade no conteúdo das defesas realizadas, problemática que se relaciona diretamente com as dificuldades de acesso à justiça, em especial quanto ao acesso ao duplo grau de jurisdição e aos Tribunais Superiores.

Ao analisar-se a jurisprudência dos Tribunais Superiores, observa-se um reduzido número de demandas e decisões sobre a temática dos direitos dos adolescentes que tenham cometido atos infracionais. Durante o período pesquisado de 1º de janeiro de 2009 a 31 de outubro de 2010,

---

[585] SARAIVA, João Batista da Costa. *Compêndio de Direito* ..., p. 113-114.

[586] MANRIQUE, Ricardo Pérez. Sobre el Ejercicio de la Defesa de Menores Infratores. *Justicia y Derechos Del Nino*, Buenos Aires, n. 3, p. 165-176, 2000, p. 166.

[587] Idem, p. 166.

[588] AMARAL e SILVA. Antônio Fernando do. A "proteção" como pretexto para o controle social arbitrário de adolescentes e a sobrevivência da doutrina da situação irregular. Defesa de Adolescentes: O papel da universidade. *Revista do ILANUD*, Nações Unidas, n. 2002, p. 9.

[589] ATHAYDE, Eliana Augusta de Carvalho. *Somos todos infratores:* família, sociedade e Estado. Fortaleza: ANCED, 2000, p. 68.

no STJ foram encontrados 168 acórdãos, sendo que, entre esses, apenas 8 mencionam o direito à defesa;[590] já no STF identificaram-se 47 decisões envolvendo o tema de adolescentes e a prática de atos infracionais, dessas, apenas 12 acórdãos, sendo que apenas um desses acórdãos tratava do tema do direito à defesa.[591] A mesma tendência pôde ser verificada em outros anos também.[592]

As demandas que enfrentam a temática nos Tribunais Superiores dizem respeito a temas da legislação Estatutária; em razão disso, há uma maior incidência junto ao STJ. No entanto, sob outro pondo de vista, vê-se que as disposições constitucionais que envolvem o tema são relevantes e merecem uma maior interpretação constitucional, até mesmo como forma de orientação jurisprudencial, o que ensejaria a postulação junto ao Supremo Tribunal Federal e sua manifestação a respeito da realidade em questão.

A reduzida produção de decisões, que se observa no conjunto das demandas judiciais sobre a temática da criança e do adolescente, corresponde ao fato de que são interpostos poucos recursos às decisões proferidas em sede de primeiro grau. As demandas de origem da defesa são providas em menor número, e as interpostas pelo Ministério Público têm maior provimento.

Corrobora com essa afirmação a pesquisa desenvolvida pela Universidade da Bahia, em colaboração com o Ministério da Justiça, que aponta haver desequilíbrio entre o provimento dos recursos do Ministério Público e da Defesa, como demonstra a análise realizada a partir das decisões do Tribunal de Justiça do Rio Grande do Sul. Nesse caso, enquanto 91% das apelações da Defesa não tiveram provimento, 75% das apelações do MP foram acolhidas.[593]

---

[590] Sabe-se que o fato de não haver menção ao direito à defesa, não quer dizer, necessariamente, que esse tema não tenha sido objeto de análise nas referidas decisões e nem que tal direito não tenha sido respeitado durante o transcurso do processo. Porém, considerando-se o contexto geral dos processos envolvendo atos infracionais e o reduzido número de defensores qualificados na matéria, vê-se que o reduzido número de manifestações relacionadas ao direito à defesa nas demandas aos Tribunais Superiores permite identificar que o tema não tem analisado em tais instâncias com frequência e com importância que a realidade requer.

[591] Pesquisa realizada no *site* do Supremo Tribunal Federal, em 16 de novembro de 2010.

[592] No STF – Em 2008 – 11 Acórdãos, 44 Decisões Monocráticas e 10 Decisões da Presidência; Em 2007 – 11 Acórdãos, 14 Decisões Monocráticas e 2 Decisões da Presidência; Em 2006 – 16 Acórdãos, 36 Decisões Monocráticas e 4 Decisões da Presidência.

[593] Universidade Federal da Bahia/UFBA *Coordenação Acadêmica* Prof. Dra. Maria Auxiliadora Minahim – *Relatório do Projeto Pensando o Direito n° 26/2010 – ECA: Apuração do Ato Infracional Atribuído a Adolescentes*. Secretaria de Assuntos Legislativos do Ministério da Justiça (SAL) – Ministério da Justiça – Governo Federal, 2010, p. 37.

TJRS - Resultado do Pedido Apelação - Adolescente

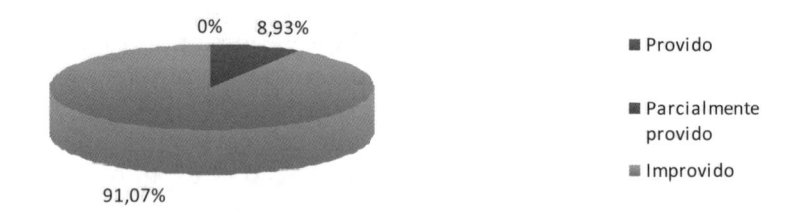

- 0%
- 8,93%
- 91,07%

■ Provido
■ Parcialmente provido
■ Improvido

TJRS - Resultado do Pedido Apelação - MP

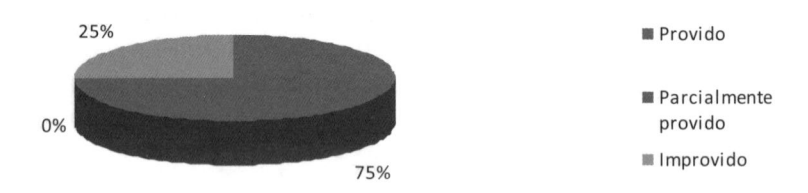

- 25%
- 0%
- 75%

■ Provido
■ Parcialmente provido
■ Improvido

Esse fato ocorre, em primeiro lugar, porque tais demandas judiciais, em sua maioria, envolvem a população mais pobre do País, para quem o acesso à justiça não é fácil, dependendo, em muitos casos, das Defensorias Públicas.[594] Como é de conhecimento geral, nem todas as Defensorias Públicas estão implantadas e em pleno funcionamento em todos os Estados da Federação, não garantindo, portanto, esse direito a todos. Além disso, onde existem, não contam com corpo de defensores em todas as comarcas, muito menos especializado na área da infância e juventude. Tal

---

[594] O Estatuto da Criança e do Adolescente, em seu art. 141, prevê o direito de acesso à Defensoria Pública enquanto órgão estatal responsável pela assistência judiciária gratuita a ser prestada a quem dela necessitar. Assim, além da possibilidade de o juiz nomear advogados dativos, quando o adolescente apresentar-se sem defensor, também a Lei prevê a atuação permanente da Defensoria Pública junto à Justiça da Infância e Juventude.

situação acaba por legitimar, diante da falta de infraestrutura adequada, a condição de desigualdade institucional.[595]

Conforme aborda Aroca, o princípio da igualdade, na prática, não é de simples efetivação. A lei pode regular o processo, concedendo exatamente os mesmos direitos e cargas às partes, mas isso não necessariamente irá significar igualdade real.[596] As condições sociais, econômicas e culturais dos diferentes acusados repercutem de modo relevante na posição de cada um no processo.

Em termos comparativos, cabe referir que, em outras realidades, como é o caso português, também se observa direta relação entre o acesso à justiça e a condição social dos sujeitos. De acordo com Santos, os estudos realizados pela sociologia jurídica apontam que os obstáculos para o efetivo acesso à justiça por parte das classes populares são econômicos, sociais e culturais. "Estudos revelam que a distância dos cidadãos em relação à administração da justiça é tanto maior quanto mais baixo o extrato social a que pertencem".[597]

Outro fator relevante que contribui para a falta de acesso ao duplo grau de jurisdição e aos Tribunais Superiores e a consequente limitação de acesso à Justiça é a cultura, ainda presente nos meios jurídicos, de que a temática dos direitos da criança e do adolescente diz respeito muito mais ao campo social do que ao jurídico. É como se se estivesse tratando de um Direito de "menor" importância, que não necessita um maior conhecimento jurídico para sua compreensão, ou, de outra parte, que diz respeito apenas ao conhecimento de "vocacionados", ou pessoas com experiência e formação específica.

> Ao menos até o advento da Convenção Internacional, o chamado Direito do Menor, e, por consequência, a Justiça de Menores, eram vistos pelos operadores do Direito como uma justiça menor. O imaginário norteador de muitos operadores do Direito de então – presente ainda hoje – é de que o juiz da infância e da juventude não se ocupa da *nobreza do mundo jurídico*, e que trataria de questões ajurídicas, não *científicas*, naquela idéia de jurisdição subalterna.[598]

---

[595] Segundo dados da pesquisa IBGE. *Munic2009: Perfil dos municípios brasileiros*. Rio de Janeiro, 2009a. Disponível em: http://www.ibge.gov.br/home/estatistica/economia/perfilmunic/2009/defaulttab.shtm., as defensorias públicas da criança e do adolescente e as varas para infância e juventude ainda são em número bastante reduzido. As defensorias públicas especializadas estão presentes em apenas 796 municípios, predominantemente no Nordeste e Sudeste, que concentram 72% desses núcleos especializados existentes no País.

[596] AROCA, Juan Monteiro. Op. cit., p. 147.

[597] SANTOS, Boaventura de Souza; MARQUES, Maria Manuel Leitão; PEDROSO, João; FERREIRA, Pedro Lopes. *Os Tribunais nas Sociedades Contemporâneas*. O Caso Português. Porto: Afrontamento, 1996, p. 486- 487.

[598] SARAIVA, João Batista Costa. *Desconstruindo o Mito ...*, p. 91.

Poucas decisões de primeira instância são reformadoras, o que comprova a falta de produção jurisprudencial e certo "constrangimento" em modificar a decisão do juiz de primeiro grau. Nesse particular, cabe referir que são várias as manifestações nas decisões dos Tribunais Superiores que expressam a dificuldade em decidir questões que, considerando-se a legalidade em questão, seriam de competência daquele respectivo Tribunal.[599]

A pesquisa realizada pela Universidade Federal da Bahia, em parceria institucional com o Ministério da Justiça, revela dados úteis como ilustração das afirmações que aqui estão sendo feitas. De acordo com o relatório da referida pesquisa, o olhar apurado sobre os julgados indica, conforme já assinalado por Frasseto,[600] de um lado, a receptividade do Superior Tribunal de Justiça – STJ – aos reclamos da defesa e, de outro, que os Tribunais de Justiça não seguem essa tendência, sendo menos progressistas na garantia dos direitos dos adolescentes envolvidos com a matéria infracional.

Assim, em matérias demandadas pela defesa, a jurisprudência mais favorável tem sido do Superior Tribunal de Justiça. No entanto, os entendimentos proferidos nesta instância ainda não se refletem no primeiro grau de jurisdição e, como o acesso aos recursos, ou ações impugnativas autônomas, é reduzido, considerando-se o universo de demandas judiciais existentes na área, mesmo sendo mais avançada a jurisprudência daquele Tribunal, ela não repercute no conjunto da atuação judicial.

Dos 184 acórdãos do STJ pesquisados, a partir do recorte temporal da pesquisa referenciada, 167 foram detalhadamente analisados.[601] No

---

[599] Cabe ilustrar com o seguinte fragmento de decisão: [...] Antes de apreciar o requerimento de tal providência, fazem-se imprescindíveis informações a serem prestadas pelo juízo de primeiro grau. Embora a inicial tenha sido acompanhada por apenso com cópia de documentos constantes da impetração no Superior Tribunal de Justiça, não há elementos suficientes para aquela apreciação, pois as últimas informações quanto ao estado do processo principal, no particular aspecto de execução da medida socioeducativa, são de novembro de 2007, data de apresentação do menor, ora Paciente, no IASES ' Instituto de atendimento Sócio-Educativo do Espírito Santo [...].STF – HC 98.149 MC / ES – ESPÍRITO SANTO – MEDIDA CAUTELAR NO *HABEAS CORPUS* – Relator(a): Min. CÁRMEN LÚCIA – julgamento: 25/03/2009.

[600] FRASSETO, Flávio Américo. *Ato Infracional, Medida Socioeducativa e Processo*: A Nova Jurisprudência do Superior Tribunal de Justiça. Disponível em: <www.abmp.org.br/sites/frasseto>. Acessado em: 15 dez. 2010.

[601] A pesquisa foi realizada considerando decisões proferidas em 2008 e 2009. A primeira etapa da pesquisa jurisprudencial adotou como metodologia para o levantamento realizado nos Tribunais de Justiça dos Estados selecionados (São Paulo; Pernambuco; Rio Grande do Sul; Rio de Janeiro; Paraná e Bahia) e no Superior Tribunal de Justiça. Foi uma pesquisa quantitativa por amostragem aleatória simples, que permite que se mantenha a representatividade original dos grupos e dados a serem pesquisados e a generalização dos dados aferidos a todo o universo populacional considerado. Entre os principais dados coletados está o fato de que, muito embora a medida de internação deva ser reservada aos casos mais graves que comportem violência e ameaça à pessoa, os atos infracionais praticados, em análise em tais processos, foram majoritariamente aqueles equiparados aos crimes

contexto desta análise, vê-se que a defesa é realizada na grande maioria das vezes pela Defensoria Pública – Porto Alegre, 91,6%; Recife, 81,33%; Salvador, 80% e São Paulo, 66,66% –, sendo muito pouco realizada por advogados particulares constituídos. Na maioria das vezes, afirma o relatório de pesquisa, "o contraditório consiste na designação de um profissional para comparecer à audiência", a participação da Defensoria Pública ou privada é inexpressiva, mantendo-se o defensor quase sempre calado ou requerendo, sem qualquer fundamento persuasivo, transferência para unidade aberta, ou medida socioeducativa mais branda".[602]

Sobre os dados observados no Rio Grande do Sul, afirma o relatório de pesquisa que, em Porto Alegre, a defesa prévia[603] era muito semelhante em todos os processos, de forma que, diante de um adolescente, 30 vezes reincidente na prática do crime de roubo, foi pedido pelo defensor o mesmo que pedira em outros processos: "cessação da internação provisória" ao argumento da "paridade com adultos".[604]

Levando-se em consideração a especificidade do direito à defesa, enquanto direito de fala, ou direito de ser ouvido no processo judicial, chama a atenção os dados apresentados pelo relatório com relação ao tratamento dado à confissão do adolescente, meio de prova utilizado com grande frequência e, na situação específica aqui em análise, utilização da fala do adolescente em seu prejuízo. Afirma o relatório analisado que é expressivo o número de adolescentes que confessam por ocasião da audiência de apresentação, 88,89%, em Recife, 80%; em Salvador, 64,29%, em São Paulo e 9,09% em Porto Alegre.[605] Nesse sentido, o Superior Tribunal de Justiça editou a Súmula nº 342, fixando o entendimento de que

---

de roubo, 25,56%, de tráfico de entorpecentes, 23,33% e de furto, 14,44%. São Paulo ocupa a primeira posição em número de adolescentes internados no País (4.328 adolescentes) e também no número de recursos impetrados, o equivalente a 44,91% da amostra. Já a segunda posição em número de recursos pertence ao Rio de Janeiro, 15,57% que, em número de adolescentes, está em 4º lugar, com 664 adolescentes privados de liberdade. O Rio Grande do Sul é o terceiro em número de recursos, 12,57% e de adolescentes internados, com 880 jovens nestas condições. In: BRASIL. Universidade Federal da Bahia/UFBA Coordenação Acadêmica Prof. Dra. Maria Auxiliadora Minahim – *Relatório do Projeto Pensando o Direito nº 26/2010 – ECA:* Apuração do Ato Infracional Atribuído a Adolescentes. Secretaria de Assuntos Legislativos do Ministério da Justiça (SAL) – Ministério da Justiça – Governo Federal, 2010, p. 7.

[602] BRASIL. Universidade Federal da Bahia/UFBA. Coordenação Acadêmica Prof. Dra. Maria Auxiliadora Minahim ..., p. 53.

[603] Etapa do Procedimento previsto no Estatuto da Criança e do Adolescente, art. 186, § 3º do ECA, em que o defensor deverá apresentar peça por escrito no prazo de 3 dias, após a audiência de apresentação inicial.

[604] BRASIL. Universidade Federal da Bahia/UFBA. Coordenação Acadêmica Prof. Dra. Maria Auxiliadora Minahim ..., p. 50.

[605] BRASIL. Universidade Federal da Bahia/UFBA. Coordenação Acadêmica Prof. Dra. Maria Auxiliadora Minahim ..., p. 53.

"no procedimento para aplicação de medida socioeducativa, é nula a desistência de outras provas em face da confissão do adolescente".

A opção do Direito brasileiro pela consideração do fato, e não do autor, como requisito punitivo do Estado,[606] determina que a análise do processo se concentre na infração praticada pelo adolescente. Isto não quer dizer que adolescente deva ser ignorado em suas circunstâncias, mas tais elementos devem ser levados em consideração enquanto matéria de defesa, favoráveis ao acusado. Nesse sentido, o Estatuto da Criança e do Adolescente determina que se considere, em sua aplicação, a condição peculiar de pessoa em desenvolvimento e a capacidade do adolescente de cumprir a medida aplicada.[607] Assim, a situação pessoal não deve prevalecer sobre o ato infracional praticado, uma vez que a legislação pretende evitar internações realizadas apenas em razão do estado da pessoa, e não de sua conduta.

Outra tendência geral das decisões judiciais observadas pelos pesquisadores da Universidade Federal da Bahia é o fato de nos processos penais juvenis privilegiar-se a análise a respeito do autor, e não o fato praticado, utilizando-se a personalidade do autor e as suas circunstâncias, em seu prejuízo.[608] O comportamento dos magistrados nas decisões proferidas é facilmente observado na análise do discurso justificador presente em muitas decisões dos Tribunais Superiores. Como é o caso do fragmento da seguinte decisão:

> Insurge-se a defesa contra a medida socioeducativa imposta à adolescente. No entanto, ao contrário do sustentado, a aplicação da medida de internação apresenta-se a mais adequada. A adolescente não estuda nem trabalha é usuária de maconha (fl. 34), [...] Ademais, o relatório técnico inicial elaborado por equipe técnica da Fundação Casa revela que "trata-se de jovem reincidente nesta Fundação, sendo esta a sua quarta passagem pelo mesmo motivo, roubo qualificado". Noticia, ainda, que a adolescente "foi criada pela avó materna, pois a genitora é usuária de drogas. A mãe passou por tratamento antidrogas e reassumiu a responsabilidade dos filhos. A jovem alega que não possui bom relacionamento com a genitora e isto dificulta sua permanência dentro de casa". (fls. 31/33) [...] Destarte, as condições pessoais da adolescente, a gravidade do ato infracional cometido, o evidente desvio comportamental do inimputável e a ausência do indispensável controle de seus atos por seus familiares, recomendam o afastamento da adolescente do convívio social, de modo a propiciar sua completa ressocialização.[609]

Vê-se que, nesse caso referido como ilustração, a manutenção da decisão de aplicação da medida socioeducativa de internação tem como

---

[606] Previsão normativa expressa nos art. 103 a 105 do ECA.

[607] Arts. 6º e 112 do ECA.

[608] BRASIL. Universidade Federal da Bahia/UFBA Coordenação Acadêmica Prof. Dra. Maria Auxiliadora Minahim ..., p. 61.

[609] STJ – HC Nº 150.371 – SP (2009/0200484-3) -REL: MINISTRO OG FERNANDES- 1/03/2010.

fundamento a personalidade e as circunstâncias pessoais da adolescente. Isso demonstra um retorno à concepção de Direito Penal do autor, e não do fato, prática processual característica do modelo processual inquisitório, e não acusatório. Cabe salientar que se costuma justificar a adoção desse tipo de argumento a partir de uma interpretação distorcida da Doutrina da Proteção Integral e do próprio Estatuto da Criança e do Adolescente, utilizando-se os princípios norteadores da aplicação das medidas socioeducativas, só que em prejuízo dos adolescentes, e não em seu benefício.

As dificuldades identificadas para a efetividade do direito à defesa, bem como para o reconhecimento dos direitos dos adolescentes nos processos judiciais, revelam a ausência de reconhecimento efetivo dos adolescentes como sujeitos dos direitos individuais, que limitam o poder punitivo do Estado. Trata-se da manifestação objetiva da exceção à norma do Estado Democrático de Direito, que tem como fundamento do poder punitivo e da intervenção na liberdade, a limitação da legalidade.[610] Nessa direção, manifesta-se em concordância Rosa, quando afirma que a medida socioeducativa, se excluída das garantias constitucionais, acaba por constituir-se em uma das faces da "vida nua" de que trata Agamben.[611]

Conforme Honneth, está-se tratando da ausência de respeito ao segundo nível de reconhecimento prescrito no esquema analítico proposto pelo autor. Ou seja, ausência de reconhecimento dos direitos de pessoa na condição de igualdade social.[612] A tolerância a essa falta de reconhecimento jurídico conduz, conforme o autor, a um sentimento paralisante de vergonha social, afeta o autorrespeito moral, pelo fato de ser subtraído de determinados direitos em uma data sociedade. Tal falta de respeito leva à perda da condição de membro de igual valor na sociedade, pela experiência de privação de direitos.[613]

A falta de tratamento jurídico em condição de igualdade, referindo-se a direitos básicos, como o direito à defesa dentro do processo judicial em que se está sendo acusado, é uma exceção ao tratamento dispensado pelo Estado de Direito a todas as pessoas. As consequências disso expressam-se na relação do sujeito com o coletivo social.

---

[610] AGAMBEN, Giorgio. *Homo Sacer* ..., p. 181-186.

[611] ROSA, Alexandre Morais da. Imposição de Medidas Socioeducativas: o adolescente como uma das faces do Homo Sacer (Agamben). In: ILANUD; ABMP: SEDH; UNFPA (Org.). *Justiça Adolescente e Ato Infracional:* socioeducação e responsabilização. São Paulo: ILANUD, 2006, p. 299.

[612] HONNETH, Axel. *Luta pelo Reconhecimento*, p. 197-198.

[613] HONNETH, Axel. *Luta pelo Reconhecimento*, p. 216-217.

5.2.3. Possibilidades de reconhecimento do direito à defesa nos processos penais juvenis

A interpretação restrita da legislação vigente e o sistemático preenchimento dos espaços e lacunas deixados pelo texto da lei por juízos de valor, em prejuízo dos adolescentes, evidencia uma contradição em relação aos princípios normativos que fundamentam o direito da criança e do adolescente. Esses antagonismos oferecem, em contrapartida, possibilidades de construções jurídicas em defesa dos adolescentes, bem como sugerem a necessidade de modificações legislativas, que permitam avanços na direção de maior reconhecimento dos sujeitos adolescentes.

Para que haja igualdade efetiva entre as partes, é preciso que o imputado seja assistido por advogado em condições técnicas equilibradas com o Ministério Público, portanto, em condições de competição. Assim, o direito à defesa técnica trata-se de um direito público, indisponível e de interesse de toda a coletividade. Nessa direção, propõe-se que sejam tomas medidas objetivas que busquem enfrentar o problema da desigualdade de fato entre acusação e defesa, como demonstrado neste livro.

Para tanto, é preciso investimento público na estruturação de Defensorias Públicas e na capacitação de defensores, públicos e privados para atuação nesta área específica. Também é salutar o fortalecimento e incentivo estatal aos Centros de Defesa de Adolescentes, organizações da sociedade civil, que podem contribuir na construção de alternativas jurídicas adequadas à realidade de vida dos adolescentes defendidos.

Desde o ponto de vista da necessária qualificação do conteúdo das defesas, entende-se que a defesa no processo penal é a antítese da acusação. Sua função deve ser de criar dúvida sobre a hipótese acusatória e a formulação de provas da acusação, viabilizando, assim, a condição para o contraditório. Ferrajoli parte da noção de que a concepção de responsabilidade pela carga de prova, como da acusação, comporta, logicamente, o direito de defesa do acusado. A principal condição epistemológica da prova é, segundo o autor, a refutabilidade da hipótese acusatória. No processo acusatório, a defesa deve ser o mais importante instrumento de controle e de impulso sobre o método de produção de provas, isto porque as provas são produzidas a partir do contraditório, especialmente a partir da refutação de provas de origem da acusação.[614]

A contradição da defesa em relação à pretensão punitiva tem como pressuposto análise da taxatividade e a materialidade do tipo penal, descartando qualquer afirmativa da acusação que não possa ser verificável. Portanto, o fundamento da defesa sempre estará relacionado ao princípio

---

[614] FERRAJOLI, Luigi. *Derecho y Razón*. Teoria del Garantismo Penal. Madri: Trotta, 1995, p. 613-615.

da legalidade do Direito Penal, sendo construído em meio à relação entre o fato ocorrido, o qual deve estar materializado, e o tipo penal taxativamente previsto na Lei.

Nesse sentido, uma defesa técnica, de acordo com os instrumentos previstos na Lei 8.069/90, deve partir da contestação da representação do Ministério Público, especialmente quanto à explicitação da existência ou não de ato infracional, conforme art. 103 do Estatuto, tipificado na Lei Penal. Particularmente, cabe à defesa afirmar os princípios estatutários da excepcionalidade e da brevidade da medida de privação de liberdade (art. 121 do ECA), a qual somente pode ser aplicada de acordo com a leitura literal e restrita do art. 122 do Estatuto. Ainda, deve pleitear que se leve em consideração na aplicação da medida socioeducativa o respeito à condição peculiar de pessoa em desenvolvimento, a proporcionalidade da medida em relação ao ato infracional e o dever do juízo de aplicá-la apenas quando não há outra medida mais adequada (art. 122, § 2º, do ECA).

Assim, para além do conteúdo processual penal utilizado em igual medida na defesa dos adultos acusados, a defesa técnica de adolescentes deve trazer para o processo a condição peculiar do adolescente defendido, em seu favor. A individualidade da defesa deve contemplar a contextualização da realidade de vida do sujeito adolescente, seu contexto familiar e seus planos normativos de referência. Além disso, deve buscar alternativas à institucionalização a serem sugeridas ao juiz, que garantam a responsabilização do adolescente, mas que considerem tal realidade de vida. Nesse sentido, cabe à defesa trazer ao processo a proposição de um plano de responsabilização que atenda, em melhor medida, às necessidade do adolescente, enquanto fundamento de seus direitos.

A viabilização prática da efetivação de uma defesa técnica nos termos aqui desenvolvido requer, além de advogados com formação especializada na matéria, também equipes interdisciplinares de apoio, que atuem em interação com a rede de políticas sociais comunitária. Uma defesa coerente com as necessidades e com a possibilidade de igualdade técnica em relação à acusação necessita de equipe de suporte, como possuem as Promotorias Públicas da Infância e da Juventude, em vários lugares do Brasil. A proposição ao juiz de alternativas viáveis à deliberação pela aplicação da medida socioeducativa de internação requer bem mais do que as condições estruturais atuais. Porém, somente com a efetiva viabilização das condições operacionais para que seja realizado o direito à defesa com o conteúdo aqui proposto, é possível atingir-se o objetivo da garantia de escuta efetiva do adolescente nos processos judiciais e da consideração, em seu favor, de sua condição peculiar e circunstancial de desenvolvimento.

Considerando que um processo serve à reconstrução de um fato que ocorreu no passado e que sobre ele existem várias versões e justificações possíveis de serem sustentadas, cabe à defesa trazer ao processo a versão dos fatos do ponto de vista do adolescente envolvido. A ideia de "versão" dialoga com a noção de verdade relativa, ou verdade processual.[615] A tarefa da defesa, portanto, é a de traduzir em linguagem processual e jurídica a racionalidade que configurou a conduta eventualmente imputada ao adolescente, desde seu ponto de vista.[616] Nesse sentido, o processo pode constituir-se efetivamente em um espaço de diálogo entre versões e justificações.

No entanto, como concretizar essa nova realidade, diante da predominância da cultura tutelar e institucionalizante, nomeada por Mendéz "Cultura da compaixão-repressão",[617] que tem caracterizado a atuação dos operadores jurídicos nos processos penais juvenis?

A proposição aqui adotada não é de criação de direitos, visto que o direito à defesa já existe e constitui-se em direito de fundamentalidade constitucional.[618] Ainda, a proibição de decidir de forma contrária aos interesses dos adolescentes, utilizando-se para isso do princípio de melhor interesse, já é uma realidade normativa, da mesma forma que a interpretação da norma de acordo com a condição peculiar de desenvolvimento.[619] No entanto, a previsão de tais princípios não tem sido suficiente para frear a intervenção punitiva, baseada em aspectos negativos da condição do sujeito e em seu prejuízo. Faz-se necessário tomar providências na direção da modificação da legislação estatutária, condicionando a utilização da condição de vida e do contexto do adolescente apenas em seu benefício ou em sua defesa.

O direito do adolescente de ser ouvido, com amparo na Convenção Internacional dos Direitos da Criança,[620] está regulamentado em específico, no que se refere aos direitos dos adolescentes autores de atos infracionais, no art. 141 do ECA, que dispõe sobre o acesso à justiça através da Defensoria Pública, do Ministério Público e do Poder Judiciário.[621] Em

---

[615] LOPES JUNIOR, Aury. *Introdução Crítica ao Processo Penal (Fundamentos da Instrumentalidade Constitucional)*. 4. ed. Rio de janeiro: Lumen Juris, 2006, p. 281-285.

[616] ARNAUD, André-Jean; FARIÑAS DULCE, Maria José. Op. cit., p. 185-186.

[617] MÉNDEZ, Emílio Garcia. *Infância e Cidadania ...*, p. 200.

[618] LOPES JUNIOR, Aury. *Direito Processual Penal e sua Conformidade Constitucional*. 6. ed. Rio de Janeiro: Lumen Juris, 2008, p. 187.

[619] Os Princípios do Melhor Interesse e da Condição Peculiar de Desenvolvimento foram abordados de forma detalhada no Capítulo 4 deste livro.

[620] Também o direito de ser ouvido, enquanto princípio norteador do tratamento jurídico a ser dispensado aos adolescentes, foi abordado com maior detalhamento no capítulo 4 deste livro.

[621] Ainda, em outros momentos processuais específicos da Lei, está reproduzida esta garantia, como é o caso do art. 111, inc. I e V, do ECA, que tratam, respectivamente, do direito ao pleno e formal

especial, refere Manrique, cabe ao defensor, ao exercer assistência judiciária, comunicar-se e fazer-se entender pelo adolescente e seus familiares.[622] A tarefa de escuta, portanto, tem na figura do advogado maior expectativa de efetividade, no sentido da possibilidade de estabelecer-se uma relação de confiança que permita ao adolescente entender o que lhe é atribuído, quais são seus direitos e o que irá suceder-se nos próximos momentos processuais. De nada adianta a garantia do direito à autodefesa se o adolescente não entender como e por que pode exercê-la, em que situação deve falar ou ficar calado, e, principalmente, quais são as consequências de seu posicionamento perante o promotor ou o juiz.

Nessa direção, o tema da confissão dos adolescentes, que é corriqueiro no cotidiano policial e forense, merece especial atenção. Os adolescentes confessam com maior facilidade que os adultos, uma vez que é comum não terem a dimensão das consequências de tal atitude. Esta circunstância pode ser atenuada com a garantia de defesa e presença de advogado em todas as fases processuais e pré-processuais, com a função de planejar junto com o adolescente a melhor estratégia para sua autodefesa.

De outra parte, sabe-se que faz parte do universo de crenças dos adolescentes, em especial envolvidos com atos infracionais relacionados ao tráfico, que o fato de assumirem a autoria de atos infracionais de que estão sendo acusados, no lugar de adultos, ou de outros envolvidos, resulta na melhor alternativa. Seja por que as consequências de livrar-se e acusar outros, retornando ao contexto onde vivem e com quem se relacionam, podem ser piores do que cumprir a penalidade que lhe seja atribuída. Ou, ainda, por que faz parte do imaginário social em geral – e os adolescentes também se referenciam em tal imaginário – que as medidas socioeducativas a que estão sujeitos são mais brandas que as punições a serem imputadas aos adultos.

Para garantir, portanto, o direito de ser ouvido nos processos e que a confissão não seja utilizada como única prova para sua condenação, faz-se necessário limitar o valor probatório da confissão. Nessa direção já sumulou o STJ,[623] porém deve ser enfatizada a difusão de tal norma, em especial limitando a consideração da confissão nas etapas pré-processu-

---

conhecimento da atribuição de ato infracional e do direito de ser ouvido como garantia de todo o processo. Especificamente, quanto ao Ministério Público, está previsto o direito de ser ouvido no art. 179, que dispõe sobre a apresentação a esse órgão na fase pré-processual, e, ainda, no art. 124, inc. I, que trata do direito a entrevistar-se pessoalmente com o promotor de justiça quando estiver privado de liberdade. Perante a autoridade judiciária, está prevista sua oitiva na audiência de apresentação (art. 186 do ECA).

[622] MANRIQUE, Ricardo Pérez. Op. cit., p. 168.
[623] Súmula 342 do STJ.

ais, seja no âmbito policial, e, principalmente, na audiência prévia com o Ministério Público.

Em síntese, as circunstâncias aqui demonstradas apontam para o fato de que é necessário produzir certo desequilíbrio em favor da defesa dos adolescentes, para que se atinja a condição de equilíbrio material no processo. Em outras palavras, é necessário dar visibilidade às diferenças e peculiaridades dos adolescentes, para que se possa atingir a condição de "indiferença", em relação aos preconceitos sociais a que estão sujeitos, os quais acabam por repercutir nos processos judiciais.

5.3. O RECONHECIMENTO DO PRINCÍPIO DA AUTODETERMINAÇÃO PROGRESSIVA (AQUISIÇÃO GRADATIVA DE COMPETÊNCIAS)

Ao falar-se do reconhecimento do sujeito adolescente como pessoa, contextualizada no espaço e no tempo, importa abordar acerca da necessidade dos adultos, em especial dos representantes estatais, de compreenderem-se incompletos, inacabados, capazes de aprender com o outro, no caso, com os adolescentes. Nas várias páginas deste livro está-se a falar da imperiosa necessidade de reconhecimento do outro, adolescente, enquanto pessoa em etapa peculiar da vida. Chegando quase ao final, já se pode afirmar que a condição para esse reconhecimento está em os adultos não se considerarem, superiores, sabedores da vida, com condição absoluta, por isso, capazes de ensinar, dominar, regular e responder pelo outro.

Se o outro é visto desde um lugar de falta ou de ausência, seja de conhecimento, de maturidade, de sanidade ou de moralidade, não é visto como pessoa por inteiro. Todos estão em desenvolvimento, ocupando espaços e papéis diferenciados no contexto social. O papel de adulto, de mãe e pai (ainda que afetivos), ou de promotor, defensor ou juiz, é o da responsabilidade por constituir as referências necessárias para que o sujeito adolescente, intersubjetivamente, conquiste progressivamente sua condição de autoderminação. Essa condição de responsabilidade não faz dos adultos seres superiores e acabados, como afirma Freire:

> [...] inacabado, sei que sou um ser condicionado, mas consciente do inacabamento, sei que posso ir mais além dele. Esta é a diferença profunda entre o ser condicionado e o ser determinado. A diferença entre o inacabado que não se sabe como tal e o inacabado que historicamente alcançou a possibilidade de saber-se inacabado.[624]

---

[624] FREIRE, Paulo. *Pedagogia da Autonomia*. Saberes necessários à prática educativa. São Paulo: Paz e Terra, 1996, p. 53.

Assim, a responsabilidade, compreendida em sua dimensão mais profunda, restabelece aos adultos a necessária condição de humildade frente ao desafio imenso que é conduzir-se enquanto referência nas circunstâncias sociais que estão postas nos dias contemporâneos. A condição de "inacabamento" é desafio e estímulo ao crescimento.

O outro, reconhecido nas suas circunstâncias – em especial constituídas pela instabilidade e insegurança que a sociedade tem oferecido aos jovens nos dias atuais –, pode ser compreendido em sua potencialidade. Sobreviver na adversidade exige a construção de estratégias cotidianas e, nesse processo, talvez os adolescentes contemporâneos estejam exercitando suas capacidades e potencialidades, de forma mais intensa do que a geração dos adultos teve possibilidade de fazê-lo. Sendo assim, o outro (adolescente) é alguém que tem um lugar de fala, uma experiência vivida, uma história para contar, necessidades concretas a serem supridas e, principalmente, potencialidades nas quais se pode apostar.

Desde essa perspectiva, é imperiosa a abertura ao diálogo. Disposição que exige desprendimento do lugar pré-concebido de superioridade adulta e institucional. Isto não quer dizer que o juiz, o promotor, o defensor, o professor, o pai, ou mãe não falem de um outro lugar, diferente do adolescente. Fala-se de lugares distintos, na relação intersubjetiva de diálogo. No entanto, só será efetivamente uma relação de reconhecimento e alteridade, se o lugar de fala adulta não for considerado superior. O reconhecimento da especificidade da diferença é condição para o respeito ao outro. Porém, tal diferença deve ser intermediária em relação ao ponto de convergência onde se deseja chegar, que é o respeito do outro em condição de igualdade. Indiferente a ideias preconceituosas, como superioridades culturalmente construídas de uns em relação a outros.[625]

Assim, reconhecer progressivamente a capacidade de autoderminação do sujeito adolescente é entendê-lo como capaz de tomar decisões e fazer escolhas adequadas a cada etapa da vida que esteja atravessando. "A um discernimento progressivo deve aliar-se uma autonomia progressiva",[626] o que não pode estar dissociado da condição de responsabilidade pelas escolhas feitas. É saber identificar o outro em seu processo de construção de autonomia, o que só pode ser feito de forma individualizada e contextualizada. Compreendê-lo desde seu lugar e decidir junto

---

[625] HERRERA FLORES, Joaquín. La Contruccíon De Las ..., p. 131-137.

[626] ALFAIATE, Rita. Autonomia e Cuidado. In: PEREIRA, Tânia da Silva; OLIVEIRA, Guilherme de (Orgs.). *O Cuidado como Valor Jurídico*. Rio de Janeiro: Forense, 2008, p. 22.

com ele as situações que lhe digam respeito, de forma a que tais decisões sejam adequadas a sua individualidade.[627]

A tarefa não é fácil quando se trata de exercer funções outorgadas pelo Estado que dizem respeito a decidir sobre a vida dos outros, a partir de circunstâncias que chegam às instâncias estatais em razão de dificuldades anteriores que as pessoas enfrentaram em suas vidas, seja no campo familiar ou na área infracional. Vê-se que, em primeiro lugar, é necessário compreender essas circunstâncias como resultado de um processo social onde o sujeito está inserido, e não como de responsabilidade exclusivamente individual. Não se trata de um problema de "incompetência inerente ao sujeito", a questão a ser enfrentada está nas dificuldades de lidar com a vida, inserida social e culturalmente, ou na falta de condições pessoais, que também decorrem do contexto onde está inserido. Para que a decisão estatal, institucional e adulta tenha algum efeito positivo na vida do outro (adolescente) é preciso conhecer o seu lugar de fala e as suas circunstâncias.

Uma metáfora talvez auxilie na compreensão do que se quer expressar: a vida de um adolescente é como um rio, que precisa correr para frente, rumo ao mar, ou onde for seu desejo de chegar. Os adultos, no exercício de seus vários papéis, devem constituir-se nas margens, que referenciam os limites necessários para que o rio não se transforme em lago, ou aguaceiro, em momentos de enchente. As margens precisam ser fortes, mas flexíveis, profundas e curvilíneas, se necessário, mas nunca abandonar sua função e seu lugar de margens. A presença das margens é imprescindível. Porém, ser margem também quer dizer não se postar a frente da corrente do rio, impedindo seu curso para o mar, pois a represa nos rios faz com que se formem lagos, lagunas, às vezes causando destruições à volta.

O princípio da autoderminação progressiva encontra seu fundamento na Doutrina da Proteção Integral, ou seja, na responsabilidade dos adultos, através do Estado, da sociedade e da família de garantir as condições para o desenvolvimento saudável de as crianças e adolescentes. Também se fundamenta na necessidade de reconhecimento da dignidade do sujeito como pessoa humana, portanto, capaz de fazer escolhas, de participar dos processos sociais como protagonista, de conviver em família e contribuir com sua individualidade em meio a coletividade, de forma cidadã.[628]

---

[627] A autodeterminação progressiva conduz a uma disposição individual que, nas relações sociais, valoriza a cooperação, o respeito mútuo e os valores compartilhados. Nesse sentido aborda PIAGET, Jean. *Estudos sociológicos*. Traduzido por Reginaldo Di Piero. Rio de Janeiro: Forense, 1973, p. 176.

[628] SARLET, Ingo Wolfgang. *Dignidade da Pessoa ...*, p. 86-88.

A compreensão do sujeito, nessas dimensões de que se está a falar, dialoga com Honneth, quando afirma que a condição de reconhecimento pela qual se luta tem como etapa final a individualidade social. Ou seja, cada um luta, de acordo com o autor, para ser reconhecido em sua individualidade socialmente, como alguém que contribui para a coletividade. "O sujeito encontra reconhecimento conforme o valor socialmente definido de suas propriedades concretas".[629]

Assim, além de o Estado atuar na proteção de direitos, deve promover direitos, no sentido de desenvolver políticas públicas que permitam o exercício da autoderminação progressiva e que fortaleçam as potencialidades dos sujeitos. Porém, "a homogeneização abstrata é enganadora",[630] como afirma Heller. A prestação de políticas públicas deve atender às necessidades peculiares dos sujeitos. Portanto, deve dialogar com as expressões culturais, com as formas de manifestação, com a linguagem e com a condição geracional dos adolescentes. As políticas públicas necessárias não são aquelas planejadas desde o lugar de adultos para os adolescentes, ou desde a perspectiva predominante da institucionalização reguladora. Para que os adolescentes atuem na sociedade com autonomia e autoderminação, precisam exercitar o convívio social, aprender a resolver os conflitos que estejam a sua frente e alcançar visibilidade, para serem reconhecidos pela coletividade.

O crescimento individual, familiar ou comunitário pressupõe a crescente consciência de seu lugar no mundo, a leitura de sua realidade e a compreensão acerca do todo complexo onde o sujeito está inserido. Dessa forma, a oferta de políticas públicas, que se proponham afinadas com o princípio da autodeterminação progressiva, deve pautar-se por uma perspectiva crítica, a partir da qual se deve proporcionar aos sujeitos a reflexão sobre a realidade individual e coletiva.

Ainda, na medida em que se reconhece o sujeito, em todo o seu contexto, cabe reconhecer-se sua necessidade de participação social e política. Assim, em integração com a dimensão prestacional dos direitos, o investimento no protagonismo e na participação social dos sujeitos deve fazer parte das políticas públicas voltadas ao segmento adolescente. A valorização de tal protagonismo deve expressar-se no incentivo a soluções encontradas para problemas individuais, familiares ou comunitários, ou em iniciativas individuais e coletivas para qualificação da forma de viver em comunidade.

Sabe-se que na contemporaneidade as dificuldades para o efetivo reconhecimento dos sujeitos são limites para além das relações intersub-

---

[629] HONNETH, Axel. *Luta pelo Reconhecimento*, p. 198-199.
[630] HELLER, Agnes; FEHÉR, Ferenec. Op. cit., p. 168.

jetivas. Conforme Fraser, a falta de reconhecimento é uma questão de injustiça, assim como reconhecimento não é um problema de autorrealização pessoal, mas uma questão de justiça.[631] Dessa forma, a identificação de uns com os outros se torna difícil, em meio ao desenfreado processo individualista da sociedade de consumo. O curso que vem tomando a Humanidade parece estar distante da possibilidade de reconhecer diferenças e caminhar para a relativização de preconceitos, que inferiorizam uns em favorecimento de outros. No entanto, também possibilidades estão em aberto e, se o futuro é incerto desde o ponto de vista do olhar de cada adolescente, a incerteza também tem em si possibilidades. Conforme o UNICEF, em seu relatório mundial, "adolescência é uma janela de oportunidade",[632] e a condição para a superação dos problemas é buscar compreende-los de forma o mais complexa possível.

---

[631] FRASER, Nancy. Redistribuição, Reconhecimento ..., p. 179.
[632] UNICEF, Relatório da Situação da Adolescência Brasileira. Unicef. s/d.

Conclusões

A importância do reconhecimento dos adolescentes e de seus direitos previstos no ordenamento constitucional brasileiro, desde uma perspectiva complexa e contextualizada na sociedade contemporânea, é o que se pretendeu demonstrar no decorrer deste livro. Trata-se de uma argumentação teórica voltada a sensibilizar os operadores jurídicos e sociais para a especificidade do público em questão, no que se refere às características da adolescência na contemporaneidade, ao conteúdo de seus direitos e às dificuldades para sua efetividade, especialmente no que se refere à intervenção do Estado na família e na responsabilização por meio de processos judiciais. Todos os capítulos tratam do tema com enfoque interdisciplinar, enquanto fundamentação necessária à abordagem jurídica. Assim, nesse espaço destinado às conclusões, apresentam-se as considerações finais, além de reflexões que remetam a novas indagações e, talvez, a futuros estudos.

I – A ordem social contemporânea tem-se caracterizado pela fragmentação, distribuição desigual de bens sociais, discriminações, ausência de respeito às diferenças e especificidades individuais. Processos sociais que não são isolados, encontram-se integrados ao modelo econômico em curso mundialmente, do qual o Brasil faz parte e sofre suas consequências.

A sociedade brasileira possui características próprias quanto à configuração de suas desigualdades, as quais estão relacionadas ao seu processo de formação histórica. Muito além de flagrantes diferenças econômicas, que denunciam as desigualdades regionais ou os contrastes quanto ao acesso diferenciado a oportunidades, as contradições manifestas no contexto social dizem respeito a aspectos também culturais e intersubjetivos. Assim, as características do processo de vulnerabilidade social em curso não são apenas econômicas, produzem também subjugados sociais com fragilidades no campo emocional, de saúde física e mental, de acesso à informação e à educação. Nessas circunstâncias, importante parcela da população tem dificuldade de constituir perspectivas de futuro. Vive-se como em tempos históricos distintos, ou seja, em um mesmo espaço territorial convivem, de forma simultânea, diferentes estágios de desenvolvimento social.

II – A hierarquia social estabelecida e reproduzida ao longo dos anos funda-se nas possibilidades de adesão ao projeto homogeneizador. A condição de pertencimento dos sujeitos está relacionada à sua capacidade individual de adequação aos padrões estabelecidos, seja no campo estético, cultural ou de consumo. Ao mesmo tempo em que, nos tempos fragmentados contemporâneos, todos os comportamentos "são aceitos" e "tudo cabe", é difícil ser considerado igual, ou integrado ao modelo propagado como ideal, e também é muito difícil sustentar as especificidades e diferenças individuais diante dos preconceitos existentes.

Aqueles que fogem da homogeneidade tornam-se visíveis, denunciando sua falta de pertencimento. Ao mesmo tempo, sua condição de vulnerabilidade e de violação de direitos – previstos na Constituição Federal, como destinados a todos –, é invisível aos olhos coletivos. A resposta social para tal contradição é viabilizada por meio de movimentos implícitos ou explícitos de segregação e exclusão. Quando fora da sociedade, a ameaça da presença indesejada está resolvida, desde que seja possível sua restrição em algum lugar em que a massa, não identificável como humana, se misture. Assim, no contexto contemporâneo, podem-se encontrar muitos desses lugares invisíveis ou destinados ao "lixo humano" sem identidade, como as periferias das grandes cidades, os hospitais psiquiátricos ou as instituições destinadas à institucionalização de crianças e adolescentes. Nesses espaços estão seres humanos considerados sem valor social, aos olhos da maioria da sociedade, do mercado e do individualismo. As tentativas que tais sujeitos fazem de sair do lugar que lhes é destinado geralmente provocam incômodo, agridem e levam à rejeição.

III – Nos tempos em que se vive, não é possível delimitar as fronteiras, o que, em outras épocas, se fazia com maior rigor. Desse modo, a presença dos indesejáveis, impuros frente ao ideal da coletividade, impõe-se frequentemente, contaminando a "pureza" desejada pela maioria. Não é possível manter o ideal de "pureza", sem encarar "a sujeira", com livre circulação no espaço de liberdade. O ideal moderno de igualdade e liberdade entra em contradição com as condições concretas de convivência social, em que a falta de igualdade material nunca possibilitou o mesmo tratamento entre as pessoas propagando pelo discurso civilizatório. Os "fora de lugar" estão em todos os lugares. A visibilidade da presença impositiva agride, e a invisibilidade das pessoas e de suas realidades impede a identificação de uns com os outros.

IV – Nesse contexto, constata-se que um dos dilemas contemporâneos é ser aceito pela coletividade a qual cada um quer pertencer. A luta pelo espaço e pelo reconhecimento da individualidade ou da diferença faz parte da rotina da maioria das pessoas. Ser reconhecido é uma necessidade que se evidencia e impõe-se frente à impossibilidade gerada pelas relações humanas construídas no espaço cultural contemporâneo. Com esse desafio cotidiano, confrontam-se os sujeitos ou grupos com identidades específicas, como em uma efetiva luta, ambientada nos vários contextos políticos e culturais.

A partir da fundamentação referenciada em Honnet, buscou-se descrever neste livro o processo de luta pelo reconhecimento, que, segundo o autor, dá-se em três etapas: a primeira localiza-se nas relações primárias, em que as pessoas buscam ver suas necessidades básicas atendidas e satisfeitas em meio à relação de amor materno; a segunda diz respeito ao reconhecimento jurídico, por meio do qual os sujeitos são incluídos na expectativa de igualdade frente ao Estado. Na medida em que são pessoas reconhecidas pelo Direito, fazem parte da coletividade. Sua luta encontra-se na afirmação da condição de igualdade e na busca do tratamento jurídico que lhe é devido. O terceiro estágio de reconhecimento, necessário a todos e razão de luta cotidiana, é, segundo o autor, a luta pelo reconhecimento da individualidade, ou da especificidade que caracteriza a identidade de cada sujeito. Assim, a partir do esquema explicativo proposto, as pessoas encontram sua condição de reconhecimento quando têm satisfeitas suas expectativas nos referidos estágios. Ao contrário, a falta de reconhecimento gera desrespeito, humilhação e desvalorização social.

V – Reconhecer cada um e todos os pertencentes do contexto social é dar visibilidade à condição de cada pessoa, com possibilidade de manifestação da identidade. Concretiza-se na convivência com a diferença, em interação e condição de igualdade. Materializa-se por meio da indiferença às diferenças sociais que impedem a identificação de uns com os outros em um mesmo patamar de igualdade. Corresponde à busca pelo deslocamento constante, pelo diálogo, pelo respeito às diferentes manifestações culturais, linguagens e expressões de racionalidade.

Na contemporaneidade, as pessoas encontram dificuldades de ver-se reconhecidas. O objetivo a ser alcançado, reconhecimento, é atribuído ao sujeito individualmente, quando a problemática envolvendo as dificuldades de reconhecimento é de âmbito coletivo. A luta por justiça e por reconhecimento, mais do que um problema e uma tarefa individual, é coletiva e importa ao conjunto da sociedade.

VI – As dificuldades de reconhecimento dos adolescentes, em sua especificidade e peculiaridade, foram analisadas neste livro a partir de distintas dimensões: abordou-se a dificuldade de reconhecimento da adolescência enquanto etapa de vida com características socioculturais próprias, que encontra dificuldade de ser identificada desde seu ponto de vista, considerando a ordem social adultocêntrica; analisou-se a dificuldade de reconhecimento dos adolescentes vivendo em condição especialmente difícil, pertencendo às classes sociais de maior vulnerabilidade, sobre os quais há maior preconceito e menor espaço para a construção de projetos de vida; em sequência, identificou-se a dificuldade de reconhecimento desde a perspectiva jurídico cultural, cuja origem está na adoção majoritária da concepção monista de Direito e na ausência da possibilidade de diálogo intercultural; ainda, abordaram-se os limites e as possibilidades de reconhecimento desde o ponto de vista do Estado, considerando, em um primeiro momento, a ausência de reconhecimento dos sujeitos e de seus direitos e, finalmente, as possibilidades que a instrumentalidade normativa oferece para que um outro contexto de reconhecimento possa ser vislumbrado. A seguir, apresentam-se as reflexões conclusivas a respeito de cada uma dessas dimensões analisadas, as quais, ao longo dos capítulos, estão em maior profundidade fundamentadas.

VII – Os adolescentes constroem sua identidade em um processo intersubjetivo, em interação com o contexto familiar e social onde estão inseridos. Adquirem seus valores pessoais a partir daquilo que é considerado importante culturalmente, aprendem a viver coletivamente, absorvendo normas de conivência ao se sentirem pertencentes àquele espaço social. A sociedade e suas instituições são como "espelhos", onde a imagem dos adolescentes é projetada e retorna com as informações a respeito de quem se espera que sejam. As projeções, ou expectativas sociais, são necessárias à formação da identidade, que está em importante etapa de construção nesta fase da vida. De outra parte, o resultado desse reflexo é a própria expressão da identidade social, ou seja, a sociedade projeta sobre os adolescentes modelos positivos e negativos que, incorporados, reproduzem o retrato social dos jovens de determinada coletividade.

VIII – A adolescência é um período difícil para todos. Tudo fica mais complexo quando se vive essa fase da vida nas famílias brasileiras de maior vulnerabilidade, em que às vicissitudes da idade se somam problemas como rejeição em casa e fora de casa, desemprego, miséria e ausência de saúde física e mental. As condições adversas fazem com que as famílias pobres encontrem dificuldades de apoio nas situações cotidianas que enfrentam, bem como em prover oportunidade de construção de projetos de vida aos seus filhos. Assim, ser adolescente nas periferias das grandes cidades brasileiras nos dias de hoje significa pertencer a um grupo social de especial vulnerabilidade, seja pela exposição à violência e aos riscos de mortalidade, seja pela ausência de suportes social e estatal para o enfrentamento das contingências enfrentadas.

IX – Como um caminho necessário para encontrar respostas à ausência de efetividade dos direitos dos adolescentes, no contexto analisado neste livro, foi adotada a concepção de que Direito é uma produção cultural e social normativa. O Direito estatal é um esforço normativo síntese dos conflitos sociais e políticos presentes no momento em que foi elaborado e, de outra parte, gerador de conflitos, na medida em que, quando aplicado, se relaciona com as demais concepções normativas coexistentes socialmente.

Tradicionalmente, as relações postas em prática entre o ordenamento jurídico estatal e as demais organizações sociais e jurídicas estiveram fundamentadas na concepção monista de Direito e no pensamento positivista tradicional, ou seja, nas ideias de completude do ordenamento jurídico estatal e de certeza científica do Direito. No entanto, ao longo do século XIX e, mais particularmente no Século XX, várias teorias jurídicas foram desenvolvidas enfocando críticas a essa forma de pensamento, distante da realidade social. Assim, foi-se constituindo a fundamentação teórica necessária ao reconhecimento de uma perspectiva sociológica do Direito. Tal concepção, em alguma medida, foi incorporada aos ordenamentos jurídicos ocidentais nas constituições federais elaboradas no final do último milênio. No entanto, face ao caráter aberto dessas constituições, sua interpretação em diálogo com a realidade social ainda requer certa inflexão. Trata-se da necessidade de compreensão do Direito em uma perspectiva aberta ao diálogo, para além do Direito Estatal, mas em busca de legitimidade a partir das consequências de sua aplicação nos contextos em que irá incidir.

X – A opção pela consideração de uma perspectiva sociológica do Direito é também o reconhecimento de que, junto ao Direito estatal, existem outros espaços de juridicidade que, com aquele, coexistem em complementaridade, autonomia, ou em conflito. O fato é que os planos normativos, em paralelo, são utilizados pelas pessoas como referência para a solução de conflitos e fundamentam-se, por sua vez, em conceitos de justiça, também paralelos. Diante da multiplicidade de planos normativos, os cidadãos organizam suas vidas perante esses vários extratos, seja no âmbito local, nacional, ou supranacional.

O pluralismo jurídico, enquanto perspectiva sociológica e antropológica do Direito adotada neste livro, pode ser identificado em dois níveis. Um primeiro nível diz respeito ao reconhecimento de normatividades não estatais, nas quais as pessoas se referenciam para a solução de conflitos, de forma autônoma em relação ao sistema estatal, independente da legitimidade dos meios e valores adotados. Sob esse ponto de vista, podem-se compreender os planos normativos que impõem regras de conduta, obrigando aos sujeitos que vivem em seus respectivos espaços de influência. Em regra, são planos normativos que não estão preocupados com a efetivação de Direitos Fundamentais. Ainda que essas normas não sirvam de fonte para a solução de conflitos sob responsabilidade do Estado, precisam ser reconhecidas como forma de compreender as referências que os sujeitos sociais utilizam em suas respectivas condutas.

Em outro nível estão os espaços de normatividade não estatais legitimados formal e materialmente. Nesse plano situam-se as normas de conduta e os mecanismos de solução de conflitos, que, embora contrários ao sistema estatal, em sentido estrito, ou diferentes das disposições legais, são coerentes com os princípios constitucionais e buscam a efetivação de Direitos Fundamentais. Além do necessário reconhecimento de planos normativos como existentes, o Estado pode utilizá-los como fonte normativa para a resolução de conflitos, em busca de uma maior legitimidade da solução a ser encontrada.

XI – Reconhecimento pressupõe atitude de alteridade. Assim, para a utilização de tais planos normativos, seja como informação ou como fonte normativa para a solução de conflitos, em busca de maior legitimidade, é necessária a adoção de uma metodologia de diálogo. Logo, não é possível contar com respostas prontas a serem impostas, mas com a necessidade de elaborá-las diante de cada nova circunstância. A premissa apriorística não é útil, pois a identificação de racionalidades diferentes é uma das possibilidades de diálogo ou da utilização de distintas fontes jurídicas. Para que haja diálogo é necessário utilizar uma linguagem que permita a justificação de pontos de vista distintos, uns aos outros, como acordo semântico ou de demonstração de racionalidade. Trata-se da produção conjunta de um conhecimento coletivo, a partir do reconhecimento da racionalidade e da cultura de onde parte o interlocutor.

A efetividade dos Direitos Fundamentais é instrumental ao reconhecimento das pessoas e de sua dignidade. Todavia, os direitos tornam-se abstratos e retóricos se não consideram as pessoas concretas, ou suas respectivas realidades culturais e normativas. O Direito estatal, ainda que legítimo e coerente com valores de justiça, precisa dialogar com a realidade, entender a lógica discursiva dos sujeitos concretos, bem como sua racionalidade como fonte normativa.

XII – A cultura, enquanto modo de sobrevivência dos adolescentes das periferias urbanas brasileiras, é resultado de múltiplas influências. Da mesma forma, os planos normativos em que se referenciam são vários e interdependentes. Fazem parte desse universo, além da legislação estatal, as regras específicas das famílias a que pertencem, suas respectivas origens sociais e étnicas, as normas das comunidades onde vivem, com presença maior ou menor do Estado, através de suas instituições. Ainda o universo normativo adolescente é formado pelas regras do grupo de outros jovens com quem convivem, os quais influenciam seus comportamentos, conforme as exigências estabelecidas para seu pertencimento. Em outra dimensão, pode-se dizer que os adolescentes contemporâneos se referenciam em um conjunto de regras de comportamentos globalizadas, que incidem tanto nas periferias urbanas brasileiras, como em outros lugares do mundo. Seus comportamentos, em muitos momentos, encontram semelhança com os de outros jovens, com quem se identificam através dos meios de comunicação.

Nessa perspectiva, não reconhecer as múltiplas referências normativas, nada mais é do que ignorar o sujeito em toda a sua dimensão. De outra parte, reconhecer os sujeitos requer compreender onde estão situados, em que regras se referenciam, quais as estratégias de sobrevivência que utilizam e em que planos normativos buscam a fonte de solução para os conflitos que vivenciam.

XIII – Os Direitos Fundamentais dos adolescentes previstos no ordenamento constitucional brasileiro, enquanto conquistas historicamente contextualizadas, para encontrarem efetividade dependem do domínio de sua instrumentalidade, a qual requer fundamentação, descrição e conceituação. Assim, parte-se da fundamentação da Dignidade da Pessoa Humana, não apenas como algo intrínseco à pessoa pelo simples fato de ter nascido humana. Trata-se de uma condição atribuída às pessoas, em meio ao seu processo de reconhecimento desde o contexto sociocultural no qual estão inseridas. Mais do que um resultado, é um processo de busca, de afirmação e conquista. Não depende apenas das capacidades próprias, mas das condições objetivas de atendimento a suas necessidades, como bens necessários à efetivação de direitos. Portanto, a Dignidade da Pessoa Humana materializa-se em meio à luta pelo seu próprio reconhecimento como pessoa.

As necessidades das pessoas constituem-se em conteúdo dos direitos, e tanto as necessidades como os direitos delas decorrentes estão relacionados à valoração social e cultural, ou compreensão de que tais direitos têm legitimidade de serem pleiteados. As necessidades também estão relacionadas com a identidade individual e social e irão definir-se no contexto concreto onde as pessoas vivem.

Portanto, a universalização possível de necessidades é a busca do desenvolvimento de potencialidades. As necessidades, como fundamento da Dignidade da Pessoa Humana, correspondem aos pressupostos capazes de desenvolver potencialidades dos seres humanos.

XIV – Os adolescentes têm respeitada sua dignidade quando são reconhecidos na sua especificidade. E, ainda, quando sua diferença não significa inferioridade ou discriminação. Portanto, o reconhecimento da dignidade requer a superação do lugar estereotipado social e de invisibilidade. Da mesma forma que o reconhecimento do sujeito em sua individualidade ocorre desde a perspectiva social, a desconsideração das especificidades do sujeito dá-se em decorrência do desvalor social a ele atribuído. A ausência de tal reconhecimento gera humilhação, opressão e violência, influindo na construção de identidade do sujeito. Assim, o respeito à dignidade dos adolescentes é condição para a definição de patamares adequados de convivência social.

XV – Os Direitos Fundamentais têm caráter interdependente. O Estado, na medida em que tem a responsabilidade de garantir tais direitos, deve pautar-se pela interdependência e avançar em estratégias para que a democracia ultrapasse o limite da formalidade e seja um espaço de construção política para a garantia de direitos sociais. A previsão constitucional de Direitos Fundamentais, como justificativa para a existência do Estado Democrático e Social de Direito, impõe a necessidade de reconhecimento da realidade de vulnerabilidade absoluta de seres humanos, os quais são credores de prestações sociais e de respeito a direitos individuais.

XVI – No plano da efetividade de direitos, pretendeu-se demonstrar no decorrer deste livro que o Estado tem dificuldade de considerar o sujeito adolescente e seus direitos na dimensão de sua realidade e necessidades. A desconsideração das peculiaridades geracional e cultural relaciona-se com a ausência de visibilidade dos sujeitos perante o Estado, corporificada na possibilidade de intervenção em suas vidas e na desconsideração de seus direitos.

Em meio ao não reconhecimento dos sujeitos, o Estado atua através de estratégias de controle social, voltadas às populações consideradas diferentes. Tais medidas de controle classificam as pessoas entre piores e melhores, inclusive definindo sua separação no espaço social. Muitas vezes, o discurso justificador da intervenção na vida das pessoas e nas famílias funda-se na "necessidade" e na condição de proteção de que os próprios sujeitos alvo de tal controle necessitariam, ainda que tal intervenção deixe de reconhecer limites e, portanto, afaste a lei em nome da exceção. É como se a visibilidade das pessoas alvo de controle estivesse relacionada com sua desconsideração como pessoas, titulares de direitos perante as estruturas de controle.

Portanto, o reconhecimento das pessoas e de seus direitos tem direta relação com a democracia. O grau de reconhecimento social está associado ao maior ou menor autoritarismo presente no contexto social, ou a valorização social de alguns segmentos, ou grupos populacionais, em detrimento de outros.

XVII – Na medida em que o pluralismo social e jurídico faz parte da complexidade da sociedade contemporânea, e a Constituição reflete o acordo possível em dado momento histórico, as divergências ou contradições culturais e normativas não desaparecem a partir da síntese política concretizada no texto positivado. A cada aplicação da norma constitucional, novamente os interesses em questão reaparecem, em proporção ao impacto das decisões tomadas no novo contexto social e histórico.

Entretanto, uma Constituição em aberto não significa ausência de conteúdo ou neutralidade. A abertura constitucional deve representar a possibilidade de construção de soluções nos casos concretos, a partir do diálogo entre as diferentes realidades convergentes ou divergentes. Também pode significar o necessário diálogo entre normatividades divergentes entre si, mas não, necessariamente, contrárias aos princípios fundamentais norteadores de tal Constituição.

Desde a perspectiva aqui proposta, da necessidade de reconhecimento dos sujeitos, torna-se importante a estratégia hermenêutica, enquanto interpretação que considera como caso concreto a realidade da cultura, em que a decisão produz efeitos, ou a "hermenêutica diatópica", enquanto procedimento de compreensão e consideração das diferenças culturais e jurídicas. Nessa direção, a legitimidade da intervenção estatal está relacionada com a possibilidade de interpretação constitucional, desde uma perspectiva aberta e disposta a construir soluções, para os casos concretos, com diálogo.

XVIII – A ausência de reconhecimento pleno dos adolescentes e de seus direitos por parte do Estado dá-se em estreita relação com a concepção social que se tenha sobre os sujeitos titulares de tais direitos. De outra parte, a frágil produção doutrinária sobre a dogmática jurídica destinada ao público em questão também reflete o estágio de reconhecimento logrado ao longo da história recente da produção jurídica sobre o tema. Sendo assim, ganha importância a descrição e conceituação dos direitos de crianças e adolescentes, positivados no ordenamento jurídico brasileiro, enquanto estratégia instrumental na evolução da aplicação desses em conformidade com as necessidades sociais.

XIX – A Constituição Federal brasileira reconhece a especificidade dos sujeitos de direitos. Tem como objetivo a redução de desigualdades e o respeito à equidade ou às diferenças, propósitos que concretizam a opção pelo projeto de sociedade expresso no texto constitucional de um Estado Democrático de Direito de caráter horizontalizado. No que se refere aos direitos das crianças e adolescentes, o texto constitucional buscou sua fundamentação no princípio da Dignidade da Pessoa Humana, incorporando ainda diretrizes dos Direitos Humanos no plano internacional, especificamente, seguindo os caminhos traçados na elaboração da Convenção Internacional dos Direitos da Criança.

XX – A constitucionalização dos direitos de crianças e adolescentes brasileiros, compreendida desde um enfoque histórico, representou uma importante mudança normativa na medida em que se propõe à superação de um modelo de tratamento jurídico da infância e juventude, que vigorava até o final do século XX na maioria dos países ocidentais. Assim, a nova normatividade superou a antiga "doutrina da situação irregular", uma vez que fez opção pela "Doutrina da Proteção Integral", base valorativa que fundamenta os direitos infanto-juvenis no plano internacional.

A Doutrina da Proteção Integral pressupõe o reconhecimento normativo de uma condição especial, ou peculiar, das pessoas desse grupo etário (zero a 18 anos), que devem ser respeitadas enquanto sujeitos de direitos. Crianças e adolescentes, ainda que no texto normativo, foram reconhecidos em sua dignidade, como pessoas em desenvolvimento, que necessitam de especial proteção e garantia dos seus diretos por parte dos adultos: Estado, família e sociedade. São os adultos, no desempenho de seus papéis sociais, que devem viabilizar as condições objetivas para que as crianças e os adolescentes possam crescer de forma plena, ou seja, desenvolver suas potencialidades e afirmar sua dignidade.

A condição de titularidade de direitos dessa parcela da população busca superar o tratamento histórico e legislativo a eles destinado que se caracterizava pela indiferença em relação a sua peculiaridade, ou de sua consideração como objeto do poder e da decisão dos adultos, com o intuito de tutela e controle. Assim, com base em tal fundamentação doutrinária, os adolescentes, titulares de direitos, são considerados sujeitos autônomos, com exercício de capacidades limitadas em face de sua etapa de desenvolvimento. São titulares de direitos e também de obrigações ou responsabilidades, as quais são graduais ao seu estágio de desenvolvimento.

XXI – A Constituição brasileira estabelece, portanto, como sistema máximo de garantias, direitos individuais e sociais, justificados pelo estágio de desenvolvimento humano do público adolescente, em razão de suas peculiaridades. Tal sistema normativo permite a organização em três níveis de direitos: direitos de caráter universal, destinados a todos os adolescentes; direitos de proteção especial, destinados aos que necessitam de proteção em situações de violações de direitos, ou risco de violação; e direitos e deveres de responsabilização, destinados aos adolescentes autores de atos infracionais.

Esses direitos, além de interdependentes, têm eficácia horizontal, na medida em que é dever da família e da sociedade seu reconhecimento e efetivação. Também tem eficácia vertical, visto que cabe ao Estado o dever prestacional de políticas públicas correspondentes e o dever de omissão, ou de obrigação negativa, frente à limitação de intervenção na vida e na família dos sujeitos em questão.

XXII – Além da previsão de direitos específicos, a Constituição brasileira, em combinação com a Convenção Internacional dos Direitos da Criança, da qual o Brasil é signatário, estabeleceu um conjunto de princípios orientadores da aplicação dos direitos, os quais são parâmetros para a interpretação normativa, de acordo com os fundamentos constitucionais.

Nesse sentido, vale enfatizar que princípios constitucionais, ou de hierarquia constitucional, são normas com conteúdo mais amplo que outras de hierarquia inferior, que representam caminhos a serem seguidos na interpretação do Direito nos casos concretos. Quando uma regra é aplicada em determinado sentido, sempre possui um princípio que a fundamenta. Eventualmente quando os princípios entram em conflito com outros princípios, sua não aplicação com maior preponderância deve ser justificada, pois não é sem intencionalidade que fazem parte do ordenamento jurídico. Têm, portanto, força normativa e conteúdo axiológico.

XXIII – Os princípios considerados neste livro como importantes para nortear a aplicação da normativa voltada ao reconhecimento jurídico dos adolescentes são: Princípio da Prioridade Absoluta; Princípio do Melhor Interesse; Princípios da Brevidade e Excepcionalidade; Princípio da Condição Peculiar de Desenvolvimento; e Princípio da Livre Manifestação/Direito de Ser Ouvido. Tal escolha justifica-se em razão da potencialidade da interpretação desses princípios, afirmando o conteúdo jurídico da especificidade dos sujeitos e de seus direitos. No entanto, a utilização da instrumentalidade que possibilitam depende da sua definição de acordo com determinados conteúdos, que se passará a explicitar enquanto articulação necessária.

XXIV – O princípio da prioridade absoluta revela a prioridade ou primazia de atendimento das necessidades de adolescentes por parte de todas as esferas e âmbitos, seja familiar, comunitário, social e estatal. Para a interpretação do que seja a "prioridade absoluta", é necessário que se leve em consideração o sistema normativo dos direitos em seu conjunto, buscando romper com a noção de que cabe ao aplicador da lei a avaliação subjetiva do que seja "a prioridade". Essa avaliação deve levar em conta a alternativa concreta capaz de melhor garantir o conjunto de direitos que cabem aos adolescentes em questão.

A aplicabilidade desse princípio costuma ser evocada em situações envolvendo a deliberação acerca de políticas públicas. Nesses casos, utilizam-se critérios para estabelecer as prioridades, quando, muitas vezes, existe escassez de recursos. O princípio da prioridade absoluta é um critério a ser utilizado em tais circunstâncias e aplica-se com maior facilidade na medida em que o conflito esteja entre atender aos direitos do público de crianças e adolescentes e aos direitos de outra parcela da população. Quando a dificuldade em decidir situa-se entre diferentes possibilidades de efetivação de direitos de crianças e adolescentes, o princípio da prioridade absoluta deve ser aplicado em combinação com outros princípios, como a "garantia do mínimo existencial".

Em última instância, só é possível a aplicação do princípio da prioridade absoluta nos casos em concreto e considerando o contexto em que a decisão irá produzir seus efeitos, portanto depende do efetivo reconhecimento da perspectiva social do Direito. Em muitas circunstâncias é preciso estabelecer prioridades, considerando a necessária progressividade da implementação de políticas públicas destinadas a adolescentes.

XXV – O princípio do melhor interesse, da mesma forma que no caso do princípio anteriormente referido, conta com tradição discricionária em sua aplicação. Assim, é fundamental que em seu conteúdo defina-se como interesse superior dos adolescentes a efetividade de maior significância em relação ao conjunto dos direitos previstos no ordenamento jurídico.

De modo específico, o superior interesse costuma ser evocado em matérias jurídicas envolvendo os contextos familiares. Nesses casos, o princípio em exame pode atuar como limitador do exercício do poder e dever dos adultos sobre os adolescentes. É certo que cabe aos adultos, no exercício de seus papéis, a garantia dos direitos dos adolescentes, entretanto o desempenho de tal dever precisa ocorrer observando-se o limite do interesse do adolescente. A liberalidade da família e do Estado no exercício de suas funções está limitada à efetivação de direitos. O princípio do melhor interesse pode ser instrumental em tal perspectiva.

XXVI – O conteúdo normativo do princípio da brevidade e da excepcionalidade, contextualizado em relação ao conjunto de direitos da criança e do adolescente, tem sua utilização relacionada à limitação do poder de intervenção do Estado, seja na liberdade dos adolescentes, seja no contexto familiar. Em circunstâncias em que é necessária a intervenção estatal em caráter protetivo ou sancionatório, o tempo tem sido um dos elementos agravantes dos danos causados pela suspensão do direito de convivência familiar e comunitária. Em diálogo com tal realidade, o princípio da brevidade e excepcionalidade faz parte do conteúdo que atribui sentido às medidas de proteção ou socioeducativas, previstas no subsistema de direitos das crianças e adolescentes. Nessas circunstâncias, se estiver justificada a intervenção estatal, esta deve ser breve e utilizada como *ultima ratio*. Portanto, constatados os efeitos negativos da providência do Estado, cabe agir o mais rápido possível visando reduzir danos inerentes.

XXVII – O princípio da condição peculiar de desenvolvimento é, em essência, a fundamentação normativa para o tratamento diferenciado dos sujeitos por ele protegidos, os quais necessitam ser reconhecidos em sua especificidade etária e cultural. A diferença que caracteriza a realidade específica da adolescência requer condição de tratamento com equidade por parte da família, da sociedade e do Estado. A diferença no conteúdo desse tratamento, adequado à realidade do público a que se destina, é condição para seu reconhecimento em patamar de igualdade.

A peculiaridade é uma especificidade que, reconhecida, permite a consideração do sujeito desde o seu lugar de fala e de sua realidade cultural e normativa. Reconhecer o sujeito como pessoa significa considerá-lo cidadão em condição de igualdade. Reconhecer sua especificidade significa dar visibilidade a sua individualidade.

XXVIII – O princípio da livre manifestação e direito de ser ouvido constituem-se na previsão normativa do direito dos adolescentes de falar e da obrigação dos interlocutores adultos de escutar. A escuta e a valoração do conteúdo do que é dito implicam que se considere quem fala como sujeito, com conteúdo que justifique a consideração do seu ponto de vista. É um direito que somente pode ser exercido pela própria pessoa, pois expõe sua opinião, seus sentimentos, suas experiências de vida. Configura-se no direito de influenciar na decisão que os adultos tomarão, criando a obrigação de seus interlocutores de considerar tal opinião e de criar as condições para que seja manifestada, de acordo com sua idade e condição de maturidade.

O direito de ser ouvido materializa-se no direito à defesa nos processos judiciais, na expressão da vontade em decisões no âmbito de sua convivência familiar, na necessidade de escuta durante do próprio processo educacional, na possibilidade de expressar seus interesses e na manifestação da opinião sobre questões específicas, ou mais amplas, que digam respeito à vida do sujeito. Assim, trata-se de um ato de reconhecimento político. Quem tem "dever de escutar" perde poder com a necessidade de dialogar. Quem deve ser escutado ganha o poder de influenciar no futuro. Essas questões estão relacionadas com o modelo de democracia que se deseja, pois contemplam considerar as pessoas em sua plenitude legítimas para a fala. Pressupõe, efetivamente, considerar "o outro".

XXIX – Tendo em vista o conjunto normativo aqui contextualizado, vê-se que não há limites objetivos para a eficácia dos direitos constitucionais dos adolescentes e, tampouco, que inviabilizem seu reconhecimento enquanto pessoas em etapa de vida peculiar e, em razão disso, portadores de direitos específicos. No entanto, os dados da realidade, expostos em maior detalhe no 5º capítulo deste livro, demonstram que a tradição do Estado brasileiro tem sido de falta de reconhecimento de direitos, especialmente quando se trata da intervenção familiar e da limitação da liberdade dos adolescentes por meio de processos judiciais. Nessa direção, buscou-se aplicar os pressupostos aqui desenvolvidos na análise específica do direito à convivência familiar e comunitária e no direito à defesa nos processos judiciais. As conclusões sobre as relações construídas no âmbito dessa reflexão passarão a ser expostas a seguir.

XXX – A prática de intervenção do Estado na família em nome da proteção das crianças e adolescentes – considerando-se os dados históricos analisados – revela-se exagerada. Ainda mais quando o discurso justificador da prática processual nessa direção funda-se na "necessidade" e na desconsideração das famílias pobres como capazes de cuidar de seus filhos. Assim, observa-se a prevalência de uma cultura subliminar presente na intervenção do Estado, através de seus vários mecanismos de controle social, de não reconhecimento das possibilidades e potencialidades das pessoas. Representa a dificuldade de reconhecimento dos sujeitos – em especial dos adolescentes –, enquanto titulares de direitos, em sua dimensão negativa.

A intervenção estatal nos contextos familiares, do ponto de vista histórico, sempre esteve a serviço da manutenção dos padrões de moralidade presentes na sociedade. No entanto, a perspectiva constitucional vigente pretende romper com tal prática ao definir a família como importante e instrumental à viabilização das condições para o desenvolvimento da Dignidade da Pessoa Humana de cada um dos seus membros. Assim, desde a Constituição de 1988, a família não pode ser compreendida como um fim em si mesma. Da mesma forma, o poder/dever dos adultos sobre a condução do processo de desenvolvimento dos adolescentes está limitado ao propósito da efetivação da sua dignidade.

XXXI – A garantia do Direito Fundamental à convivência familiar e comunitária, previsto no artigo 227 da Constituição Federal, em situações concretas, pode entrar em antinomia aparente com o dever estatal de intervenção familiar para a garantia do direito à integridade física e psicológica de crianças e adolescentes. Disso decorre a necessidade de que, quando necessária tal intervenção, em razões de dificuldades no âmbito familiar, devam-se respeitar os princípios de brevidade e excepcionalidade, do melhor interesse e do respeito à condição peculiar de desenvolvimento, sempre em busca da garantia do direito à convivência familiar e comunitária, em suspenso em caráter temporário.

Além dos parâmetros constitucionais e da Convenção dos Direitos da Criança e do Adolescente, os quais nas últimas décadas vinham-se revelando insuficientes, mudanças normativas importantes foram realizadas no último período, buscando criar parâmetros para a intervenção do Estado no sentido da superação da tendência à institucionalização de crianças e adolescentes. Mais precisamente, trata-se das alterações estatutárias provocadas pela Lei 12.010, de 2009, e da resolução da Organização das Nações Unidas, que aborda os cuidados alternativos à criança privada dos cuidados da família de origem. Nesse mesmo sentido, propõem-se neste livro medidas a serem adotadas pelo Estado, em seus vários segmentos, as quais têm como objetivo viabilizar estratégias de reconhecimento dos adolescentes e suas famílias.

XXXII – As medidas propostas são:

1) O empoderamento das famílias, por meio de políticas públicas voltadas à sua preparação para exercício do dever de cuidados de seus adolescentes.

2) O reconhecimento das potencialidades familiares, a partir da oferta por parte do Estado de instrumentais para o crescimento e autodeterminação dos sujeitos, respeitando a condição de eles decidirem seus próprios caminhos.

3) A oferta, em grande escala, de instrumentais para a mediação de conflitos, considerando que esses, em âmbito familiar, devem ser compreendidos como experiências preparatórias para a convivência social.

4) A elaboração e especificação de critérios mais objetivos, cada vez mais precisos, adequados à realidade brasileira, no que se refere à definição das situações em que é efetivamente necessário o Estado intervir em contextos familiares, bem como quanto ao grau de tal intervenção.

5) O reconhecimento e suporte às experiências informais de prestação de cuidados alternativos, como estratégia de fortalecimento e ajuda às novas famílias que se formam frente às necessidades.

XXXIII – Além da perspectiva normativa, a efetividade dos direitos depende da dimensão inter-humana. Assim, é por meio das relações intersubjetivas que se criam as condições de reconhecimento dos sujeitos, de modo que a responsabilidade específica do Estado, como devedor de direitos, deve ter como fundamento a busca por tal reconhecimento. Nesse sentido, o Estado não pode substituir a família em sua função de responsabilidade e de cuidado. A intervenção estatal, por mais necessária e urgente que se caracterize, causa danos ao desenvolvimento da identidade do sujeito. É necessário, portanto, consciência acerca de tal circunstância, na perspectiva de reduzir os danos a serem causados.

XXXIV – O Direito Fundamental dos adolescentes à defesa nos processos judiciais concretiza-se por meio do direito a ser ouvido nos processos, que consiste não apenas na possibilidade de argumentar, como também de compreender todas as informações que lhe dizem respeito. Trata-se da tradução, em linguagem processual e jurídica, da racionalidade que configurou a conduta eventualmente imputada ao adolescente, desde seu ponto de vista. De outra parte, o direito à defesa viabiliza-se pela observação do conjunto de garantias processuais, de âmbito constitucional, ou estatutário, as quais vêm sendo progressivamente reconhecidas, especialmente pelo Superior Tribunal de Justiça em suas decisões que envolvem adolescentes.

XXXV – Embora contando com instrumentalidade normativa e certo comportamento jurisprudencial favorável, a efetividade do direito à defesa nos processos de apuração de atos infracionais envolvendo adolescentes mostrou-se, a partir dos dados coletados na pesquisa realizada para a elaboração deste livro, de difícil concretização. No cotidiano processual, existem dificuldades na efetivação do direito à defesa em função da prática de interpretação restrita da legalidade e da ausência de compreensão de que se trata de um processo penal de partes, em que é necessário o contraditório para que se conte com a legitimidade necessária. A prática de defesa técnica inconsistente e a simples presença de um advogado acompanhando a instrução não se tem mostrado garantia real de defesa. Há fragilidade no conteúdo das defesas realizadas, problemática que se relaciona diretamente com as dificuldades de acesso à justiça, em especial quanto ao acesso ao duplo grau de jurisdição e aos Tribunais Superiores. A condição peculiar dos adolescentes é trazida ao processo pela acusação em seu prejuízo, sem o contraponto substancial da defesa, caracterizando a prática do "direito penal do autor", e não dos fatos a serem apurados. A fala dos adolescentes é valorada quando utilizada a confissão como prova, portanto, em seu prejuízo.

As dificuldades de efetividade dos direitos dos adolescentes nos processos judiciais revelam, assim, a ausência de reconhecimento efetivo dos adolescentes como sujeitos de direitos individuais. Trata-se da manifestação objetiva da exceção à norma do Estado Democrático de Direito, que tem, como fundamento do poder punitivo e da intervenção na liberdade, a limitação mediada pela legalidade. A falta de tratamento jurídico em condição de igualdade, referindo-se a direitos básicos, acaba, por consequência, expressando-se na relação do sujeito com o coletivo social.

XXXVI – Enquanto estratégias de reconhecimento dos adolescentes no âmbito processual, estão propostas neste livro medidas a serem adotadas pelo Estado, em seus vários segmentos, e também conteúdos a serem seguidos pelos operadores jurídicos responsáveis por defender adolescentes.

As medidas propostas são:

1) Fortalecer as Defensorias Públicas em todos os locais em que não há defensores públicos suficientes para a especialização necessária na matéria da defesa de adolescente, bem como implementar equipes interdisciplinares de suporte aos defensores públicos, na construção de alternativas a serem propostas ao juízo.

2) Incentivar a implementação de centros de defesa de direitos, como espaços não governamentais capazes de evoluir na pesquisa jurídica sobre a temática em questão e no diálogo entre os diferentes planos normativos nos quais os adolescentes se referenciam.

3) Investir na capacitação de defensores e na formação de operadores jurídicos com competências e habilidades necessárias para a atuação na defesa de adolescentes.

4) Incluir nas estratégias de defesa técnica, entre outros aspectos circunstanciais, os seguintes: a) utilizar o conteúdo processual penal disponibilizado nos processos penais adultos, especialmente no que se refere à refutação da tese acusatória quanto à demonstração da materialidade do ato infracional e da autoria do adolescente; b) referenciar a condição peculiar do adolescente defendido, em seu favor, o que significa a contextualização da realidade de vida do sujeito adolescente, seu contexto familiar e seus planos normativos de referência; c) apresentar alternativas à institucionalização a serem sugeridas ao juiz, que garantam a responsabilização do adolescente, se for o caso, mas que considerem a sua realidade de vida e as suas necessidades, enquanto fundamento de seus direitos; d) evocar os princípios da brevidade e excepcionalidade, da condição peculiar de desenvolvimento, do direito de ser ouvido e do melhor interesse, nos termos neste livro fundamentados.

5) Propõe-se que se modifique a legislação estatutária, condicionando a utilização da condição de vida e do contexto do adolescente apenas em seu benefício, ou em sua defesa. Portanto, uma medida afirmativa em benefício dos adolescentes, considerando a cultura predominante que justifica a institucionalização e a adoção de medidas sancionatórias de maior gravidade.

6) Ainda, como alteração legislativa, propõe-se a limitação objetiva do valor probatório da confissão, não permitindo sua utilização como única prova para a condenação dos adolescentes nem sua valoração quando realizada em etapa pré-processual, seja no âmbito policial, seja na audiência prévia com o Ministério Público.

XXXVII – As proposições feitas apontam para o necessário "desequilíbrio em favor da defesa", para que se atinja a condição de equilíbrio material no processo. A visibilidade das diferenças e peculiaridades dos adolescentes é necessária para que se possa atingir a condição de "indiferença", em relação aos preconceitos sociais a que estão sujeitos, os quais acabam por repercutir nos processos judiciais.

XXXVIII – Como último ponto desenvolvido no decorrer deste livro, apresentou-se o princípio da autodeterminação progressiva, a ser adotado como critério balizador da intervenção do Estado, seja na promoção de direitos por meio de políticas públicas, ou enquanto respeito a direitos, por meio de limites à intervenção na família e na liberdade.

Para que a decisão estatal, institucional e adulta tenha algum efeito positivo na vida do outro (adolescente), é preciso reconhecer o seu lugar de fala e as suas circunstâncias. Assim, o princípio da autoderminação progressiva encontra seu fundamento na Doutrina da Proteção Integral, ou seja, na responsabilidade dos adultos, através do Estado, da sociedade e da família, na efetivação de direitos, porém na perspectiva da garantia das condições para o desenvolvimento da personalidade dos adolescentes, a partir de suas potencialidades. Ainda fundamenta-se no necessário reconhecimento da Dignidade do sujeito, como Pessoa Humana, portanto capaz de fazer escolhas, de participar dos processos sociais como protagonista, de conviver em família e contribuir com sua individualidade para a coletividade de forma cidadã.

XXXIX – Para que se busque o rompimento com a condição de falta de reconhecimento aqui desenvolvida e se viabilize uma outra condição sociocultural e jurídica de reconhecimento, é necessário que os adultos, em especial os representantes estatais, compreendam-se incompletos, inacabados, capazes de aprender com os adolescentes. É condição para o reconhecimento que os adultos não se considerarem superiores, com função de ensinar, dominar e controlar. Os papéis exercidos pelos adultos dizem respeito à responsabilidade de constituir as referências necessárias para que o sujeito adolescente, intersubjetivamente, conquiste progressivamente sua condição de autoderminação.

A efetiva relação de reconhecimento e alteridade depende de que o lugar da fala adulta não seja considerado superior. Assim, é imperiosa a abertura ao diálogo. Disposição que exige desprendimento do lugar preconcebido de superioridade adulta e institucional. O reconhecimento da especificidade da diferença é condição para o respeito ao outro. Entretanto, tal diferença deve ser intermediária em relação ao ponto onde se deseja chegar: o respeito do outro em condição de igualdade, indiferente a ideias preconceituosas, fundadas em superioridades culturalmente construídas de uns em relação a outros.

XL – O reconhecimento do sujeito, em todo o seu contexto, inclui a legitimação de sua participação social e política. Reconhecer o invisível na sociedade complexa da contemporaneidade é um desafio. Reconhecer o outro, como parte de outra realidade cultural e social, fundada sobre planos normativos distintos e paralelos ao Estatal, requer disposição hermenêutica de alteridade. Reconhecer e dar voz, ouvir a fala, empoderar, significa abrir mão de poder, o qual está localizado no modelo de sociedade herdado da modernidade, centrado na racionalidade adulta, branca e masculina. Portanto, os limites de tais processos são evidentes, a ponto de parecerem ilusórios. Por outro lado, a falta de reconhecimento tem suas consequências, não só na vida dos adolescentes, mas para o conjunto da sociedade.

Referências bibliográficas

AGAMBEN, Giorgio. *Estado de Exceção*. São Paulo: Boitempo, 2004.

——. *Homo Sacer. O Poder Soberano e a Vida Nua I*. Trad. Henrique Burigo. 2. reimpressão. Belo Horizonte: UFMG, 2007.

AIRÈS, Philippe. *História Social da Criança e da Família*. 2. ed. Rio de Janeiro: Guanabara Koogan, 1981.

ALEXY, Robert. *Teoria dos Direito dos Fundamentais*. Trad. Virgílio Afonso da Silva. São Paulo: Malheiros, 2008.

ALFAIATE, Rita. Autonomia e Cuidado. In: PEREIRA, Tânia da Silva; OLIVEIRA, Guilherme de (Orgs.). *O Cuidado como Valor Jurídico*. Rio de Janeiro: Forense, 2008.

AMARAL e SILVA, Antônio Fernando do. A "proteção" como pretexto para o controle social arbitrário de adolescentes e a sobrevivência da doutrina da situação irregular. Defesa de Adolescentes: O papel da universidade. *Revista do ILANUD*, Nações Unidas, n. 2002.

——. O mito da inimputabilidade penal e o Estatuto da Criança e do Adolescente. In: *Revista da Escola Superior de Magistratura do Estado de Santa Catarina*. Florianópolis: AMC, 1998. V. 5.

AMIN, Andréa Rodrigues. Princípios Orientadores do Direito da Criança e do Adolescente. In: MAIEL, Kátia (Org.). *Curso de Direito da Criança e do Adolescente*. 3. ed. Rio de Janeiro: Lúmen Júris, 2009.

ANDRADE, Carlos Drummond de. *A Rosa do Povo* – Poesia Completa. Rio de Janeiro: Nova Aguilar, 2007.

ARENDT, Hannah. *A Condição Humana*. Trad. Roberto Raposo. 10. ed. Rio de Janeiro: Forense, 2005.

——. *As origens do Totalitarismo*. Trad. Roberto Raposo. 6. reimpressão. São Paulo: Companhia das Letras, 2006.

ROITMAN, Ari, Introdução. In: —— (org.). *O Desafio Ético*. Rio de Janeiro: Giramond, 2000.

ARNAUD, André-Jean; Fariñas Dulce, Maria José. *Sistemas Jurídicos*: Elementos para un Análisis Sociológico. Madrid: Universidad Carlos III de Madrid, Boletín Oficial del Estado, 1996.

AROCA, Juan Monteiro. *Princípios del Proceso Penal* – Una Explicación basada en la razón. Valencia: Tirant lo Blanch, 1997.

Assis, Simone Gonçalves; AVANCI, Joviana Quintes. *Labirinto de Espelhos*. Formação da Auto-estima na Infância e na Adolescência. Rio de Janeiro: Fiocruz, 2004.

Assis, Simone. *Traçando Caminhos em uma Sociedade Violenta*: a vida de jovens infratores e seus irmãos não infratores. Rio de Janeiro: FIOCRUZ, 1999.

ATHAYDE, Celso; BILL, MV; Soares, Luis Eduardo. *Cabeça de Porco*. Rio de Janeiro: Objetiva, 2005.

ATHAYDE, Eliana Augusta de Carvalho *et al*. *Somos todos infratores*: família, sociedade e Estado. Fortaleza: ANCED, 2000.

AUGÉ, Marc. *Não-Lugares*. Introdução a uma antropologia da supermodernidade. 7. ed. Campinas: Papirus, 2008.

BARATTA, Alessandro. Infância e Democracia. In: MÈNDEZ, Emílio Garcia; BEOFF, Mary. *Infância, Lei e Democracia na América Latina*. Blumenau: Edifurb, 2001. V. 1.

BARDIN, Laurence. *L'analyse de contenu*. France: Presses Universitaires, 1977.

BARROSO, Luis Roberto. Fundamentos Teóricos e Filosóficos do Novo Constitucionalismo Brasileiro (pós-modernidade, teoria crítica e pós-positivismo). In: ——. *A Nova Interpretação Constitucional*. Ponderação, direitos fundamentais e relações privadas. 2. ed. Rio de Janeiro: Renovar, 2006.

BARROSO, Luís Roberto; MARTEL, Letícia de Campos Velho Mar. A morte como ela é: Dignidade e Autonomia Individual no Final da Vida. *Panóptica* 19, ano 3, p. 69-104, jul./out. 2010.

BAUMAN, Zigmunt. *Modernidade Líquida*. Rio de Janeiro: Jorge Zahar Editor, 2001.

——. *O mal-estar da pós-modernidade* Rio de Janeiro: Jorge Zahar Editor, 1998.

BAUMER, Franklin L. *O Pensamento Europeu Moderno*. V. II Lisboa: Edições 70, 1990.

BECK, Ulrich. *La sociedad Del Riesgo*. Hasta una nueva modernidad. Buenos Aires: Paidós, 1998.

BELLOFF, Mary. Modelo de la Proteción Integral de los derechos del niño y de la situación irregular: un modelo para armar y outro para desarmar. In: *Justicia y Derechos Del Niño*. Santiago de Chile: UNICEF, 1999.

—— (Org.). *Infância, Lei e Democracia na Democracia*. Blumenau: Edifurb, 2001. V. 1.

——. Reforma Legal y Derechos Económicos y Sociales de Niños: las paradojas de la ciudadanía. In: PIOVESAN, Flávia; SARMENTO, Daniel; IKAWA, Daniela (Org.). *Igualdade, Diferença e Direitos Humanos*. Rio de janeiro: Lumen Juris, 2010. Tiragem 2.

BHABHA, Homi K. *O Local da Cultura*. Belo Horizonte: UFMG, 2005.

BOBBIO. Norberto. *Teoria do Ordenamento Jurídico*. 10. ed. Brasília: Universidade de Brasília, 1999.

BRASIL. Governo Federal. Programa de Desaparecidos do Ministério da Justiça, do Governo Federal, os desaparecimentos de adolescentes têm como principal causa conflitos familiares. Disponível em: <http://www.desaparecidos.mj.gov.br/>. Acessado em: 17 dez. 2010.

BRASIL. Universidade Federal da Bahia/UFBA Coordenação Acadêmica Prof. Dra. Maria Auxiliadora Minahim. *Relatório do Projeto Pensando o Direito nº 26/2010 – ECA: Apuração do Ato Infracional Atribuído a Adolescentes*. Secretaria de Assuntos Legislativos do Ministério da Justiça (SAL) – Ministério da Justiça – Governo Federal, 2010.

BRASIL. Presidência da República. Secretaria Especial de Direitos Humanos. Conselho Nacional dos Direitos da Criança e do Adolescente. *Plano Nacional de Promoção e Defesa do Direito de Crianças e Adolescentes à Convivência Familiar e Comunitária*. Brasília: Conanda, 2006.

BRASIL. Secretaria Especial dos Direitos Humanos e Subsecretaria de Promoção dos Direitos da Criança e do Adolescente. *Levantamento Nacional do Atendimento Socioeducativo ao Adolescente em Conflito com a Lei*, 2010.

BRASIL. Ministério da Saúde. *Impacto da violência na Saúde das Crianças e adolescentes* – Prevenção da Violência e Cultura da Paz. VIVA/SVS/MS Brasília, 2006/2007.

BRASIL. Núcleo de Estudos da Violência (NEV) da Universidade de São Paulo. *Homicídios de Crianças e Jovens no Brasil – 1980-2002*. São Paulo: USP, 2006.

BRASIL. Ministério do Desenvolvimento Social e Combate à Fome. *Adolescências, juventudes e socioeducativo*: concepções e fundamentos. Brasília: MDS, 2009.

BRASIL. Relatório das Nações Unidas sobre a Violência na Infância Brasileira, 2006, com dados cuja fonte primária é o Ministério da Saúde. Publicado na Folha de São Paulo, em 15 de outubro de 2006.

BRASIL. Instituto Brasileiro de Direito de Família. *Projetos de Lei em tramitação no Congresso nacional*. Disponível em: <http://www.ibdfam.org.br/?observatorio&familias&tema>. Acessado em: 20 jan. 2011.

BRASIL. Ministério do Planejamento, Orçamento e Gestão. SILVA, Enid Rocha Andrade da (coord.). *O direito à convivência familiar e comunitária*: os abrigos para crianças e adolescentes no Brasil. Brasília: IPEA/CONANDA, 2004.

BRASIL. Tribunal de Justiça do Rio Grande do Sul. *Site Justiça da Infância e da Juventude*. Disponível em: <http://jij.tj.rs.gov.br/jij_site/jij_site.wwv_main.main>. Acesso em: 20 jan. 2011.

BRAUNER, Maria Cláudia Crespo. O pluralismo no Direito de Família brasileiro: realidade social e reinvenção da família. In: WELTER, Belmiro Pedro; MADALENO, Rolf Hanssen. Coord. *Direitos fundamentais do Direito de Família*. Porto Alegre: Livraria do Advogado, 2004.

BRONZE, José Fernando. *Lições de Introdução ao Direito*. 2. ed. Coimbra: Coimbra Editora, 2006.

CARVALHO, Edgar de Assis. Apresentação. In: GIRARD, René. *A Violência e o Sagrado*. Trad. Martha Conceição Gambini. São Paulo: Editora Universidade Estadual Paulista, 1990.

CASTEL, Robert, *La discrimination négative* – Citoyens ou indigènes? Paris: Seuil/La République des Idées, 2007.

_____. *A Discriminação Negativa* – Cidadãos ou autóctones? Trad. Francisco Morás. Petrópolis: Vozes, 2008.

_____. As armadilhas da exclusão. In: WANDERLEY, Mariângela; BÒGUS, Lúcia; YAZBEK, Maria Carmelita. *Desigualdade e a Questão Social.* São Paulo: EDUC, 1997.

CEZAR, Jose Antonio Daltoe; BEUTLER, Breno. *Depoimento sem dano.* Porto Alegre: Tribunal de Justiça do Rio Grande do Sul, 2009.zo, preservando o mtes em, jui acusaçs judicial em que a criança e o adolescente em condiçoletivsa, judicializadas como estrat

CIRELLO BUÑOL, Miguel. O Interesse superior da Criança no Marco da Convenção Internacional Sobre os Direitos da Criança. In: MÉNDEZ, Emílio Garcia e BELOFF, Mary (Orgs.). *Infância, Lei e Democracia na América Latina.* V. 1. Blumenau: Edifurb, 2001.

COLTRO, Antonio Carlos Mathias; OLIVEIRA e TELLE, Marília Campos. O Cuidado e a Assistência como Valores Jurídicos Imateriais. In: PEREIRA, Tânia da Silva; OLIVEIRA, Guilherme de (orgs.). *O Cuidado como Valor Jurídico.* Rio de Janeiro: Forense, 2008.

COSTA, Ana Paula Motta. *As garantias Processuais e o Direito Penal Juvenil.* Porto Alegre: Livraria do Advogado, 2005.

_____. A Perspectiva Constitucional Brasileira da proteção Integral de Crianças e Adolescentes e o Posicionamento do Supremo Tribunal Federal. In: SARMENTO, Daniel; SARLET, Ingo Wolfgang (coord.). *Direitos Fundamentais no Supremo Tribunal Federal*: Balanço e Crítica. Rio de Janeiro: Lúmen Júris, 2011 (p. 855-887)

COUTINHO, Jacinto Nelson Miranda. Introdução aos Princípios Gerais do Direito Processual Penal Brasileiro. *Revista de Estudos Criminais,* Porto Alegre, V.1, 2001.

DOUGLAS, Mary. *Pureza e perigo.* Ensaio sobre a noção de poluição e Tabu. São Paulo: Perspectiva, 1976.

DUARTE, Luís Fernando; ROPA, Daniela. Considerações Teóricas sobre a questão do "atendimento psicológico" às classes trabalhadoras. In: FIGUEIRA, Sérvulo A. *Cultura e Psicanálise.* São Paulo: Brasiliense, 1985.

DUMONT, Louis. *O individualismo. Uma perspectiva antropológica da ideologia moderna.* Trad. Álvaro Cabral. Rio de Janeiro: Rocco, 1993.

DUSSEL, Enrique. *Caminhos de Libertação Latino-Americana.* História Colonialismo e Libertação. T. II. São Paulo: Edições Paulinas, 1986.

ELIAS, Norbert. *Entrevistas do Le Monde.* Volume "O Indivíduo". Editions La Durverte e Jornal Le Monde, Paris, 1985; São Paulo: Ática, 1989.

FACCHINI NETO, Eugênio. *Premissas para a Análise da Contribuição do Juiz para a Efetivação dos Direitos da Criança e do Adolescente.* Disponível em: <http://jij.tj.rs.gov.br/jij_site/docs/DOUTRINA>. Acessado em: 29 nov. 2010.

FACHIN, Luiz Edson. *Elementos Críticos do Direito de Família.* Rio de Janeiro: Renovar, 1999.

_____. *Eficácia jurídica e violência simbólica.* São Paulo: Edusp, 1991.

FARIÑAS DULCE, María José Fariña. Los Derechos Humanos: desde la perspectiva sociológico-jurídica a la "actitud posmoderna". *Cadernos Bartolomé de Las Casas,* Madrid, n. 7, 2. ed., 2006.

_____. In: ARNAUD, André-Jean. Sistemas Jurídicos: Elementos para un Análisis Sociológico. *Boletín Oficial del Estado,* Madrid, 1996.

FERRAJOLI, Luigi. *A Soberania no Mundo Moderno.* Trad. Carlo Coccioli e Maurício Lauria Filho. São Paulo: Martins Fontes, 2007.

_____. *Derecho y Razón.* Teoria del Garantismo Penal. Madrid: Trotta, 1995.

_____. Direito como Sistema de Garantias. In: OLIVEIRA JUNIOR, José Alcebíades de. (Org.). *O Novo em Direito e Política.* Porto Alegre: Livraria do Advogado, 1997.

FERRAZ JUNIOR, Tercio Sampaio. *Introdução ao Estudo do Direito.* Técnica, Decisão, Dominação. São Paulo: Atlas, 1991.

FERREIRA, Berta Weil. Adolescência na Teoria Psicanalítica. *Revista Educação,* Porto Alegre, Ano XX, n. 32, p. 159-168, 1997.

FERREIRA, Kátia Maria Martins. *Estatuto da Criança e do Adolescente na Justiça da infância e da Juventude de porto Alegre:* análise sociológica dos processos de destituição do pátrio poder. Dissertação (Mestrado em Sociologia) – Instituto de Filosofia e Ciências Humanas, UFRGS, Porto Alegre, 2000.

FONSECA, Cláudia; SCHUCH, Patrícia. *Políticas de Proteção à Infância*. Um Olhar Antropológico. Porto Alegre: UFRGS/Editora, 2009.

FOULCAULT, Michel. *A verdade e as formas Jurídicas*. Rio de Janeiro: NAU Editora, 2003.

——. *Vigiar e Punir* – História da Violência nas Prisões. 12. ed. Petrópolis: Vozes, 1995.

FRANÇOIS RAUX. Jean. Prefácio. Elogio da filosofia para construir um mundo melhor. In: Morin, Edgar; PRIGOGINE, Ilya *et alli*. *A Sociedade em Busca de Valores*. Para fugir à Alternativa entre o Ceptismo e o Dogmatísmo. Lisboa: Instituto Piaget, 1998.

FRASER, Nancy; Honneth, Axel. *Redistribution or Recognition?* A Political-Philosophical Exchange. London: Verso, 2003.

——. Redistribuição, Reconhecimento e Participação: por uma concepção integrada de justiça. In: PIOVESAN, Flávia; SARMENTO, Daniel; IKAWA, Daniela (Org.). *Igualdade, Diferença e Direitos Humanos*. 2. tiragem. Rio de Janeiro: Lumen Juris, 2010.

FRASSETO, Flávio Américo. *Ato Infracional, Medida Socioeducativa e Processo*: A Nova Jurisprudência do Superior Tribunal de Justiça. Disponível em: <www.abmp.org.br/sites/frasseto>. Acessado em: 15 dez. 2010.

FREIRE, Jurandir. A ética Democrática e seus Inimigos. O lado privado da violência pública. In: ROITMAN, Ari (Org.). *O Desafio Ético*. Rio de Janeiro: Garamond, 2000.

FREIRE. Paulo. *Pedagogia da Autonomia*. Saberes necessários à prática educativa. São Paulo: Paz e Terra, 1996.

FREITAS, Juarez. *Discricionariedade Administrativa e o Direito Fundamental à Boa Administração Pública*. São Paulo: Malheiros, 2007.

——. *Interpretação Sistemática do Direito*. 4. ed. São Paulo: Malheiros, 2004.

FROM, Erich. *A Arte de Amar*. Trad. Milton Amado. Belo Horizonte: Itatiaia Limitada, 1986.

GARRIDO FERNANDEZ, Miguel; GRIMALDI PUYANA, Victor Manuel. *Evaluación del Riesco Psicosocial en famílias Usuárias del Sistema Público de Servicios Sociales da Andalucía*. Consejeria para la Igualdady Bienestar Social. Sevilla: Junta de Andalucia, 2009.

GAUER, Ruth M. Chittó. Da Diferença Perigosa ao Perigo da Igualdade. Reflexões em torno do Paradoxo Moderno. *Civitas – Revista de Ciências Sociais*, v. 5, n. 2, jul./dez. 2005.

——. *O Reino da Estupidez e o Reino da Razão*. Rio de Janeiro: Lúmen Júris, 2008.

——. A ilusão Totalizadora e a Violência da Fragmentação. In: ——. (Org.). *Sistema Penal e Violência*. Rio de Janeiro: Lúmen Júris, 2006.

——. *Sistema Penal e Violência*. Rio de Janeiro: Lúmen Júris, 2006.

GIDDENS, Anthony. A Vida em uma Sociedade Pós-tradicional. In: Giddens, Anthony; BECK, Ulrich e LASH, Scott. *Modernização Reflexiva*. Trad. Magda Lopes. São Paulo: Universidade Estadual Paulista, 1997.

GOFFMAN, Erving. *Estigma*: notas sobre a manipulação da identidade deteriorada. 4. ed. Trad. de Márcia Bandeira de Mello Leite Nunes. Rio de Janeiro: Guanabara Koogan, 1988.

GOMES DA COSTA, Antônio Carlos. A velha Senhora. *Revista Juizado da Infância e Juventude*, Porto Alegre, v.11, p. 41, jan. 2008.

——. *De menor a cidadão*, Centro Brasileiro para a Infância e Adolescência, Ministério da Ação Social, Governo do Brasil. Brasília: [s.e.], [s. d.] .

GUASTINI, Riccardo. *Distinguiendo* – Estúdios de teoria y metateoría del derecho. Barcelona: Gedisa, 1999.

——.Teoria e Ideologia da Interpretação Constitucional. *Revista de Interesse Público*, Belo Horizonte, nº 40, 2007.

HÄBERLE, Peter. A dignidade como fundamento da comunidade estatal. *In:* SARLET, Ingo Wolfgang In: *Dimensões da Dignidade* – Ensaios de Filosofia do Direito e Direito Constitucional. Porto Alegre: Livraria do Advogado, 2005.

HELLER, Agnes; FEHÉR, Ferenec. *A condição Política Pós-moderna*. Trad. Marcos Santarrita. Rio de Janeiro: Civilização Brasileira, 1998.

HERRERA FLORES, Joaquín. A proposito de la fundamentacion de los derechos humanos y de la interpretación de los derechos. *Revista de Estudios Políticos (Nueva Época)*, Madrid, n. 45, Mayo/Junio 1985.

_____. Hacia una vision Compleja de los Derechos Humanos. In: _____. *El Vuelo de Anteo* – Derechos Humanos y Crítica de la Razón Liberal. Bilbao: Desclée de Brouwer, 2000.

_____. La Construccíon De Las Garantias. Hasta Una Concepción Antipatriarcal De La Liberdad Y La Igualdad. In: PIOVESAN, Flávia; SARMENTO, Daniel; IKAWA, Daniela (Org.). *Igualdade, Diferença e Direitos Humanos*. Rio de Janeiro: Lumen Juris, 2010. Tiragem 2.

_____. *La ilusion del acuerdo absoluto*. La riqueza humana como criterio de valor. Er, n. 7 e 8, inverno de 1988, verano de 1989.

_____. *Los Derechos Humanos como Productos Culturales*. Crítica del Humanismo Abstracto. Madrid: Catarata, 2005.

_____. *Los Derechos Humanos desde la Escuela de Budapest*. Madrid: Tecnos, 1989.

HOLMES JR., Oliver Wendell. *The CommonLaw*. New York: Dover, 1991.

HONNETH, Axel. *Luta pelo Reconhecimento*. A gramática moral dos conflitos sociais. Trad. Luiz Repa. São Paulo: Ed. 34, 2003.

_____. Observações sobre a Reificação. *Civitas*, Porto Alegre, v. 8, n. 1, p. 68-79, jan./abr. 2008.

IBASE/POLÍS. *Juventude Brasileira e Democracia:* participação, esferas e políticas públicas. Relatório Final de pesquisa. Rio de Janeiro: IBASE/POLIS, 2005.

IBGE. *Munic2009:* Perfil dos municípios brasileiros. Rio de Janeiro, 2009. Disponível em: <http://www.ibge.gov.br/home/estatistica/economia/perfilmunic/2009/defaulttab.shtm>. Acessado em: 16 nov. 2010.

IHERING, Rudolf Von. *A Luta pelo Direito*. 4. ed. Trad. J. Cretella Jr. e Agnes Critella. São Paulo: Revista dos Tribunais, 2004.

KANT, Immanuel. *Fundamentação da metafísica dos costumes e outros escritos*. Trad. Leopoldo Holzbach. São Paulo: Martin Claret, 2006.

KAUFMANN, Arthur. *Filosofia do Direito*. 2. ed. Lisboa: Fundação Calouste Gulbenkian, 2007.

KUHN, Thomas S.. *A estrutura das revoluções científicas*. São Paulo: Perspectiva, 1975.

LARENZ, Karl. *Metodologia da Ciência do Direito*. 3. ed. Lisboa: Fundação Calouste Gulbenkian, 1997.

LÉVINAS, Emmanuel. *Entre Nós*. Ensaios sobre a Alteridade. 4. ed. Petrópolis: Vozes, 2009.

LEVINET, Michel. *Théorie générale des droits et libertés* (Droit et Justice – 82). Bruxelles: Bruylant/Nemesis, 2008.

LOCHNER v. *PEOPLE OF STATE OF NEW YORK,198 U.S. 45 (1905)*. Disponível em: <http://caselaw.lp.findlaw.com/cgi-bin/getcase.pl?court=us&vol=198&invol=45>. Acesso em: 18 fev. 2011.

LOPES JUNIOR , Aury . *Direito Processual Penal e sua Conformidade Constitucional*. 6. ed. Rio de Janeiro: Lúmen Júris, 2008.

_____. *Introdução Crítica ao Processo Penal* (Fundamentos da Instrumentalidade Constitucional). 4. ed. Rio de Janeiro: Lúmen Júris, 2006

LUHMANN, Niklas. Revista Enfoque sociológico da teoria e da Prática do Direito, Florianópolis, n. 28, 1994.

_____. *Sociologia do Direito 1*. Rio de Janeiro: Tempo brasileiro, 1983.

KOATZ, Rafael Lourenzo-Fernandez. As Liberdades de Expressão e de Imprensa na Jurisprudência do Supremo Tribunal Federal. In: SARMENTO, Daniel; SARLET, Ingo Wolfgang (org.). *Direitos Fundamentais no Supremo Tribunal Federal*: Balanço e Crítica. Rio de Janeiro: Lúmen Júris, 2011 (391-447).

MACHADO, Martha de Toledo. *A Proteção Constitucional de Crianças e Adolescentes e os Direitos Humanos*. São Paulo: Manole, 2003.

MAFFESOLI, Michel. *O Mistério da Conjunção*. Ensaios sobre comunicação, corpo e sociedade. Trad. Juremir Machado da Silva. Porto Alegre: Sulina, 2009.

_____. Tribalismo pós-moderno: da identidade às identificações. *Ciência Sociais UNISINOS*, São Leopoldo, 43(1), p. 97-102, jan./abr., 2007.

MANRIQUE, Ricardo Pérez. Sobre el Ejercicio de la Defensa de Menores Infratores. *Justicia y Derechos Del Nino*, Buenos Aires, n. 3, p. 165-176, 2000.

MATTOS, Patrícia. A Mulher Moderna numa Sociedade Desigual. In: SOUZA, Jessé (Org.). *A Invisibilidade da Desigualdade Brasileira*. Belo Horizonte: Editora da UFMG, 2006.

──. *A Sociologia política do reconhecimento*. As contribuições de Charles Taylor, Axel Honneth e Nancy Fraser. São Paulo: Annablume, 2006.

MÉNDEZ, Emílio Garcia. Adolescentes e Responsabilidade Penal: um debate latino-americano. In: *Por uma reflexão sobre o Arbítrio e o Garantismo na Jurisdição Socioeducativa*. Porto Alegre: AJURIS, Escola Superior do Ministério Público, FESDEP, 2000.

──. Derechos de la Infancia en la Argentina: Donde estamos y donde vamos. In: In PIOVESAN, Flávia; SARMENTO, Daniel; IKAWA, Daniela (Org.). *Igualdade, Diferença e Direitos Humanos*. 2. tiragem. Rio de Janeiro: Lumen Juris, 2010.

──. *Infância e Cidadania na América Latina*. São Paulo: HUCITEC, 1996.

──. Infância, Lei e Democracia: Uma Questão de Justiça. In: ── e BELOFF, Mary (Orgs). *Infância, Lei e Democracia na América Latina*. Blumenau: Edifurb, 2001. V. 1.

MOLINARO, Carlos Alberto. Dignidade e Interculturalidade. In: Seminário *"Dignidade da Pessoa Humana: Interlocuções"*, 2008, Porto Alegre, FADIR/PPGP/PUCRS, comunicação verbal. Material cedido pelo autor setembro, 2008.

──. *Direito Ambiental* – Proibição de Retrocesso. Porto Alegre: Livraria do Advogado, 2007.

──. *Refutación de la escisión derecho y deber*. Por una radical deontologia de los derechos humanos. Sevilla: UPO, 2005.

──. Se Educação é a resposta, qual é a pergunta? Direitos Fundamentais e Justiça. *Revista do Programa de Pós-Graduação Doutorado e Mestrado da PUC-RS*, Porto Alegre, Ano 1, v. 1, p. 120-140, out./dez 2007.

MOORE, Sally Falk. *Law and Social Change:* the semi autonomous social field as an Appropriate Subject of Study. Law of Study Review, n. 7, p. 723, 1973.

MORAIS, Jose Luis Bolzan de. *A ideia de Direito Social:* o Pluralismo Jurídico de George Gurvitch. Porto Alegre: Livraria do Advogado, 1997.

MORALES, Júlio Cortes. A 100 años de la creación del primer tribunal de menores y 10 años de la convención internacional de los derechos del niño: el desafío pendiente. *Justicia y Derechos del niño*, Santiago, n. 1, p. 63-78, nov. 1999.

MOREIRA, Nelson Camata. O Dogma da Onipotência do Legislador e o Mito da Vontade da Lei: A "vontade geral" como pressuposto fundante do Paradigma da Interpretação da Lei. *Revista de Estudos Criminais*, Porto Alegre, n. 15, ano IV, p. 127-142, 2004.

MORIN, Edgar. *Introdução ao pensamento complexo*. 2. ed Lisboa: Instituto Piaget, 1990.

──. Complexidade e Liberdade. In: ──; PRIGOGINE. Ilya *et alli*. *A Sociedade em Busca de Valores*. Para fugir à Alternativa entre o Ceptismo e o Dogmatismo. Lisboa: Instituto Piaget, 1998.

──. *Entrevistas do Le Monde*. Paris: Editions La Durverte e jornal Le Monde, 1985. Publicação em Português: Editora Ática, 1989.

NADER, Paulo. *Filosofia do Direito*. 13. ed. Rio de Janeiro: Forense, 2004.

NASCIMENTO, Andréia de F.; SOUZA, Maria de Fátima Marinho de. Mortalidade por causas Externas e Homicídios entre Adolescentes. In: WESTPHAL, Márcia Faria; BYDLOWSKI, Chinthia Rachid. (Org.) *Violência e Juventude*. São Paulo: HUCITEC, 2010.

NEVES, Marcelo da Costa Pinto. *Transconstitucionalismo*. 313 fls. Tese (Doutorado) – Faculdade de Direito da Universidade de São Paulo, USP, Tese apresentada no concurso para o provimento do cargo de professor titular na área de Direito Constitucional ao Departamento de Direito do Estado, São Paulo, 2009.

NOVAIS, Jorge Reis. *Direitos Sociais* – Teoria Jurídica dos Direitos Sociais, enquanto Direitos Fundamentais. Coimbra: Coimbra Editora, 2010.

OSÓRIO, Luiz Carlos. *Adolescente Hoje*. Porto Alegre: Artes Médicas, 1989.

OST, François. *Le temps du droit*. Paris: Odile Jacob, 1999.

──. *O Tempo e o Direito*. Lisboa: Instituto Piaget, 1999.

OUTEIRAL, José. Adolescência: Modernidade e Pós-modernidade. In: WEINBERG, Cybelle. *Geração Delivery*: adolescer no mundo atual. São Paulo: Sá, 2001.

PELAÉZ, Francisco J. Contreras. *Derechos Sociales*: Teoria e Ideologia. Madrid: Editorial Tecnos, 1994.

PEREIRA, Almir Rogério. *Visualizando a Política de Atendimento*. Rio de Janeiro: Kroart, 1998.

PEREZ LUÑO, Antonio Enrique. *Derechos Humanos, Estado de Derecho y Constitucion*. 9. ed. Madrid: Tecnos, 2005.

——. *Los Derechos Fundamentales* – Temas Claves de la Constitución Española. 8. ed. Madrid: Tecnos, 2004.
PERROT, Michelle. Figuras e papeis. In: ——. *História da Vida Privada*. Da Revolução Francesa à Primeira Guerra. São Paulo: Companhia das Letras, 2003. V. 4.
——. *O Nó e o Ninho*. Veja 25 anos: reflexões para o futuro. São Paulo: Abril, 1993.
PIAGET, Jean. *Estudos sociológicos*. Traduzido por Reginaldo Di Piero. Rio de Janeiro: Forense, 1973.
——. *O julgamento moral na criança*. São Paulo: Mestre Jou, 1977.
PIOVESAN, Flávia. Igualdade, Diferença e Direitos Humanos: perspectivas regional e global. In: ——; SARMENTO, Daniel; IKAWA, Daniela (Org.). *Igualdade, Diferença e Direitos Humanos*. Rio de Janeiro: Lumen Juris, 2010. Tiragem 2.
PISARELLO, Gerardo. *Los Derechos Sociales y SUS garantias*. Elementos para una reconstruccíon. Madrid: Trotta, 2007.
PONTES DE MIRANDA. *Tratado de Direito Privado*. Campinas: Bookseller, 200. V. 5.
——. *A Margem do Direito (Ensaio de Psychologia Jurídica)*. Rio de Janeiro: Francisco Alves & Cia., 1912.
——. *Obras Literárias* – Prosa e Poesia. Rio de Janeiro: José Olympio Editora, 1960.
RAMOS, André de Carvalho. O Supremo Tribunal Federal e o Direito Internacional dos Direitos Humanos. In: SARMENTO, Daniel; SARLET, Ingo Wolfgang (org.). *Direitos Fundamentais no Supremo Tribunal Federal:* Balanço e Crítica. Rio de Janeiro: Lúmen Júris, 2011 (3-36).
RESOLUÇÃO. 11ª Guidelines for the Alternative Care of Children. Resolução aprovada pelas Nações Unidas em 15 de julho de 2009, como parte Promoção e Proteção de Todos os Direitos Humanos, Direitos Civis, Políticos, Econômicos, Sociais e Culturais, Incluindo o Direito Ao Desenvolvimento.
RIZZINI, Irene; RIZZINI, Irma. *A Institucionalização de Crianças no* Brasil – percurso histórico e desafios do presente. Rio de Janeiro: PUC – Rio; São Paulo: Loyola, 2004.
ROSA, Alexandre Morais da. Imposição de Medidas Socioeducativas: o adolescente como uma das faces do Homo Sacer (Agamben). In: ILANUD; ABMP; SEDH; UNFPA (Org.) *Justiça Adolescente e Ato Infracional:* socioeducação e responsabilização. São Paulo: ILANUD, 2006.
RUBIO, David Sánchez. Sobre la Racionalidad Económica Eficiente y Sacrificial, la Barbarie Mercantil y la Exclusión de los Seres Humanos Concretos. *Sistema Penal e Violência – Revista Eletrônica da faculdade de Direito*, v. 1, N. 1, p. 101-113, jul./dez. 2009.
SAAVEDRA, Giovani Agostini; SABOTTKA, Emil Albert. Introdução à teoria do reconhecimento de Axel Honneth. *Civitas*, Porto Alegre, v. 8, n. 1, p. 9-18, jan./abr. 2008.
SALLES, Mione Apolinário. (in)Visibilidade Perversa. Adolescentes infratores como metáfora da violência. São Paulo: Cortez, 2007.
SANTOS, Boaventura de Sousa. *A Criticada Razão Indolente*. Contra o desperdício da Experiência. 3. ed. São Paulo: Cortez Editora, 2000.
——; MARQUES, Maria Manuel Leitão; PEDROSO, João; Ferreira, Pedro Lopes. *Os Tribunais nas Sociedades Contemporâneas*. O Caso Português. Porto: Afrontamento, 1996.
——; GARCÍA VILLEGAS, Maurício. *El caledoscopio de las Justicias em Colômbia*. Bogotá: Siglo del Hombre Editores, 2001.
——. *A Gramática do Tempo*. Para uma nova cultura política. Porto: Afrontamento, 2006.
——. Poderá o Direito ser emancipatório? *Revista Crítica de Ciências Sociais*, Coimbra, n. 65, p. 3-76, mai. 2003.
SARAIVA, João Batista Costa, *Desconstruindo o Mito da Impunidade*: Um Ensaio de Direito Penal Juvenil. Brasília: Saraiva, 2002.
——. *A medida do tempo*: considerações sobre o princípio da brevidade. Disponível em: <http://www.jbsaraiva.blog.br/blog/index.php/2010/07/30/a-medida-do-tempo-consideracoes-sobre-o-principio-da-brevidade/>. Acessado em: 28 fev. 2011.
——. *Compêndio de Direito Penal Juvenil*. Adolescente e Ato Infracional. 3. ed. Porto Alegre: Livraria do Advogado, 2006.
SARLET, Ingo Wolfgang. *A Eficácia dos Direitos Fundamentais*. 8. ed. Porto Alegre: Livraria do Advogado, 2007.

——. A eficácia e efetividade do direito à moradia na sua dimensão negativa (defensiva): análise crítica à luz de alguns exemplos. 2008. (texto cedido pelo autor). *Revista Jurídica Themis*, Edição Especial Semana Acadêmica do CAHS Curitiba, [s.l.], p. 57-83, 2008.

——. As dimensões da Dignidade da Pessoa Humana: construindo uma compreensão jurídico-constitucional necessária e possível. In: —— (Org.). *Dimensões da Dignidade* – Ensaios de Filosofia do Direito e Direito Constitucional. Porto Alegre: Livraria do Advogado, 2005.

——. *Dignidade da Pessoa Humana e Direitos Fundamentais na Constituição de 1988*. 3. ed. Porto Alegre: Livraria do Advogado, 2004.

——. Direitos Fundamentais sociais, mínimo existencial e direito privado. *Revista de Direito do Consumidor*, local, ano 16, n. 61, p. 91-125, jan./mar. 2007.

——; FIGUEREDO, Mariana Filchtiner. Reserva do possível, mínimo existencial e direito à saúde: algumas aproximações. In: ——; TIMM, Luciano Benetti. *Direitos fundamentais, orçamento e reserva do possível*. Porto Alegre: Livraria do Advogado. 2008.

SARTI, Cyntia Andersen. *A Família como Espelho*. Um estudo sobre a moral dos pobres. 6. ed. São Paulo: Cortez, 2010.

SFEZ, Lucien. *Entrevistas do Le Monde*. Paris: Editions La Durverte e jornal Le Monde, 1985. Publicação em Português: Editora Ática, 1989.

SILVA FILHO, José Carlos Moreira da. Direitos Humanos, Dignidade da Pessoa Humana e a questão dos Apátridas: da identidade à diferença. *Direito e Justiça*, Porto Alegre, v. 34, n. 2, p. 67-81, jul./dez. 2008.

SILVA, Enid Rocha Andrade da (Coord.). *O direito à convivência familiar e comunitária*: os abrigos para crianças e adolescentes no Brasil. Brasília: IPEA/CONANDA, 2004.

SOARES, Luiz Eduardo; MILITO, Cláudia; SILVA, Hélio R. S. Homicídios dolosos praticados contra crianças e adolescentes do Rio de Janeiro. In: —— e colaboradores. *Violência e Política no Rio de Janeiro*. Rio de Janeiro: Relume Dumará, ISER, 1996.

SOUZA, Jessé (Org.). *A Invisibilidade da Desigualdade Brasileira*. Belo Horizonte: UFMG, 2006.

SOUZA, Ricardo Timm. Sobre as Origens da Filosofia do Diálogo: Algumas Aproximações Iniciais. In: Gauer, Ruth Maria Chittó. *Sistema Penal e Violência*. Rio de Janeiro: Lúmen Júris, 2006.

SUDBRAK, Maria de Fátima Oliver. *Adolescentes e Transgressão*: grupos de socialização, margem e desvios. Texto inédito produzido para fins didáticos do Curso Extensão Universitária no Contexto da Educação Continuada do Sistema Socioeducativo do Distrito Federal, Universidade de Brasília, Brasília, 2009.

——. *O Papel da Família e da Escola na formação do Adolescente*. Texto produzido para fins didáticos do Curso Extensão Universitária no Contexto da Educação Continuada do Sistema Socioeducativo do Distrito Federal. Universidade de Brasília, Brasília, 2009.

SUNSTEIN, Cass. Direitos Sociais e Econômicos? Lições da África do Sul. In: SARLET, Ingo Wolfgang (Coord.) *Jurisdição e direitos fundamentais*: anuário 2004/2005. Escola Superior da Magistratura do Rio Grande do Sul – AJURIS. T. 2. Porto Alegre: Livraria do Advogado Ed., 2006. V. 1.

TAYLOR, Charles. *As Fontes do Self*: A construção da Identidade Moderna. São Paulo: Loyola, 1997.

TEIXEIRA, Ana Carolina Brochado. *Família, Guarda e Autoridade Parental*. Rio de Janeiro: Renovar, 2005.

——; NEVARES, Ana Luiza Maia; VALADARES, Maria Goreth; MEIRELES, Rose Melo Venceslau. O Cuidado do Menor de Idade na Observância de sua Vontade. In: PEREIRA, Tânia da Silva; OLIVEIRA, Guilherme de (Orgs.). *O Cuidado como Valor Jurídico*. Rio de Janeiro: Forense, 2008.

TEPEDINO, Gustavo. *A disciplina civil-constitucional*. Temas de Direito Civil-constitucional. Rio de Janeiro: Renovar, 1998.

——. A Tutela Constitucional da Criança e do Adolescente. In: PIOVESAN, Flávia; SARMENTO, Daniel; IKAWA, Daniela (Org.). *Igualdade, Diferença e Direitos Humanos*. 2. ed. Rio de Janeiro: Lumen Juris, 2010.

TESTA, Ítalo. Intersubjetividade, natureza e sentimentos morais A teoria crítica de A. Honneth e *a regra de ouro*. *Civitas*, Port Alegre, v. 8, n. 1, p. 94-124, jan./abr 2008.

TUPINAMBÁ, Roberta. O Cuidado como Princípio nas relações Familiares. In: PEREIRA, Tânia da Silva; OLIVEIRA, Guilherme de (Orgs.). *O Cuidado como Valor Jurídico*. Rio de Janeiro: Forense, 2008.

VERISSIMO, Luís Fernando. Justiça (2). In: ROITMAN, Ari. *O Desafio Ético*. Rio de Janeiro: Giramond, 2000.

VIEIRA, Oscar Vilhena. A Desigualdade e a Subversão do Estado de Direito. In: PIOVESAN, Flávia; SARMENTO, Daniel; IKAWA, Daniela (Org.). *Igualdade, Diferença e Direitos Humanos*. Rio de Janeiro: Lumen Juris, 2010. Tiragem 2.

VIGOTSKI, Lev. *El desarrollo de los procesos psicológicos superiores*. Barcelona: Editorial Crítica, 2000.

VILLEY, Michel. *A Formação do Pensamento Jurídico Moderno*. Trad. Cláudia Berliner. São Paulo: Martins Fontes, 2005.

WACQUANI, Loïc. *As duas faces do gueto*. Trad. Paulo Cezar Castanheira. São Paulo: Bointempo, 2008.

WARAT, Luiz Alberto. *Introdução Geral ao Direito*. A Epistemologia Jurídica da Modernidade. Porto Alegre: Sergio Antonio Fabris, 2002. Vol. II.

——. *Introdução ao Direito I*. Interpretação da Lei, temas para uma Reformulação. Porto Alegre: Sergio Antonio Fabris Editor, 1994.

WEBER, Thadeu. *Ética e Filosofia Política*: Hegel e o Formalismo Kantiano. Porto Alegre: EDIPUCRS, 1999.

WEINBERG, Cybelle. Adolescer no Mundo Atual. In. ——. *Geração Delivery*: adolescer no mundo atual. São Paulo: Sá, 2001.

WINNOCOTT, D.W. *O Ambiente e os processos de maturação*: estudos sobre a teoria do desenvolvimento emocional. Trad. Irineo Constantino Schuch Ortiz. Porto Alegre: Artes Médicas, 1983.

WOLKMER, Antônio Carlos. *Introdução ao Pensamento Jurídico Crítico*. 6. ed. São Paulo: Saraiva, 2008.

——. *Pluralismo Jurídico*. Fundamentos de uma nova cultura do Direito. São Paulo: Alfa Omega, 1994.

YRIGOYEN FAJARDO, Raquel. *Pautas de Coordinación entre el Derecho Indigina y el Derecho Estatal*. Guatemala: Fundación Myrna Mack, 1999.

ZAFFARONI, Eugenio Raúl; PIERANGELI, José Henrique. *Manual de Direito Penal Brasileiro*. 5. ed. São Paulo: RT, 2003.

ZAGREBELSKY, Gustavo. *El Derecho Dúctil* – Ley, Derechos, Justiça. 5. ed. Madrid: Trotta, 2003.

ZALUAR, Alba. *A máquina e a revolta*. As organizações populares e o significado da pobreza. São Paulo: Brasiliense, 2000.

——. Gangues, galeras e quadrilhas: globalização, cultura e violência. In: VIANNA, H. (Org.) *Galeras Cariocas*: territórios de Conflitos e Encontros Culturais. Rio de Janeiro: UFRJ, 1997.

Impressão:
Evangraf
Rua Waldomiro Schapke, 77 - POA/RS
Fone: (51) 3336.2466 - (51) 3336.0422
E-mail: evangraf.adm@terra.com.br